张利民——著

中国近代文化哲学研究

以新文化运动时期为中心

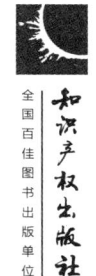
知识产权出版社
全国百佳图书出版单位

图书在版编目（CIP）数据

中国近代文化哲学研究：以新文化运动时期为中心／张利民著.—北京：知识产权出版社，2019.2

ISBN 978-7-5130-6134-6

Ⅰ.①中… Ⅱ.①张… Ⅲ.①文化哲学—研究—中国—近代 Ⅳ.①G02

中国版本图书馆CIP数据核字（2019）第037445号

责任编辑：刘　江　　　　　　　责任校对：王　岩
封面设计：张　冀　　　　　　　责任印制：刘译文

中国近代文化哲学研究
——以新文化运动时期为中心
Zhongguo Jindai Wenhua Zhexue Yanjiu

张利民　著

出版发行	知识产权出版社 有限责任公司	网　址	http：//www.ipph.cn
社　　址	北京市海淀区气象路50号院	邮　编	100081
责编电话	010-82000860转8344	责编邮箱	liujiang@cnipr.com
发行电话	010-82000860转8101/8102	发行传真	010-82000893/82005070/82000270
印　　刷	保定市中画美凯印刷有限公司	经　销	各大网上书店、新华书店及相关专业书店
开　　本	720mm×960mm　1/16	印　张	16
版　　次	2019年2月第一版	印　次	2019年2月第一次印刷
字　　数	228千字	定　价	60.00元
ISBN 978-7-5130-6134-6			

出版权专有　侵权必究
如有印装质量问题，本社负责调换。

目 录

引　言 …………………………………………………………（1）
第一章　伦理的觉悟：新文化运动前期的主旋律 ……………（23）
　第一节　东西文明的异同与优劣 ……………………………（30）
　第二节　孔子与现代生活的冲突 ……………………………（36）
　第三节　德先生和赛先生：新文化的哲学内含 ……………（44）
第二章　梁漱溟：文化的三路向 ………………………………（53）
　第一节　意欲与文化 …………………………………………（62）
　第二节　东西哲学的比较 ……………………………………（70）
　第三节　世界文化趋势与中国应持的态度 …………………（81）
第三章　早期马克思主义者的新探索 …………………………（91）
　第一节　思想变迁与经济基础 ………………………………（91）
　第二节　"第三新文明"与"艺术文明" ……………………（97）
　第三节　"东方文化"的命运 ………………………………（111）
第四章　胡适：文明的再造 ……………………………………（121）
　第一节　传统价值的重估与评判的态度 ……………………（135）
　第二节　"健全的"个人主义 ………………………………（144）
　第三节　"科学的人生观"的追求 …………………………（152）
　第四节　重视物质文明差距的东西文化观 …………………（160）
　第五节　"充分世界化"的主张 ……………………………（170）

第五章　文化变革的歧路与新抉择 …………………（181）
第一节　五四后期思想界的不同探索 ………………（182）
第二节　历史回顾中渗透的实践态度 ………………（189）
第三节　新时代的文化抉择 …………………………（193）

附　录 …………………………………………………（203）
20世纪中国思想文化成就的宏观估价 ………………（203）
中国传统道德与当代价值观重建 ……………………（213）

主要参考文献 …………………………………………（239）

引　言

五四新文化运动无疑是20世纪中国的重大历史事件之一，有关它的反思与研究不仅属于对过去的简单回顾，而且联结着当代中国的文化建设乃至未来的前景。我们不难发现，对它的描述与研究从一开始便众说纷纭，在一些关键问题上成为各种主义、思潮代言人交锋较量的一个战场：五四运动与新文化运动是什么关系？两者能否相对独立？新文化运动的主潮是什么？如何评价五四新文化运动在20世纪中国历史上的作用？……类似这样的问题都曾引起过激烈的争论。

到目前为止，我国大陆学术界与港台学术界在一些问题的认识上仍有较大的差异，即使大陆内部，也经历了曲折发展、深化的过程，至今仍是论战时起。客观地说，不同思想、观点的交流、讨论乃至在重大问题上的论战正是可喜的现象，只有如此，方能深化对五四新文化运动的认识，科学地总结其中的经验与教训，从而写好中国新的文化篇章。

由于五四运动内容本身的多样性，给后来的评论者和研究者以广阔的空间，仁者见仁，智者见智。回顾大陆几十年的五四运动研究史，可以说在相当长的时间内，我们更侧重于把五四运动视为爱国的政治运动，浏览不同时期研究的代表作便不难看出此点。进入20世纪80年代，随着对中国社会主义曲折发展道路特别是"文化大革命"灾难的反思，五四的启蒙思想、文化意义得到充分注意，而此时开始引入的海外学界观点，也或多或少地推动了这一趋势。"对'五四运动'可作如下定义：它是一种复杂的现象，包括新思潮、文学革命、学生运动、工商界的罢市罢工、抵制日货以及新式知识分子的种种社会和政治活动。这一切都是由以下两方面因素促发的：一方面是由二十一条和巴黎和会的山东决议所激起的爱国热情；另一方面是由一种学习西方、试图从科学和民主的角度重估中国的传统以建设一个新中国的企望。它不是一个统一的有严密组织的运动，而是许多通常具有不同思想的活动的结合，尽管这个运动并非没有其主流。"❶

潮起潮落，几度起伏。今天更多的人愿意接受下面的基本事实或论断：五四运动与新文化运动在爱国救亡的大目标上是一致的，但又各有相对的独立性，五四运动是一场波及社会各阶层的爱国运动，而新文化运动则着眼于深层次的文化批判、引入、创造的工作，更具有复杂性、长期性；新文化运动前期尽管思潮林立，但其主潮是自由主义，宽泛一点说，陈独秀、蔡元培、胡适、李大钊、鲁迅、吴虞、周作人等都是其中的代表人物，各在不同的领域发挥了重要的作用；以1919年为界，由于国内外形势的变化，特别是政治问题、民族危机的加剧，自由主义的阵营开始逐渐分化，直至分道扬镳，走上不同的道路。陈独秀、李大钊等一批知识分子逐步接受马克思主义，并运用马克思主义探索改造中国的一系列问题，提出了新的社会理想和变革方案；而胡适、蔡元培、丁文江、傅斯年等知识分子仍高举自由主义的旗帜，进行着努力和挣扎；与此同时，梁漱溟以《东西文化及其哲学》的著名学术讲演，轰动一时，他傲然宣告："世界未来文化就是中国文化的复兴，有似希腊文化在近世的复兴那样。"❷ 开启了现代新儒家努力的大方向，并与梁启超、张君劢等人的观点呼应汇流。

从此，中国思想界就主流而言仿佛进入了"三足鼎立"的时代，

---

❶ 周策纵：《五四运动：现代中国的思想革命》，江苏人民出版社1996年版，第5~6页。

❷ 梁漱溟：《东西文化及其哲学》，商务印书馆1987年影印版，第199页。

联合、吸纳对方的观点而在根本问题上针锋相对地论辩，便成为20年代后思想界的常景。

"为着理解每一个特定的批判时代的'智慧状态'，为着解释，为什么在这一时代中正是这些学说，而不是另一些学说胜利着，那就应该预先了解前一时代的'智慧状态'；应该知道，哪些学说和学派曾在当时统治过。如果没有这一点，则不管我们怎样好地通晓它的经济，也完全不能理解特定时代的智慧状态的。"❶ 因此，我们有必要扼要回顾中国近代以来东西文化认识的发展、有影响的人物和理论，新文化运动孕育时的社会政治背景等。

一

古今、中西之争是近现代中国思想界的中心议题之一，不同时期、不同阶级的思想家在这个问题上倾注了他们的智慧和思考，这已是人们熟知的。

从16世纪中叶起，随着西方殖民势力东来，西学也开始"东渐"，西方传教士一批又一批联翩而来，利玛窦、庞迪我、龙华民、邓玉函、艾儒略、汤若望等先后来到中国，他们在宣传宗教神学的同时，也翻译介绍了西方一些有关天文、地理、物理、数学以及哲学方面的书。在外来文化面前，中国少数先进的知识分子表现出一种开放的胸襟，认为西方文化传入是大好事，徐光启指出，西学"苟利于国，远近何论焉"；对于西方先进的科学，"欲求超胜，必先会通"。"会通"中西只是第一步，"超胜"西学才是真正要达到的目标。梅文鼎、李之藻、方以智等人表示了相同的态度。在这种思想的指导下，他们积极与传教士交往，学习西方自然科学，主要是天文学和数学，讨论科学问题，有的人还信了基督教。徐光启、李之藻等人在科学上的成就，与明末社会经济文化的发展水平有关，同时，与他们积极汲取当时传教士传

---

❶ 普列汉诺夫：《论一元论历史观之发展》，三联书店1961年版，第165页。

入的西洋学术及方法论也密切相连。梁启超从历史的高度对利玛窦等耶稣会士的学术活动给予积极评价："明末有一场大公案，为中国学术史上应该大笔特书者，曰，欧洲历算学之输入。"❶ 应当说，这次中外文化接触，在吸收外来科技知识和方法论方面取得了突出的成果。

当时的哲人在对新传入的西方宗教与科学知识进行评价时，曾把它们与中国固有的传统加以比较。方以智在《物理小识·自序》中便指出西学"详于质测而拙于言通几"，认为西方注重自然科学或实证的知识（"质测"），忽略了对根本道理即学问根本的探讨（"通几"），而中国的儒家则只重视政治学或统治学（"宰理"）。

同时，在更多的士大夫中间却盛行着一股排斥西学东渐的思潮，他们以儒家文化的价值规范看待传入的西方文化，在排斥天主教的同时，对西洋学术也一概加以排斥，攻击西洋学术"乱人学脉"，是"奇技淫巧""外夷小技"，力主严海禁、驱逐传教士。康熙时代，正统派人士杨光先在反对西洋历法时说："宁可使中国无好历法，不可使中国有西洋人，无好历法，不过如汉家不知合朔之法，日食多在晦日，而犹享四百年之国祚。有西洋人，吾惧其挥金以收拾我天下之人心，如抱火于积薪，而祸至之无日也。"❷ 这反映了他的非科学态度和强烈的盲目排外情绪，实则代表着这群士大夫的偏狭心理。可见，中西文化一开始接触就伴随着冲突和争论。

不知出于什么心情和考虑，徐光启曾估计西洋学术在当时不会受到普遍的重视，他预测"百年之后""必人人习之"。然而让人悲叹的是，这种局面并没有出现。利玛窦等传教士开始的"西学东渐"，在明清之际掀动了一点波澜，但没有给社会生活带来深刻的影响，而且，到雍正以后便戛然而止了。

---

❶ 梁启超：《中国近三百年学术史》，见《饮冰室合集》第 10 册，中华书局 1989 年版，第 8 页。

❷ （清）夏燮：《中西纪事》卷二《滑夏之渐》。

图1　利玛窦和徐光启像（17世纪铜雕版画）

　　导火索来自罗马教廷的顽固态度，利玛窦等传教士出于对中国文化的了解，容许中国入教者在崇拜上帝的同时，仍然拜天祭祖，但是罗马教廷对此十分不满。1704年，罗马教皇颁布教令，勒令在华传教士改变方针，特别是禁止中国教徒礼拜祖宗，这引起康熙年间朝野人士的强烈不满，清朝统治者随之实行了禁教政策，禁止西方传教士在中国的传教活动。1707年，教皇派来的公使被送到澳门监禁，清廷与耶稣会的关系趋于紧张，但终康熙一朝，由于皇帝对西洋科学的钟爱，尚未出现与耶稣会绝交的局面。雍正元年（1723年），进而将在华传教士尽行驱逐。乾隆皇帝则不仅实行禁教政策，而且进一步实行闭关政策，大兴"文字狱"，从而中断了西方文化向中国的输入。上述事件不能简单视为个人好恶,它是中国专制制度封闭性的表现,显示了专制制度对中外经济文化交流的束缚作用。在徐光启等人那里已经开始熟悉的西方世界,在此后的中国人心目中反而日益陌生了!这也使中国失去了与世界发展新潮流汇合和思想创新的机会,近代史专家郭廷以曾指出,中国现代化的落后,"其症结并不全在近百年之内,实远伏于百年以前,特别是百年前的百年",❶实为精辟之论。

在鸦片战争的炮声中,中西文化问题作为一个紧迫的社会问题重新摆在中华民族面前,中国进入三千年未有之变局的时代。近代中国极端的危机境地和命运必然要求在思想上寻求解答,各种人物、思想、运动相继登场。这以后发生的事情似乎可以借用下面一段话来描述,"传统的古典的中国,近百年来,遭遇到亘古未有的挑战,产生了巨大深刻的形变。对中国来说,这是一个屈辱的世纪,也是一个寻求富强光荣的世纪;这是一个失落的世纪,也是一个民族自觉最强烈的世纪。从悠远的历史底观点与广阔的比较底角度来看,这是中国传统解组的世纪,也是中国现代化的世纪。"❷ 当然,由于中国专制制度的统治和社会文化的巨大惰性,历史的真实进程便注定不是笔直平坦的,充满了曲折和血泪。

文化选择是以一定的比较为前提的,鸦片战争前,清朝皇帝以"天朝物产丰盈,无所不有"的神态睥睨世界,蔑视西洋各国为"化外蠢愚""蛮夷之邦"。以至到清末,一般文人政客都闭目塞听,"若问以亚非之地舆,欧美之政学,张口瞪目,不知何语矣。"(康有为语)封疆大吏少有世界知识,同英国做了两百年生意,还不知道它在地球何方;连士大夫官僚阶层中的有识之士林则徐,在与英军交战前,也

---

❶ 郭廷以:"中国近代化的延误",见罗荣渠等编:《中国现代化历程的探索》,北京大学出版社1992年版,第43页。
❷ 金耀基:"中国现代化的动向",见金耀基等:《中国现代化的历程》,时报文化出版事业有限公司1980年版,第3页。

相信"英兵腿足伸展不便"。西方文明几乎成了海外奇谈，清朝统治者将为无知付出惨痛的代价！这种情形，诚如梁漱溟所云："中国文化到清代的时候，表面上顶光华，顶整齐文密，而内里精神顶空虚，顶糟；外面成了一个僵壳（指孔教），里头已经腐烂。试看代表中国精神的士人，至清朝已经腐败不堪……中国文化至此时期，内里既已枯烂腐败、空虚无主，所以西洋东西进来，一下子就慌了。西洋文化所以能使中国文化破坏到如此地步，就是这个原故……然中国精神到清朝而败丧，亦是其历史必然的事。"❶

鸦片战争的失败，虽然还不能使整个中华民族惊醒，却促使先进之士开始认识西方文化，林则徐、魏源是突出的代表。经过与侵略军的几次战斗，林则徐看到，英国"以其船坚炮利而称其强"，"乘风破浪，是其长技"。❷魏源从战败的奇耻大辱中也认识到："夷之长技三：一战舰，二火器，三养兵练兵之法。"（《海国图志》）魏源甚至认为，美国政府"事无大小，必须各官会议，然后准行。即不咸允，亦须十人中有六人合意，然后可行"，以及美国总统（译"大酋总"）废除世袭，四年一任，由民公举的资产阶级民主政治制度，是既"公"又"周"的制度；他赞叹瑞士"不设君位，惟立官长……办理国务"，绝无中国"硕鼠之贪残"的弊病，真"西土之桃花源"（《海国图志》）。基于这种认识，魏源提出了"师夷长技以制夷"的主张。在他看来，中国只有"尽得西洋之长技为中国之长技"，才能制服外来的侵略者，恢复中华民族应有的尊严，"因其所长而用之，即因其所长而制之，风气日开，智慧日出，方见东海之民犹西海之民"（《海国图志》）。林则徐、魏源对西方文化的认识当然更多还是表层，但是，在当时朝野

---

❶ 梁漱溟："乡村建设理论"，见《梁漱溟全集》（第二卷），山东人民出版社1990年版，第272~273页。

❷ 《筹办夷务始末》（道光朝）（第八卷），中华书局1964年版，第217页、第219页。

上下耻言西学，对西方文明懵懂无知的状况下，他们冲破阻力限制，睁眼看世界，瞩目西学，提出"师夷"的主张，从而在向西方学习的道路上迈出了可贵的第一步。

19世纪60年代初，冯桂芬直接继承并发展了魏源的思想，在承认西方科技先进的基础上，提出了若干"变法""自强"的主张，其重点仍在于"采西学""制洋器"和"善驭夷"。冯桂芬的有些观点已触及"政"的不同，例如，他认为中国在内政方面有"四不如夷"："人无弃材不如夷，地无遗利不如夷，君民不隔不如夷，名实必符不如夷"（《校邠庐抗议·制洋器议》）。但是，"四不如夷"并没有归结为政治制度不如西方，而是被看作因为封建纪纲不振而暂时出现的现象。

魏源、冯桂芬的思想影响着后来的人们。洋务派接过他们的结论，并开始了一场旨在学习西方军事器械的洋务运动。时间的流逝对这些朝廷重臣仿佛没有产生什么作用，他们对东西文化的认识，主要还停留在这样的水平上，"中国文武制度，事事远出西人之上，独火器万不能及。"（李鸿章语）"中国学术精微，纲常名教以及经世大法，无不毕具，但取西人制造之长补我不逮足矣。"（张之洞：《劝学篇·自序》）

早期改良派最早多依附于洋务运动，是"船坚炮利"方案的拥护者，但是，他们也继承了魏源、冯桂芬等人的社会批判思想，并把他们对西方资本主义国家某些制度的好感变成比较明确的认识，揭示了中国政治制度的落后。19世纪70年代，王韬指出，西国之强不只是器艺技巧，更主要的是在于，"泰西各国，凡其骎骎日盛，财用充足，兵力雄强者，类皆君民一心。无论政治大小，悉经议院妥酌，然后举行……中国则不然。民之所欲，上未必知之而与之也；民之所恶，上未必察之而勿之施也。"（《弢园文录外编·达民情》）他认为中国欲谋富强，"达民情"是首要的，他把君主制与民主制、君主立宪制进行比较，提出中国应效法英国实行君主立宪的主张。郑观应作为19世纪八九十年代改良派的主要代表,从自己从事发展民族工商业的艰难历程中,得出"政治不改良,实业万难兴盛"(《盛世危言后编·自序》)的结论,他明确主张"欲行公法,莫要于张国势;欲张国势,莫要于得民心;欲得民心,莫要于通下情;欲通下情,莫要于设议院"(《盛世危言·议院》)。王韬、郑观应的同时代人陈炽、薛福成、何启等通过不同的思想历程,都得出了类似的认识。

甲午战争的惨败,宣告了洋务运动的破产,早期改良主义者对西方民主政治的呼唤在康有为等人那里变成了现实的追求,不再是船坚炮利,政治制度的改变成了关键,变法最重要的一项内容是"立宪法,开国会",这一点在康有为1898年替一个内阁学士写的奏稿中有最集中的表述:"臣窃闻东西各国之强,皆以立宪法、开国会之故。国会者,君与国民共议一国之政法也。盖自三权鼎立之说出,以国会立法,以法官司法,以政府行政,而人主总之,立定宪法,同受治焉。人主尊为神圣,不受责任,而政府代之。东西各国,皆行此政体。故人君与千百万之国民,合为一体,国安不得强?吾国行专制政体,一君与大臣数人共治其国,国安得不弱?盖千百万之人,胜于数人者,自然之数矣。""伏乞上师尧、舜三代,外采东西强国,立行宪法,大开国会,以庶政与国民共之,行三权鼎立之制,则中国之治强,可计日待也。"❶

当康有为、梁启超投身于政治制度改革时,严复更进一步把东西文化的比较推向思想观念。早在1895年,严复就指出,西方的"汽机兵械"和"天算格致"固然先进,但那些都是粗浅的事,并不是它的命脉所在。那么,西方近代文化的"命脉"何在?严复认为,"苟扼要而谈,不外于学术则黜伪而崇真,于刑政则屈私以为公而已。斯二者,与中国理道初无异也。顾彼行之而常通,吾行之而常病者,则自由不

---

❶ 康有为:"请定立宪开国会折",《康有为全集》(第四册),中国人民大学出版社2007年版,第424页。

自由异耳。"❶ 学术的黜伪崇真，就是讲究科学，刑政的屈私为公，就是坚持民主，贯穿于这两种精神之间的是"自由"。严复的这几句话说到了西方近代文化的根本，指出了向西方学习的正确方向。

图2　严复1905年在英国（下端系严复英文签名）

在这种认识的基础上，严复指出了中西文化的种种差别："尝谓中西事理，其最不同而断乎不可合者，莫大于中之人好古而忽今，西之人力今以胜古；中之人以一治一乱、一盛一衰为天行人事之自然，西之人以日进无疆，既盛不可复衰，既治不可复乱，为学术政化之极则。""中国最重三纲，而西人首明平等；中国亲亲，而西人尚贤；中国以孝治天下，而西人以公治天下；中国尊主，而西人隆民；中国贵一道而同风，而西人喜党居而州处；中国多忌讳，而西人众讥评。其于财用也，中国重节流，而西人重开源；中国追淳朴，而西人求欢虞。其接物也，中国美谦屈，而西人务发舒；中国尚节文，而西人乐简易。其于为学也，中国夸多识，而西人尊新知。其于祸灾也，中国委天数，而西人恃人力。"❷ 严复的比较涉及历史观、

---

❶　严复："论世变之亟"，见《严复集》（一），中华书局1986年版，第2页。
❷　严复："论世变之亟"，见《严复集》（一），中华书局1986年版，第1页、第3页。

政治观、伦理观、学术观、自然观等方面，他看到了中国思想观念的落后。

在《原强》中他继续探讨了西方所以强，"且其为事也，又一一皆本之学术；其为学术也，又一一求之实事实理，层累阶级，以造于至大至精之域，盖寡一事焉可坐论而不可起行者也。推求其故，盖彼以自由为体，以民主为用。一洲之民，散为七八，争雄并长，以相磨淬，始于相忌，终于相成，各殚智虑，此日异而彼月新，故能以法胜矣，而不至受法之敝，此其所以为可畏也。"❶ 在这段话中，严复明确指出西方文化的要点是"以自由为体，以民主为用"，从而竭力呼吁"鼓民力，开民智，新民德"。

二

文化比较为文化选择提供了客观的依据，同时，历史观又决定着人们的文化选择，正因为如此，伴随着东西文化比较的进行，围绕历史观问题也展开了争论，昭示了历史观的分歧。首要的是变与不变的争论。顽固派"恶西学如仇"，坚持"祖宗之法不可变""孔孟之道不可变"的形而上学不变论，反对引进一切西方的东西，自魏源开始的先进思想家的共同特征是要求变，但在如何变上又有不同的认识，经历不断深化发展的过程。

从魏源到冯桂芬，在东西文化比较基础上，提出了"师夷"的主张，其历史哲学的依据是"变古"的思想，"变古愈尽，便民愈甚"（魏源：《默觚·治篇》），"法苟不善，虽古先吾斥之；法苟善，虽蛮貊吾师之"（冯桂芬：《校邠庐抗议·制洋器议》）。这些洋溢着战斗精神的理智言论，大有把阻碍社会发展的往古传统变革殆尽的意味。东西文化的比较既促使魏源、冯桂芬等人强烈地要求变，同时，比较所达到的水平，以及哲学上的渐变论，"势变道不变"，又制约着

---

❶ 严复："原强"，见《严复集》（一），中华书局1986年版，第11~12页。

"变"的思想，使它只能在有限的范围内进行。

随着中国资产阶级改良运动的兴起，"体用""本末""道器"的问题突出出来。"中体西用"曾是改良派和洋务派的共同旗帜，到19世纪七八十年代，早期资产阶级改良派对西方文化的认识已远远超出"船坚炮利"的界限，在哲学上便不时表现出背离"中体西用"纲领的倾向，王韬提出了"器所以载道而行"的命题，指出随着东西方交往的扩大，"夫民既由分而合，则道亦将由异而同。形而上者曰道，形而下者曰器，道不能即通，则先假器以通之，火轮舟车皆所以载道而行者也。"（《弢园文录外编·原道》）郑观应认识到西学有它的本末，"西人立国，具有本末，虽礼乐教化远逊中华，然其驯至富强，亦具有体用。育才于学堂，论政于议院，君民一体，上下同心，务实而戒虚，谋定而后动，此其体也；轮船、火炮、洋枪、水雷、铁路、电线，此其用也。"洋务派的错误就在于"遗其体而求用"（《盛世危言·自序》）。

王韬、郑观应等人虽然强调"变"的思想，向往西方的代议制，也承认西方资本主义国家自有其本末、体用，但是，他们仍然不能舍弃"中体西用"，"器则取诸西国，道则备自当躬"（王韬：《易言·跋》）。"道为本，器为末，器可变，道不可变；庶知可变者富强之术，非孔孟之常经。"（郑观应：《盛世危言·凡例》）变器不变道，要学习西方但又不能改变以中学为本，时代和阶级局限决定了他们还无法从根本上突破长期以来形而上学渐变论的束缚，但是，这种思想同正统的形而上学道器论有所区别，改良派为"中体西用"命题注入了一些西方资产阶级的民主政治和经济的新内容，反映了早期资产阶级既要求变，但又不敢彻底要求变，既反对封建政治制度，要求改变旧的生产关系，但又不敢同封建主义彻底决裂的矛盾性格。当改良派小心翼翼地赋予"中体西用"以新的内容，试图挥舞这面旧旗帜，进行政治改良时，洋务派首领毫不含糊地表示了他们的政治立场，"新旧兼学，四书五经，中国史事、政书、地图为旧学；西政、西艺、西史为新学。旧学为体，新学为用，不使偏废。"（张之洞：《劝学篇·设学》）"中体西用"经过张之洞的阐释，成为清朝统治阶级对抗变法维新的理论。

随着维新运动的高涨，资产阶级不仅更明确地提出了自己的政治主张，同时，在哲学上他们也逐步克服了改良派先辈的弱点，划清了同洋务派的界限。这样，进步的社会主张不再被陈旧的哲学理论所束缚，而是获得了依据，并为东西文化比较的进一步深入开辟了道路，这主要表现在如下两个方面：

其一，以道器、体用统一论批判了变器不变道、中体西用的思想，谭嗣同明确地指出"道，用也；器，体也。体立而用行，器存而道不亡。……夫苟辨道之不离乎器，则天下之为器亦大矣。器既变，道安得独不变？"（《报贝元徵》）严复则彻底否定了"中体西用"论，其基本依据是体用一元说，"善夫金匮裘可桴孝廉之言曰：'体用者，即一物而言之也，有牛之体则有负重之用，有马之体则有致远之用，未闻以牛为体以马为用者也。'中西学之为异也，如其种人之面目然，不可强谓似也。故中学有中学之体用，西学有西学之体用，分之则并立，合之则两亡。议者必欲合之以为一物，且一体而一用也，斯其文义违舛，固已名之不可言矣，乌望言之而可行乎！"（《与外交报主人论教育书》）这就是说，体用是每一事物本身固有的，是不能分割的，有什么样的体，就有什么样的用，用依存于体，体变了，用也将相应发生变化。在中学之体上移接西学之用是行不通的，决不能既要保留中国封建制度和意识形态，又要应用西方的科学技术，应该从体到用都学习西方，谭嗣同、严复的观点可以说是站在进步立场，对"道器""体用"争论的总结。

其二，把变易史观推进到进化史观。康有为从自然界是变动进化的论证了人类社会也应当是发展的。发展的规律就是由"据乱世而升平而太平"即"由君主而君民共主而民主,由专制而立宪而共和",康有为的这一观点,比魏源、王韬等人朴素"变"的思想是大大地进步了的,但是,他的理论还不是建立在真正科学的基础上,而是把西方的进化论和中国古老的公羊三世说混合在一起。直到严复才摆脱了康有为的缺陷,建立真正的进化史观。

  进化史观的确立,不仅为变法维新提供了理论武器,而且回答了东西文化差异的本质,严复依据西方近代的社会进化理论,认识到社会进化莫不始于图腾,继以宗法,而成于国家。欧洲的进化起初比较迟缓,后来变得急骤,在一二百年内相继进入国家阶段,而中国的进化则开始比较急骤,秦朝以后变得迟缓,"由秦以至于今,又二千余岁矣,君此土者不一家,其中之一治一乱常自若,独至于今,籀其政法,审其风俗,与其秀桀之民所言议思惟者,则犹然一宗法之民而已矣。然则此一期之天演,其延缘不去,存于此土者,盖四千数百载而有余也。"❶ 这意味着,在时间上同处于当代的欧洲和中国,在社会发展阶段上却是一个处在国家阶段,一个处在宗法阶段,一为今,一为古。严复的思想给后来的西化派以深刻的影响。

三

  从 19 世纪八九十年代到 20 世纪初,大多数资产阶级思想家都把建立资产阶级政治制度视为改造中国的根本,严复比较早地指出中国危亡的根源在于学术,要救危亡必须引进西方的学术,强调了思想启蒙的重要,但是他的思想并没有得到广泛响应,经历戊戌变法的失败,严复更坚定了自己的认识。1905 年,孙中山和严复会晤于英国伦敦,当讨论到革命时,孙中山和严复争论起来,严复认为"以中国民品之劣,民智之卑,即有改革,害之除于甲者将见于乙,泯于丙者将发之

---

  ❶ 严复:"译《社会通诠》自序",见《严复集》(一),中华书局 1986 年版,第 136 页。

于丁。为今之计,惟急从教育上著手,庶几逐渐更新乎!"孙中山则回答说:"俟河之清,人寿几何!君为思想家,鄙人乃实行家也。"❶ 孙中山承认严复讲得有道理,但是,他认为紧迫的现实并没有提供充裕的时间在思想文化方面积聚力量。

1911年10月10日,武昌的革命士兵发动起义,敲响了清朝统治者的丧钟。以孙中山为代表的资产阶级革命家经过艰苦的努力,于1912年元旦,宣告资产阶级的民主共和国——中华民国的成立,从此,中国历史翻开了新的一页。

以孙中山为首的南京临时政府,是资产阶级民主革命的产物,为把中国建设成真正的资产阶级共和国,南京临时政府在它存在的短短三个月内,颁布了一系列资产阶级民主法令,根据资产阶级"自由平等""天赋人权"的原则,宣布人民享有选举、参政等政治权利,以及居住、信仰、结社、集会、出版、言论等自由;解放"疍户""惰民"等所谓"贱民",保障其享有公民权;命令各级官僚废除刑讯;严禁蓄奴和买卖人口;废除"大人""老爷"等称呼;禁止缠足、蓄辫、赌博,等等。在文化教育方面,提出德育、智育、体育、美育等教育方针,否定"忠君尊孔"的封建教育;明令各地废止小学读经,禁用清朝学部颁行的各种教科书,禁止授《大清会典》《大清律例》等各种有碍民国体制和共和精神的书籍。所有这些,都显示了南京临时政府的资产阶级民主共和国的性质,极大地冲击了封建专制主义。

清帝退位,"中华民国"的招牌挂起来了,《临时约法》宣布"中华民国之主权属于国民全体",至此建立资产阶级共和国的目的已达到。资产阶级革命家们庆幸着表面的胜利,以为"大功告成",此后努力的目标,只是政治建设和实业建设,前者以宋教仁为突出代表,所谓政治建设,也就是资产阶级政党政治和责任内阁制。这些主张代表

---

❶ 严璩:"侯官严先生年谱",见《严复集》(五),中华书局1986年版,第1550页。

了他们对真共和政治内容的追求，同时也是想借此制约袁世凯，看来他们还没有完全放弃斗争。事实上这种斗争的形式，主要着眼于对袁世凯个人的限制和约束，没有看到袁世凯依靠的势力和支持袁世凯的旧基础。他们幻想以温和的方式建设和巩固共和国的政权，这种幻想很快就破灭了。

资产阶级革命活动家又主张实业建设，即要求发展民族工商业。孙中山在他解职后不久，发表演讲说："吾国种族革命、政治革命俱已成功，惟社会革命尚未着手，故社会事业在今日非常紧要……仆此次解职，即愿为一人民事业之发起人。"❶孙中山认为，他此后的任务是从事社会事业，振兴实业。孙中山提出在十年内要修筑20万里铁路，欣然愿以大总统的身份退为实业家，接受全国铁路总监的名义。另一位著名的资产阶级革命家黄兴也无心政界，转而"注重实业"。发展民族工商业，无疑是中国近代化的重要课题，但是在政治并未真正走上一定的轨道之时，实业注定是不会有大的发展的，到一定阶段，就会遇到无法挣脱的"瓶颈"。

尽管在当时的革命家中还有部分人尚未完全放弃斗争，另外一部分人却以为清朝的异族统治被推翻后，革命的任务已经完成，"革命军起，革命党消"的话，流行一时，在言论界有很大影响的章太炎，就是这样公开主张的，这种思想，对革命势力起到一定涣散瓦解的作用。

然而，现实是无情的，随着袁世凯的上台，与共和政治精神相悖的不谐之音便开始奏响，并逐渐喧嚣于国中。这种不谐之音主要表现为两方面：一是思想文化领域尊孔复古思潮的兴起，一是政治领域复辟帝制的活动。

1912年3月，南京临时政府颁布的《临时约法》规定"人民有信教之自由"，以孔子为代表的儒家思想虽不是宗教，但是两千多年来在

---

❶ 孙中山："在湖北军政界代表欢迎会的演说"，见《孙中山选集》，人民出版社1981年第2版，第101页。

中国实有宗教的权威。因此,"信教自由"的规定,在当时的中国,有否定孔子一尊地位的意义。时任南京临时政府教育部部长蔡元培认为"经学"实为文、史、哲、文字几方面的内容,因将大学堂原设的"经科"并入文科,取消了儒家思想在大学堂中的独尊地位。所有这些变化,在封建文化的卫道士看来无疑是大逆不道,无法容忍的,他们伺机进行反攻。

南京临时政府总算带有反封建色彩,这个政府北迁后,仅有的革命色彩即被旧势力所吞噬。1912年7月,北京政府的教育部召开临时教育会议,编制学校管理规则,会上提出讨论是否应保留奉祀孔子的仪典,这是"民国政府"保留和恢复封建文化的第一声。就在这次教育会议后不久,各地的封建人士纷纷发起组织孔教会、孔道会,北京的孔教会发刊《孔教会杂志》(陈焕章),康有为在上海创办《不忍》杂志,以扩大复古主义思潮的影响。1913年6月20日,袁世凯发布"尊孔祀孔令"。

复古尊孔思潮,在袁世凯政权的支持下,愈演愈烈,复古主义者进而倡议定"孔教"为国教,想达到恢复孔子一尊地位的目的。康有为著《以孔教为国教配天议》,与此同时,大批守旧分子互相呼应,到处发表文章,宣扬"孔教",这时北京政府还在假借共和名义,成立国会,由参议院、众议院组织宪法起草委员会(委员60名),在天坛开会,起草宪法。1913年8月,"孔教会"代表陈焕章、严复、夏曾佑、梁启超等上书参、众两院,提出"请定孔教为国教"的请愿书,声称中国的"一切典章制度,政治法律,皆以孔子之经义为根据,一切义理、学术、礼俗、习惯,皆以孔子之教化为依归,此孔子为国教教主之由来也",认为"只有定孔教为国教,世道人心,方有所维系"。[1]请愿书在《孔教会杂志》《时报》上公开发表,在其影响下,各地尊孔会、社也纷纷上书,一定要在草拟的宪法中,写上"中华民国以孔

---

[1] 《时报》1913年8月16日。

教为国家风教之大本"的话。10月,天坛宪法起草完成,那时宪法起草委员会中的多数还是资产阶级的革命派,所以没有完全照复古主义者的意图将孔教定为国教写入宪法。可是经过历时数月的争吵,终于在宪法草案第19条中,添上"国民教育,以孔子之道为修身大本"一项。

辛亥革命后虽然挂起了民主共和国的招牌,但还存在两种与民主共和国非常不调和的现实:一是溥仪仍拥有皇帝尊号,每年坐收400万元巨款,养尊处优于北京皇宫的小朝廷,依然沿用宣统年号,依然可以称孤道寡地颁发上谕,清朝的似亡非亡给那些封建遗老和宗社党以伺机而动的希望;二是民国政府成立不到四个月,在南北对峙的政治斗争中,孙中山终于被迫退让,以袁世凯为临时大总统,袁世凯口口声声说他的地位是得之于清朝,在清帝退位诏书上添上"即由袁世凯以全权组织临时共和政府"的话,这样,他是可以不向民国负责的,一上台,就做起了皇帝梦。因此,之后的民国,存在两种复辟思想:一是复清朝之辟的思想;一者是复帝制之辟的思想。两者虽然具体内容有所不同,实质则一,同为反对共和、恢复帝制。

那些封建遗老们在宣扬复古观点维护封建纲常名教的同时,也从事各种复辟活动,其代表人物劳乃宣连续抛出《共和正解》《续共和正解》,反对资产阶级共和制度,并提出还政清室的方案。他向袁世凯献计说:"今年共和三年,总统十年期满之顷,共和十二年,其时宣统十八",那时应是还政的时机了。值得注意的是,民国总统袁世凯对清朝复辟的思想和活动,一开始倒是颇为"曲予优容"的,只是当清朝复辟派反对袁世凯觊觎帝位的野心之时,袁世凯才不得不对喧嚣一时的清朝复辟声浪予以压制。

袁世凯执政以后,便披着共和的外衣,演出了一幕幕的丑剧,逐步把中华民国推回到专制的老路。1913年3月,袁世凯派人暗杀了对自己权力构成威胁的宋教仁;10月,袁世凯以军警数千人包围国会,强迫国会议员"选举"袁世凯为正式大总统；随后，他下令解散国民党、解散国会、废弃《临时约法》；1914年5月，袁世凯宣布《中华民国约法》，明确把行政、军事、立法、外交等大权集于大总统一身，并规定大总统有权"发布与法律同等效力之教令"；年底，他又公布《修正大总统选举法》，规定大总统任期十年，连选连任，没有限制，总统继承人由现任总统推荐，大总统的权力已与皇帝相差无几，直至最后打碎"中华民国"的招牌，代之以"中华帝国"。

毫无疑问，民国成立后的复古思潮及复辟帝制运动是一股逆流。然而，在一定时期，这股逆流弥漫乃至主宰了中国，把辛亥革命所取得的成果吞噬殆尽。一度陶醉于胜利的资产阶级革命派在被一连串严峻的现实唤醒之后，重新投入了反对专制主义的斗争。孙中山、黄兴发动了反对袁世凯的"二月革命"，章太炎、黄兴积极进行反复古思潮的斗争……但是，武装斗争遭到失败，文化思想战线上的反复古思潮斗争也显得缺乏声势和力量。历史在期待着新的角色登场。

新一代知识分子是以重视思想启蒙为特征的，这一特征的出现，与这些知识分子对中国近代化历程特别是民国社会现实的认识是密切相连的。可以说，未来文化界的领袖人物陈独秀、李大钊、胡适、鲁迅等，在辛亥革命后，均经历了一个从满怀希望到失望的思想历程。在这方面，李大钊的认识是很有代表性的。辛亥革命后的第二年，李大钊就为新生的共和国感到"隐忧"，为共和国的前途忧虑，不久，他就认识到，革命果实已经被军阀篡夺，广大人民仍然处于奴隶的地位，共和国名存实亡，"所谓民政者，少数豪暴狡狯者之专政，非吾民自主之政也；民权者，少数豪暴狡狯者之窃权，非吾民自得之权也；幸福者，少数豪暴狡狯者掠夺之幸福，非吾民安享之幸福也"，❶ 表达出一个青年深深的失望。

李大钊一面怀着悲愤的感情，以锐利的笔锋，对新的专制主义进

---

❶ 《李大钊文集》（上），人民出版社1984年版，第6~7页。

行无情的揭露和声讨，同时，更进一步探讨了民权"旁落"的原因，在他看来，辛亥革命后"民权之旁落"，固然是由于封建军阀的窃夺，但是更根本的原因还在于人民群众觉悟不高，力量不足，辛亥革命所以出现种种黑暗的"政象"，"但叹悼吾民德之衰、民力之薄耳！"民力与民德是紧密相连的，"民力宿于民德，民权荷于民力，无德之民，力于何有？无力之民，权于何有？既无图攘窃于其后者，恐此权之为物，终非乏担当力者所能享有……"❶ 所以，对于共和国来说，国民教育才是培根固本的工作，民主主义者应该"奋其奔走革命之精神，出其争夺政权之魄力，以从事于国民教育，十年而后，其效可观。民力既厚，权自归焉，不劳尔辈先觉君子，拔剑击柱，为吾民争权于今日。……"❷ 我们不难看出，李大钊的思想与严复的主张密切相通。

远在美国的胡适，对辛亥革命后的国内局势，开始时知之未详，但他对新生的资产阶级共和国是关注的。他一方面对国外诋毁民国的言论给予批驳，另一方面对袁世凯上台后的复古行径表示不满，指出大总统效元祀孔法案是"舍本逐末"，"天下本无事，庸人自扰之耳"，袁世凯的"尊孔会""有失误之处七事"，其中特别指出袁氏尊孔令中把"纲常沦丧，人欲横流"，归咎于国体变更后自由平等之流祸，是一大谬误。值得注意的是，胡适最初是把辛亥革命胜利的主要功劳归之于梁启超，"梁任公为吾国革命第一大功臣，其功在革新吾国之思想界。十五年来，吾国人士所以稍知民族思想主义及世界大势者，皆梁氏之赐，此百喙所不能诬也。去年武汉革命，所以能一举而全国响应者，民族思想政治思想入人已深，故势如破竹耳。使无梁氏之笔，虽有百十孙中山黄克强，岂能成功如此之速耶！近人诗'文字收功日，全球革命时'，此二语惟梁氏可以当之无愧。"❸ 对梁启超的过分推崇

---

❶ 《李大钊文集》（上），人民出版社1984年版，第41页。
❷ 《李大钊文集》（上），人民出版社1984年版，第43页。
❸ 《胡适留学日记》，商务印书馆1947年版，第122页。

从一个侧面显示了胡适对社会变革中思想启蒙作用的认识。在以后的几年里，中国的内忧外患日益加剧，胡适进一步加强了对思想启蒙重要性的认识，他在写给国内朋友许怡荪的信中说："适近来劝人，不但勿以帝制撄心，即外患亡国亦不足顾虑。倘祖国有不能亡之资，则祖国决不致亡。倘其无之，则吾辈今日之纷纷，亦不能阻其不亡。不如打定主意，从根本下手，为祖国造不能亡之因，庶几犹有虽亡而终存之一日耳。……适以为今日造因之道，首在树人；树人之道，端赖教育。故适近来别无奢望，但求归国后能以一张苦口，一支秃笔，从事于社会教育，以为百年树人之计：如是而已。……明知树人乃最迂远之图。然近来洞见国事与天下事均非捷径所能为功。七年之病，当求三年之艾，倘以三年之艾为迂远而不为，则终亦必亡而已矣。"❶ 这段文字颇耐寻味，在一定意义上表达了胡适一生的信念。

总之，在辛亥革命失败后，一些先进知识分子认识到思想文化变革在社会变革中的重要地位，把目光转向了思想启蒙。

1915年，以《青年杂志》的创刊为标志，陈独秀等人掀起了轰轰烈烈的新文化运动，他们用资产阶级的新文化、新道德、新观念彻底批判中国传统的旧文化、旧道德、旧观念，并在多个领域推动文化的变革，从而引发了一场东西文化讨论，从1915年开始，延续了十几年，在中国近代史上产生广泛的影响。这场讨论是以往论战的继续，在涉及的问题和理论深度上都超过以往的论战。这场论战，从一开始就逐渐脱离局部、枝节的问题，而集中到整个文化，特别是思想观念的层面上，思想家们力图揭示东西文化的差异优劣，与此同时，历史观问题也更加突出，东西文化差异的本质、差异的根源，文化的一元与多元，文化的时代性与民族性，文化评价的标准，新旧、东西文化能否调和，等等，围绕这些问题，不同的历史观展开了交锋，从而构成近代文化、历史哲学的重要内容。

---

❶ 《胡适留学日记》，商务印书馆1947年版，第832~833页。

这是陈独秀、李大钊、胡适、梁漱溟等思想家的时代。可以说,他们的思想不同程度地影响了近代社会、文化的发展,也影响着今天的文化选择。"对历史的估计就是对实践的态度。"[1] 研究他们所提出的问题和对问题的回答,吸取他们的智慧和教训,就成为一个具有意义的课题。

---

[1] 《胡绳全集》第一卷(上),人民出版社2003年版,第171页。

第一章　伦理的觉悟：新文化运动前期的主旋律

辛亥革命后，一批先进知识分子深刻认识到思想启蒙的重要性，直接的刺激来自民国的名不副实，也凝结着对近代以来中西文化冲突、融合过程的反思，陈独秀、蔡元培、李大钊、胡适、鲁迅、钱玄同、吴虞、高一涵、刘半农等逐渐聚集到《新青年》、北京大学周围，他们发挥各自特长，组成一个传播西方文化、抨击传统文化，进行文化变革的集体。陈独秀是这个集体的核心之一，他不但是一个坚强有力的组织者，而且几乎在当时思想文化斗争的各个方面都发挥了冲锋陷阵的作用。毛泽东曾高度赞誉陈独秀："他是五四运动时期的总司令，整个运动实际上是他领导的。他与周围的一群人，如李大钊同志等，是起了大作用的。"❶ 研究这一时期——特别是新文化运动前期的文化思想，便不能不从他谈起。

陈独秀（1879~1942），安徽省怀安县（现属安庆）人，谱名庆同，官名乾生，字仲甫。自幼丧父，过继给叔父为子。陈独秀在自传中说，从6岁开始，直接教育他的是他身边的三位亲人：一个严厉的祖父，一个能干而慈爱的母亲，一个阿弥陀佛的大哥。6~9岁，随祖父学习四书五经，关于这位祖父，他说："亲戚本家都绰号我的这位祖父为'白胡爹爹'，孩子们哭时，一说白胡爹爹来了，便停声不敢哭，

---

❶ 《毛泽东文集》（第三卷），人民出版社1996年版，第294页。

这位白胡爹爹的严厉可怕便可想见了。"这位饱经风霜、封建传统的笃信者，晚年把希望寄托在陈独秀身上，尤其是看到小孙子比大孙子聪明，对小孙子的教育更是心切而严厉。"我从小有点小聪明，可是这点小聪明却害苦了我。我大哥的读书，他从来不大注意，独独看中了我，恨不得我一年之中把《四书》《五经》都读完，他才称意，《四书》《诗经》还罢了，我最怕的是《左传》，幸亏这位祖父或者还不知道'三礼'的重要，否则会送掉我的小性命。"❶ 陈独秀这里说的是，祖父一方面提出过高的要求，另一方面又动不动进行体罚——打板子。9岁时，祖父去世，他只得改从其他塾师，数年间更易多位，总"不大满意"，到他十二三岁时，由长兄教读。考功名做官自古以来是学子的出路，在这样的社会空气里，陈独秀的母亲对其幼子的希望也是如此，虽然陈独秀看不起八股文，但母命难违，仍不得不习旧学，做八股文，陈独秀后来回忆说："吾辈少时，读八股，讲旧学，每嫉视士大夫习欧文谈新学者，以为皆洋奴，名教所不容也。"❷ 可见，陈独秀仍然处于旧意识的"襁褓"之中，但是，随着他年龄的增长，对国家局势了解的增多，这种"襁褓"就要打破了。

1896年，陈独秀考中秀才，次年又去南京参加江南乡试，向举人的阶梯进军，本来陈独秀是做了准备，希望中举的，倒不是为了做官，而是为了"考个举人以了母亲的心愿，以后好让我专心做点正经学问"，"只想考个举人了事，绝不愿再上进"。为此，在中秀才后约一年的时间里，他虽然多病，还是着实准备了考试的功夫，对八股文也勉强研究了一番。但是，命运之神不再眷顾他，他落榜了。在家人看来，这该是一件懊丧的事情，陈独秀自己却说，"不料其结果对于我意外有益"，有一种解放感，参加江南乡试成了他思想发展的一个重要转折点。在应试中，有一件事给陈独秀留下终身未泯的印象。考头场时，

---

❶ 《陈独秀著作选》（第三卷），上海人民出版社1993年版，第415页。
❷ 《陈独秀著作选》（第一卷），上海人民出版社1993年版，第214页。

第一章　伦理的觉悟：新文化运动前期的主旋律

有一位徐州来的大胖子考生，一条大辫子盘在头顶上，全身一丝不挂，脚踏一双破鞋，捧着自己的试卷，在如火的长巷中走来走去，左右摇晃着脑袋，拖长着怪声，念他那得意的文章，念到最得意处，用力把大腿一拍，竖起大拇指叫道："好！今科必中！"大失常态。本来对科举制度没有好感的陈独秀，对这个怪状，"看呆了一两个钟头"。"在这一两个钟头当中，我并非尽看他，乃是由他联想到所有考生的怪现状；由那些怪现状联想到这班动物得了志，国家和人民要如何遭殃；因此又联想到所谓抡才大典，简直是隔几年把这班猴子、狗熊搬出来开一次动物展览会；因此又联想到国家一切制度，恐怕都有如此这般的毛病；因此最后感觉到梁启超那班人们在《时务报》上说的话是有些道理呀！这便是我由选学妖孽转到康、梁派之最大动机。一两个钟头的冥想，决定了我个人往后十几年的行动。"❶ 亲友、邻舍所"想象的举人、进士、状元郎"，由此向"康党、乱党、共产党"的道路转化。随后，他进一步如饥似渴地阅读了维新派人物的文章，"始恍然于域外之政教学术，粲然可观，茅塞顿开，觉昨非而今是"，❷ 并与一辈后生小子，对康有为受到的攻击，"愤不能平，恒于广座为康先生辩护"。无疑，当时守旧势力还是强大的，于是，陈独秀等人就被指"为康党，为孔教罪人，侧目而远之"。❸ 改良派的论著对陈独秀产生了重要的启蒙作用，正是通过这一桥梁，他进一步接受西方资产阶级思想文化的洗礼，初步确立了向西方学习，改造中国的志向。

1901 年，陈独秀受甲午战争和八国联军侵华的深刻刺激，开始考虑国家问题，他后来回忆说："我十年以前，在家里读书的时候，天天只知道吃饭睡觉。就是发奋有为，也不过是念念文章，想骗几层功名，光耀门楣罢了。那知道国家是什么东西，和我有什么关系呢？到了甲

---

❶ 《陈独秀著作选》（第三卷），上海人民出版社 1993 年版，第 426 页。
❷ 《陈独秀著作选》（第一卷），上海人民出版社 1993 年版，第 214 页。
❸ 《陈独秀著作选》（第一卷），上海人民出版社 1993 年版，第 230 页。

午年,才听见有人说有个什么日本国,把我们中国打败了。到了庚子年……八国的联合军,把中国打败了。此时我才晓得,世界上的人,原来是分做一国一国的,此疆彼界,各不相下。我们中国,也是世界万国中之一国,我也是中国之一人。一国的盛衰荣辱,全国的人都是一样消受,我一个人如何能逃脱得出呢。我想到这里,不觉一身冷汗,十分惭愧。我生长二十多岁,才知道有个国家,才知道国家乃是全国人的大家,才知道人人有应当尽力于这大家的大义。……自古道国亡家破,四字相连。若是大家坏了,我一身也就不能快乐了,一家也就不能荣耀了。我越思越想,悲从中来。我们中国何以不如外国,要被外国欺负,此中必有缘故。我便去到各国,查看一番。"❶

同当时很多留学生一样,1901年10月,陈独秀去日本留学,入"东京学校",即东京专门学校,曾参加留学生组织的"励志会",1902年3月回国。在安庆他与朋友利用藏书楼这个阵地,组织"励志学社",传播新知识,宣传爱国思想,发表反清革命演说,地方当局深为不安,不久就封闭了藏书楼。陈独秀再次留学日本,入成城学校陆军科,与张继、蒋百里、苏曼殊等发起组织,仿意大利独立前马志尼创立的革命团体"少年意大利",成立"少年中国",后为避免清朝当局的注意,定名为"青年会","以民族主义为宗旨,以破坏主义为目的",是"日本留学界中革命团体之最早者",继续进行反清斗争。不久,陈独秀因参与剪掉学监辫子的活动,被遣送回国。

1903年,拒俄运动发生后,陈独秀在安徽藏书楼发表爱国演说,组织爱国会,领导拒俄运动,受到清朝统治者的忌恨,险遭逮捕。1903年8月他与章士钊、张继、苏曼殊等,在上海创办《国民日报》。当《国民日报》同年12月停刊后,陈独秀从上海回到安徽,创办了《安徽俗话报》,该报于1904年2月15日创刊,前后共印发22期,从陈独秀发表在《安徽俗话报》上的文章来看,这时他基本确立了反帝

---

❶ 《陈独秀著作选》(第一卷),上海人民出版社1993年版,第55页。

第一章　伦理的觉悟：新文化运动前期的主旋律

反专制的民主革命思想。

陈独秀创办此报的主导思想，首先是救国，其次是开启民智。在创刊号上第一篇论说文"瓜分中国"中，陈独秀劈头就向读者大声疾呼："这是怎么好呢？我们中国人，又要做洋人的百姓了啊！"他告诉读者，这瓜分是由俄国无缘无故侵占我国东北引起的，而清政府的软弱、腐败又助长了帝国主义国家的气焰，形成"瓜分中国"的局面，他号召人们起来反抗帝国主义侵略，反对腐朽的清王朝统治。

陈独秀在为救国呼喊的同时，进一步思考着近代以来中国人一直思考的问题："我们中国何以不如外国，要被外国欺负。"❶ "堂堂一个中华大国，怎么就弄得这步田地呢？"原因自然是多方面的，首先是清朝政府和官吏的腐败，陈独秀在《安徽俗话报》上有许多抨击这方面的文字。"那班带兵官，别说是打战的本事了，那不吃鸦片烟不克扣军饷的，到有几个呢？"❷ 但是，他探索的结果认为，国民性的好歹是决定一国兴亡的根本，"不是皇帝不好，也不是做官的不好，也不是兵不强，也不是财不足，也不是外国欺负中国，也不是土匪作乱，依我看起来，凡是一国的兴亡，都是随着国民性质的好歹转移。我们中国人，天生的有几种不好的性质，便是亡国的原因了。"❸ 作为对中国衰亡原因的分析，这种观点当然是偏激不全面的，但是，由此陈独秀很自然地突出了改造国民性的重要性，这成为他此时工作的主题。

接着，他在文章中列举了中国人天生不好的性质中突出的两种。"第一桩，只知道有家，不知道有国。"因此，为官的只图安逸，搜刮钱财，不考虑国家的兴亡；百姓则将国事委之官府，不闻不问。"第二桩只知道听天命，不知道尽人力。"❹ 统治者以此欺骗百姓，维护统

---

❶ 《陈独秀著作选》（第一卷），上海人民出版社1993年版，第55页。
❷ 《陈独秀著作选》（第一卷），上海人民出版社1993年版，第28页。
❸ 《陈独秀著作选》（第一卷），上海人民出版社1993年版，第80页。
❹ 《陈独秀著作选》（第一卷），上海人民出版社1993年版，第81~82页。

治,被统治者也笃信不疑,忘却反抗和斗争。陈独秀批判了"靠天吃饭""万事自有天作主""听天由命"等一系列糊涂话,指出:"天地间无论什么事,能尽人力振作自强的,就要兴旺,不尽人力振作自强的,就要衰败,大而一国,小而一家,都逃不过这个道理……我中国人都是听天由命,不肯尽人力振作自强,所以一国的土地、利权、主权,被洋人占夺去了,也不知设法挽回哩。我看日后洋人来灭中国,中国人做洋奴,扯顺民旗的,少不得又是这班听天由命的人了。"❶

恶俗和迷信,是禁锢人们思想、束缚群众手脚的镣铐,不利于富国强兵,陈独秀从《安徽俗话报》第三期开始,连续发表《恶俗篇》论说,批判"父母包办、强迫成婚"的封建婚姻制度,"敬菩萨""烧香""做会"等封建迷信。这些批判是在与西洋文明的比较中进行的,"西洋人夫妻的爱情,中国人做梦也想不到"❷……因此,陈独秀主张学习西洋各国文明。他在反对封建恶俗和迷信的同时,大力普及科学知识,宣传西方近代的国家思想,提倡改良教育和戏曲。

俗话报的内容,在当时来说比较新鲜活泼,而且言语通俗,图文并茂,因此刊出后销路甚畅,读者有将此半月报改为日报的要求。但是到1905年,资产阶级革命形势有了发展,陈独秀把主要精力转到组织革命力量的工作上,四处奔走联络革命力量,组织暗杀活动,组织革命团体"岳王会"……

1911年武昌起义成功,陈独秀对新生的资产阶级政权寄予很大的希望,他自己也担任了安徽都督府秘书长。但是,好景不长,他的希望很快破灭,辛亥革命失败后,他一度陷入沉默。1914年7月,他又去日本,协助章士钊编辑《甲寅》。1915年夏,陈独秀回国,9月15日在上海创办《青年杂志》(第二卷起改名《新青年》),开始了一场空前的思想启蒙运动。直到1917年,这个刊物完全由他一个人主办。

---

❶ 《陈独秀著作选》(第一卷),上海人民出版社1993年版,第83页。
❷ 《陈独秀著作选》(第一卷),上海人民出版社1993年版,第41页。

第一章 伦理的觉悟：新文化运动前期的主旋律

1917年1月，蔡元培到北京大学任校长，立即聘陈独秀为文科学长。《新青年》编辑部也由上海移到北京。蔡元培主持北京大学后，实行"思想自由，兼容并包"的方针，许多新文化人被聘请到北大任教。1918年1月，《新青年》由陈独秀个人主编改为同人刊物，李大钊、胡适、鲁迅、钱玄同、吴虞、高一涵、周作人、刘半农等参加到编辑部并成为主要的撰稿人。

图3　1918年夏北京大学文科哲学门毕业照

前排左起第四人为教授马叙伦，第五人为校长蔡元培，第六人为文科学长陈独秀，第七人为教授梁漱溟。第二排左起第四人为冯友兰。据冯友兰《三松堂自序》回忆，照片洗出来以后，他们的班长孙本文给陈独秀送去了一张，他一看，说："照得很好，就是梁先生的脚伸得太远一点。"孙本文说："这是你的脚。"这可以说明陈独秀的气象甚是豪放。

十年前，当陈独秀探讨国家衰败的原因时，看到了国民性对国家兴亡的重要作用，但是，他对国民性、传统文化的批判还是局部的，同时也缺乏长期作战的思想准备。经过十多年的奔波，陈独秀又回到了文化问题，他的目的仍然是要救国，推进国家的近代化，不同的是，他进一步加强了文化变革是社会变革根本的意识，要开展一场思想的革命，所以，刊物创办之初不谈政治，陈独秀曾婉言拒绝评论筹安会为袁世凯复辟帝制制造舆论的言论，理由是"批评时政，非其旨也"。胡适也把"不谈政治"标榜为从事学术文化活动的一条守则。

在东西文化比较的基础上，陈独秀表示了向西方学习、变革传统文化的坚定态度——这成为新文化运动前期的主题，并且随着运动的发展，不断被展开、深化。

第一节　东西文明的异同与优劣

《青年杂志》一创刊，就把思想、文化问题提到首位。"充塞社会之空气，无往而非陈腐朽败焉，求些少之新鲜活泼者，以慰吾人窒息之绝望，亦杳不可得。循斯现象，于人身则必死，于社会则必亡。"❶这就是当时的现实，更为可怕的是，对于这些"陈腐朽败"的东西，统治阶级不知抛弃，反而视为国粹竭力维护。批判反省，是思想观念变革的前提，同时也成为决定国家、民族是否进化的关键。陈独秀希望敏于自觉勇于奋斗的青年，"发挥人间固有之智能，抉择人间种种思想，——孰为新鲜活泼而适于今世之争存，孰为陈腐朽败而不容留置于脑里，——利刃断铁，快刀理麻，决不作牵就依违之想，自度度人，社会庶几其有清宁之日也。青年乎！其有以此自任者乎？"❷ 这里所说的抉择，在最重要意义上是要在西方近代文化和中国传统文化之间进行选择，陈独秀不仅提出这一时代课题，同时也做出了回答，而且像一个政治家一样渴望自己的思想影响大众的心灵，特别是青年们。

陈独秀以他对东西方根本思想差异的认识，对近代中西文化冲突、

---

❶ 《陈独秀著作选》（第一卷），上海人民出版社1993年版，第130页。
❷ 《陈独秀著作选》（第一卷），上海人民出版社1993年版，第130页。

第一章 伦理的觉悟：新文化运动前期的主旋律

融合过程的反思，指出了改造中国的方向，中国欲进入近世文明，就必须学习和采纳西方的民主和科学，就必须改造中国的传统文化。"自西洋文明输入吾国，最初促吾人之觉悟者为学术，相形见绌，举国所知矣；其次为政治，年来政象所证明已有不克守缺抱残之势。继今以往，国人所怀疑莫决者，当为伦理问题。此而不能觉悟，则前之所谓觉悟者，非彻底之觉悟，盖犹在惝恍迷离之境。吾敢断言曰：伦理的觉悟，为吾人最后觉悟之最后觉悟。"❶ 这些思想，对于辛亥革命后陷入失望、沉思的知识分子来说，无异于空谷足音。

在陈独秀看来，东西方思想的差异主要表现在如下的几个方面：西洋民族以个人为本位，东洋民族以家族为本位；西洋民族以法治为本位，东洋民族以感情为本位；西洋民族以实利为本位，东洋民族以虚文为本位；西洋民族以科学为本位，东洋民族以想象为本位；西洋民族以战争为本位，东洋民族以安息为本位；等等。

陈独秀列举的东西方思想的差异，不完全是他的独创，在许多方面继承和发挥了严复等启蒙思想家的思想。第一点确实反映了封建文化与资本主义文化的根本区别，陈独秀认为，西方国家"举一切伦理、道德、政治、法律、社会之所向往，国家之所祈求，拥护个人之自由权利与幸福而已。思想言论之自由，谋个性之发展也。法律之前，人人平等也。……此纯粹个人主义之大精神也。"东洋民族，自游牧社会，进而为宗法社会，自酋长政治，进而为封建政治，"宗法社会，以家族为本位，而个人无权利，一家之人，听命家长。……宗法社会尊家长，重阶级，故教孝；宗法社会之政治，效庙典礼，国之大经，国家组织，一如家族，尊元首，重阶级，故教忠。忠孝者，宗法社会封建时代之道德，半开化东洋民族一贯之精神也。"❷

在另外一个地方，陈独秀更明确地说："伦理思想，影响于政治，

---

❶ 《陈独秀著作选》（第一卷），上海人民出版社1993年版，第179页。
❷ 《陈独秀著作选》（第一卷），上海人民出版社1993年版，第166~167页。

图 4 《青年杂志》创刊号封面

各国皆然,吾华尤甚。儒者三纲之说,为吾伦理政治之大原,共贯同条,莫可偏废。三纲之根本义,阶级制度是也。所谓名教,所谓礼教,皆以拥护此别尊卑明贵贱制度者也。近世西洋之道德政治,乃以自由平等独立之说为大原,与阶级制度极端相反。此东西文明之一大分水岭也。"❶陈独秀过高地估计了西方资产阶级的民主,但他对于宗法制度、儒家伦理所造成的弊病有精辟的分析:损坏个人独立自尊的人格,窒碍个人思想的自由,剥夺个人法律上的平等权利,养成依赖性,戕

---

❶ 《陈独秀著作选》(第一卷),上海人民出版社1993年版,第179页。

贼个人的生产力。由于陈独秀还不能明确区分文化的两种传统，也是出于对封建文化消极作用的愤恨，他列举的若干差异有着笼统、片面的倾向，这也是当时论战中普遍存在的现象，由此，陈独秀又引出一些错误的思想。

东西文化差异的本质是什么？陈独秀运用进化论回答了这个问题，他把文明的历史划分为古代和近代，并从思想方面对其特征做了说明："古代文明，语其大要，不外宗教以止残杀，法禁以制黔首，文学以扬神武。此万国之所同，未可自矜其特异者也。""近代文明之特征，最足以变古之道，而使人心社会划然一新者，厥有三事：一曰人权说，一曰生物进化论，一曰社会主义，是也。"❶ 陈独秀对古代文明、近代文明的说明，并不完全、准确，但是，其中包含一个正确的观点：文化是有时代性的，不同地域的文化当处于同一历史发展阶段时，其本质是相同的，从这种观点来看东西文化的差异，陈独秀进一步得出如下判断："近世文明，东西洋绝别为二。代表东洋文明者，曰印度，曰中国。此二种文明虽不无相异之点，而大体相同，其质量举未能脱古代文明之窠臼，名为'近世'，其实犹古之遗也。可称曰'近世文明'者，乃欧罗巴人之所独有，即西洋文明也；亦谓之欧罗巴文明。移植亚美利加，风靡亚细亚者，皆此物也。"❷ 就是说，尽管东方文化在时间上也处于近代，从文化的进化程度而言，却隶属于"古代文明"，东西文化差异的本质是时代的差距，这意味着上述东西文化的种种差异，不再仅仅被看成是"东方的""西方的"，而主要是时代的。这是西化派成员的一个普遍看法。然而，陈独秀对这一思想的重要意义却缺乏深刻的认识。

为什么会产生这些差异？为什么西方能从古代文明跨到近世文明，东方诸国却久久地在近世文明的门槛外面徘徊？在陈独秀看来，决定

---

❶《陈独秀著作选》（第一卷），上海人民出版社1993年版，第136页。
❷《陈独秀著作选》（第一卷），上海人民出版社1993年版，第136页。

社会发展或停滞的是思想,"国家现象,往往随学说而转移",从这种观点出发,陈独秀不仅把思想看作文化特色的重要体现,同时,思想也是文化特色形成的根源,在自己的头脑中形成了一个循环。应该说,陈独秀在分析东方"忠孝"道德时,已经看到了与家族制度、宗法制度的联系,但是他没有由此进一步来说明整个东西文化问题,反而不时陷入种族说,把东西文化的差异归于种族的或先天的。

陈独秀在《东西民族根本思想之差异》一文中,曾系统地论述了东西思想的差异:西洋民族以战争为本位,东洋民族以安息为本位;西洋民族以个人为本位,东洋民族以家族为本位;西洋民族以法治为本位,以实利为本位,东洋民族以感情为本位,以虚文为本位。从对东西文化差异的认识来说,该文可谓系统的,其中个人本位与家族本位之别,在一定意义上,触及了东西文化的根本差别。但是,值得注意的是,该文开首就说:"五方风土不同,而思想遂因以各异。世界民族多矣:以人种言,略分黄白;以地理言,略分东西两洋。东西洋民族不同,而根本思想亦各成一系,若南北之不相并,水火之不相容也。"❶ 文章自始至终渗透了这一思想。在其他地方,陈独秀也曾断言,"西洋民族,自古讫今,彻头彻尾,个人主义之民族也"。❷ "若西洋诸民族,好战健斗,根诸天性,成为风俗。"❸ 这表明陈独秀没有在原有对东西文化差异本质认识的基础上继续前进,而是有时把东西文化的差异归于种族的,这样,陈独秀不但没有对东西文化差异的根源做出正确的回答,而且在东西文化差异的本质问题上也陷入了混乱。一会儿东西文明的差异是古今之别,一会儿东西文明的差异又是种族性质的不同。

在陈独秀的思想中,东西文化差异的本质为时代的与种族的,仿

---

❶ 《陈独秀著作选》(第一卷),上海人民出版社 1993 年版,第 165 页。
❷ 《陈独秀著作选》(第一卷),上海人民出版社 1993 年版,第 166 页。
❸ 《陈独秀著作选》(第一卷),上海人民出版社 1993 年版,第 165 页。

佛是两种并行不悖的观点,其作用是复杂的,由前者他引出如下的结论:"国人而欲脱蒙昧时代,羞为浅化之民也,则急起直追,当以科学与人权并重。"即使是后者,主要也是意在说明进行文化变革的必要性。但是,由于他在理论上还没有正确阐述东西文化差异的本质与根源的问题,所以,他既可以依据自己的认识,奏响新文化运动激昂的主题曲,同时又潜伏着危机:一是在处理东西文化关系问题上的简单化;二是由东西文化是种族的不同,时常流露近乎绝望的情绪。

对思想的强调,使陈独秀在寻找观念变革的途径时,把希望寄托于特立独行的英雄。"自社会言之:群众意识,每喜从同;恶德污流,惰力甚大;往往滔天罪恶,视为其群道德之精华。非有先觉哲人,力抗群言,独标异见,则社会莫由进化。"❶ 这也成为他过分推崇思想启蒙的作用,忽视政治斗争、经济变革的理论根据。

指出东西文化的差别,是为了依据进化的原则,判定优劣,判定孰为"新鲜活泼"、孰为"陈腐朽败",做出选择,差别既然如此悬殊,优劣如此明显,选择还有什么犹豫的吗?"以个人本位,易家族本位主义"。"若事之无利于个人或社会现实生活者,皆虚文也,诳人之事也。诳人之事,虽祖宗之所遗留,圣贤之所垂教,政府之所提倡,社会之所崇尚,皆一文不值也!"❷ 当然,陈独秀的观点也遭到一些思想保守,甚至反动人士的反对,从而开始了五四时期东西文化的激烈辩论。我们注意到,当以《东方杂志》主编伧父(杜亚泉)为代表的一批人写文章反驳陈独秀的观点时,一个更现实、更具体的问题突出出来,这就是尊孔与反孔的问题。东西文化辩论就结合这个具体的问题继续发展。

---

❶ 《陈独秀著作选》(第一卷),上海人民出版社1993年版,第151页。
❷ 《陈独秀著作选》(第一卷),上海人民出版社1993年版,第134页。

第二节　孔子与现代生活的冲突

从《新青年》创刊开始，批判传统文化就成了陈独秀思想的主题，但是把批判的矛头集中在孔子身上，则是从1916年年底开始的，这与当时的社会政治有密切联系。

辛亥革命后，中国出现了以袁世凯为代表的帝制复辟势力和以张勋、康有为为代表的清王朝复辟势力，都搞尊孔复古，为他们政治上的复辟制造舆论，于是，形成一股尊孔思潮，愈演愈烈。1913年6月20日，袁世凯发布"尊孔祀孔令"，8月15日，"孔教会"代表陈焕章、严复、夏曾佑、梁启超等上书参、政两院，提出"请定孔教为国教"请愿书，声称中国的"一切典章制度，政治法律，皆以孔子之经义为根据，一切义理、学术、礼俗、习惯，皆以孔子之教化为依归，此孔子为国教教主之由来也"。"共和国以道德为精神，而中国之道德源本孔子。……故中国当仍奉孔教为国教。"认为"只有定孔教为国教，世道人心，方有所维系"。❶ 请愿书在《孔教会杂志》《时报》上公开发表，在其影响下，各地尊孔会、社也纷纷上书，要求"定孔教为国教"，并在报纸上大肆宣传，10月，《天坛宪法草案》经宪法起草委员会三读通过，该草案第十九条第二项规定"国民教育，以孔子之道为修身大本"。

1916年8月，国会在北京恢复会议，这时袁世凯已经死去，在宪法会议上就要不要定孔教为国教展开了激烈的争论。由旧国民党员为主组成的宪法商榷会（后改为益友社）反对将孔教定为国教。11月12日，参、众两院中坚持孔教为国教的一百多名议员在北京组成"国教维持会"，通电"吁请"各省督军支持。在此前后，各地尊孔会、社和军阀、政客、宿儒，上书请愿、函电交驰，一时很是热闹。康有为

---

❶　《时报》1913年8月16日。

上书黎元洪、段祺瑞政府,要求"以孔教为大教,编入宪法,复祀孔子之拜跪礼"。同年致电北京政府请"立饬各省祀孔子,仍行拜跪礼",并说"万国礼教主无不跪,中国民不拜天,不奉耶、回,又不拜孔子,留此膝何为?"❶ 孔子在我国历史上影响巨大,他的学说几经加工、改造和阐释,已成为中国封建主义思想文化最集中的代表,孔孟之道成为统治阶级统治劳动人民的一种工具,如今要定孔教为国教并列入宪法,就是要把中国封建社会长期以来定孔学于一尊的思想,给予合法的地位。针对这股尊孔思潮,陈独秀连续发表《驳康有为致总统总理书》《宪法与孔教》《孔子之道与现代生活》等文,对尊孔派进行了严厉的批判,他认为,这不但是关系宪法的问题,而且是"吾人实际生活及伦理思想之根本也"。

在陈独秀看来,政教分途,宪法属于法律范围,不能涉及教育问题,这在西方国家早已是政治的常识。不料我们挂了共和国的招牌,国会议员居然大声疾呼定要尊重孔教,在宪法中写入以孔道修身之说为本,这本身就是一件足以腾笑别国的滑稽事情。

在反尊孔的斗争中,李大钊也特别运用政治学的知识,对比了宪法、孔子的性质,"孔子者,数千年前之残骸枯骨也。宪法者,现代国民之血气精神也。""孔子者,历代帝王专制之护符也。宪法者,现代国民自由之证券也。专制不能容于自由,即孔子不当存于宪法也。"所以,在宪法中规定"国民教育以孔子之道为修身大本"是十分"怪诞"的。以孔教入于宪法,"则其宪法将为陈腐死人之宪法,非我辈生人之宪法也;荒陵古墓中之宪法,非光天化日中之宪法也;护持偶像权威之宪法,非保障生民利益之宪法也。此孔子之纪念碑也。此孔子之墓志铭也。宪法云乎哉!宪法云乎哉!"❷ 因此,他坚决主张删去草案中尊孔的条文。李大钊还以进化论为武器,对孔教进行了批判。他

---

❶ 《时报》1916年9月20日。
❷ 《李大钊文集》(上),人民出版社1984年版,第258页。

认为，道德是无始无终自然存在的宇宙中的各种现象之一，宇宙不断进化，道德也不断变化。"孔子生于专制之社会，专制之时代，自不能不就当时之政治制度而立说，故其说确足以代表专制社会之道德，亦确足为专制君主所利用资以为护符也。历代君主，莫不尊之祀之，奉为先师，崇为至圣。而孔子云者，遂非复个人之名称，而为保护君主政治之偶像矣。"❶ 但是，现在中国社会已处于争取民主自由的时代，孔子那一套专制道德已不适于今日的时代精神，所以应该加以人力，促进旧道德的崩溃和新道德的确立。李大钊主要是从政治角度提出反孔主张，尽管他声明"孔子之道有几分合于此真理者，我则取之；否者，斥之"。❷ "余之掊击孔子，非掊击孔子之本身，乃掊击孔子为历代君主所雕塑之偶像的权威也；非掊击孔子，乃掊击专制政治之灵魂也。"❸ 在一定程度上注意了孔子评价的复杂性，他甚至颇具想象力地说："使孔子而生于今日，或且倡民权自由之大义，亦未可知。"但是，他没有展开这方面的思想，也没有像陈独秀那样涉及孔子评价中更细致的问题。

　　陈独秀、李大钊等人从比较宪法和孔教入手，揭露了尊孔派主张的荒谬。不仅如此，陈独秀进一步捍卫了信仰自由、思想自由的原则。"今效汉武之术，罢黜百家，独尊孔氏，则学术思想之专制，其湮塞人智，为祸之烈，远在政界帝王之上。"❹ "窃以无论何种学派，均不能定于一尊，以阻碍思想文化之自由发展。况儒术孔道，非无优点，而缺点则正多。尤与近世文明社会绝不相容者，其一贯伦理政治之纲常阶级说也。此不攻破，吾国之政治法律社会道德，俱无由出黑暗而入光明。"❺ 最初，论战围绕是否定孔教为国教，是否在宪法中写入以孔

---

❶❸ 《李大钊文集》（上），人民出版社1984年版，第264页。
❷ 《李大钊文集》（上），人民出版社1984年版，第262页。
❹ 《陈独秀著作选》（第一卷），上海人民出版社1993年版，第225页。
❺ 《陈独秀著作选》（第一卷），上海人民出版社1993年版，第258页。

道修身之说为本而进行，但是，陈独秀没有停滞于这些问题之上。尊孔派众口一词地强调孔教是中国历史上统一人心的工具，社会上的人自少至老，都受孔教的熏陶，所以不应该废弃孔教。以此作为保存孔教最动人的理由，陈独秀指出："吾人讨论学术尚论古人，首当问其学说教义尚足以实行于今世而有益与否，非谓其于当时之社会毫无价值也。使其于当时社会无价值，当然不能发生且流传至于今日。尊孔者多不明此理，故往往笼统其词，所称道以为莫可非议者，皆孔教过去之成绩，未尝于孔教果能实行于今世而有益与否之问题，有详确之论断。是无异文家叙述古代战争，咸称石矢之为无上利器也。"❶ 尊孔派捍卫孔子之道的目的是十分清楚的，孔子思想不仅盛行于已往，而且可以施诸今世、后世；不仅适用于中国，而且可以拯救西方，所以问题的核心在于孔子之道是否适宜现代生活，陈独秀把这一点鲜明地突出出来，"吾人倘以为中国之法，孔子之道，足以组织吾之国家，支配吾之社会，使适于今日竞争世界之生存，则不徒共和宪法为可废，凡十余年来之变法维新，流血革命，设国会，改法律（民国以前所行之大清律，无一条非孔子之道）及一切新政治、新教育，无一非多事，且无一非谬误，应悉废罢，仍守旧法，以免滥费吾人之财力。万一不安本分，妄欲建设西洋式之新国家，组织西洋式之新社会，以求适今世之生存，则根本问题，不可不首先输入西洋式社会国家之基础，所谓平等人权之新信仰，对于与此新社会新国家新信仰不可相容之孔教，不可不有彻底之觉悟，猛勇之决心；否则不塞不流，不止不行！"❷ 只能进行非此即彼的选择，只能选取其一。

尊孔派有着各种不同的现实目的，在理论上他们毫无例外地信奉这样一条原则：道德是不变的，孔子制定的伦理道德可以施诸万世，放之四海，陈独秀从进化论出发，否定了道德不变的观念。"宇宙间精

---

❶ 《陈独秀著作选》（第一卷），上海人民出版社1993年版，第290页。
❷ 《陈独秀著作选》（第一卷），上海人民出版社1993年版，第229页。

神物质，无时不在变迁即进化之途。道德彝伦，又焉能外？"❶ 道德也要随社会生活的发展而变迁，欲独尊一说，以为空间上人人必由之道，时间上万代不易之宗，只能是一种空想。

　　道德是进化的，所以古代道德不适宜现代生活。陈独秀把孔子之道与现代生活进行了比较，揭示了它们在政治、经济、社会、家庭等领域的对立和冲突，这构成陈独秀反孔的一个主要论据。现代国家，都有政党，投身政党生活，就要发挥个人独立信仰的精神，子不必同于父，妻不必同于夫。而儒家教孝、教从——父死三年，不改其道；妇从父，从夫，从子。现代社会中男女交际，习以为常，孔子之道则曰："男女不杂坐""叔嫂不通问"……现代社会中，家庭小型化，根据孔教伦理的见解，亲去其子为不慈，子去其亲为不孝，兄去其弟为不友，弟去其兄为不恭……冲突、对立是多方面的，陈独秀认为，冲突的实质在于，现代生活是要发挥"人权平等之精神"，而孔子学说则"尚尊卑重阶级"。"现代生活，以经济为之命脉，而个人独立主义，乃为经济学生产之大则，其影响遂及于伦理学。故现代伦理学上之个人人格独立，与经济学上之个人财产独立，互相证明，其说遂至不可摇动；而社会风纪，物质文明，因此大进。中土儒者，以纲常立教。为人子为人妻者，既失个人独立之人格，复无个人独立之财产。父兄畜其子弟，子弟养其父兄。《坊记》曰：'父母在，不敢有其身，不敢私其财。'此甚非个人独立之道也。"❷

　　有必要指出，陈独秀在说明西方现代人权平等精神的形成时，指出了经济的作用，经济不再是完全被动的，尽管这一思想还不太明确。但这毕竟是动摇他视思想为社会根本观点的一个因素。

　　孔子之道与现代生活的种种冲突，特别是在根本精神方面的对立，使陈独秀得出一个论断，孔子之道必须从整体上抛弃。"若夫别尊卑，

---

❶《陈独秀著作选》（第一卷），上海人民出版社1993年版，第231页。
❷《陈独秀著作选》（第一卷），上海人民出版社1993年版，第232~233页。

重阶级，主张人治，反对民权之思想之学说，实为制造专制帝王之根本恶因。吾国思想界不将此根本恶因铲除净尽，则有因必有果，无数废共和复帝制之袁世凯，当然接踵应运而生，毫不足怪。"❶ 前面他设想的非此即彼的选择，也暗示了这一思想，所以，他激烈地反对调和，以后，他多次表达了同一思想。1917年5月1日，他在致俞颂华的信中写道："其实孔子精华，乃在祖述儒家，组织有系统之伦理学说。宗教玄学，皆非所长。其伦理学说，虽不可行之今世，而在宗法社会封建时代，诚属名产。吾人所不满意者，以其为不适于现代社会之伦理学说，然犹支配今日之人心，以为文明改进之大阻力耳。且其说已成完全之系统，未可枝枝节节以图改良，故不得不起而根本排斥之。盖以其伦理学说，与现代思想及生活，绝无牵就调和之余地也。"❷ 在尊孔派中，多数人认为三纲五常是孔子思想的核心，西洋物质文明固可尊贵，但于孔门礼教，则彼所未逮，这是中国特有的文明，应该发扬光大，这种理论日益受到批判，很难影响人心。另有一班人提出新的观点认为，为近代人所深恶的三纲学说，出自汉宋儒学，酿成了君权万能的流弊，原始孔教并不如此，从而提出要区分原始孔教和汉宋儒学，并声明自己捍卫的是原始孔教、真孔教。

　　陈独秀不赞成把原始孔教与汉宋儒学截然划开，把历史的黑暗归于汉宋儒学的观点，他引用了大量材料，说明孔子与孟子、荀子、董仲舒、朱熹等人在根本思想上是一致的，三纲就是孔子的根本思想。1916年12月1日在给常乃德的信中，陈独秀明确地表达了这一思想："鄙意以为佛耶二教，后师所说，虽与原始教主不必尽同，且较为完美繁琐。而根本教义，则与原始教主之说不殊。……孔子之道，亦复如是。足下分汉宋儒者以及今之孔教孔道诸会之孔教，与真正孔子之教为二，且谓孔教为后人所坏。愚今所欲问者：汉唐以来诸儒，何以不

---

❶《陈独秀著作选》（第一卷），上海人民出版社1993年版，第239~240页。
❷《陈独秀著作选》（第一卷），上海人民出版社1993年版，第309页。

依傍道法杨墨，人亦不以道法杨墨称之？何以独与孔子为缘而复败坏之也？足下可深思其故矣。""足下所谓孔教坏于李斯、叔孙通、刘歆、韩愈者，不知所指何事？含混言之，不足以服古人。足下能指示一二事为刘、李、叔孙通、韩愈之创说，而不发源于孔孟者乎？今之尊孔者，多丑诋宋儒，犹之足下谓孔教为后人所坏。不知宋儒中朱子学行不在孔子之下，俗人只以尊古而抑之耳。孔门文史，由汉儒传之。孔门伦理道德，由宋儒传之。此事彰著，不可谓诬。谓汉宋之人独尊儒家，墨法名农，诸家皆废，遂至败坏中国则可，谓汉宋伪儒败坏孔教则不可也。"❶

在思想史上不难发现这样一种现象，当一种理论或学说遇到批判，面临被否定的局面时，旧理论、学说的信奉者，先是负隅抵抗，当发现这种抵抗没有效果时，往往转为重新解释旧理论，不惜抛弃一些观念，甚至是基本观念，然后宣布旧理论和新理论并没有多大矛盾，从而达到维护旧理论的目的。这些人显得很机智，但是他们的努力不仅受到对立势力的嘲笑，而且也为同一营垒中更为保守的人所轻视。在原始孔教与汉宋儒学关系问题上，陈独秀的观点是有力的，它攻破了尊孔派为捍卫孔子所设置的一道屏障。当然，原始孔教与汉宋儒学在思想上的区别也是需要认真研究的问题，客观细致地揭示它们的区别，有助于把握孔子以及整个儒学思想的实质。在分析孔子思想时，陈独秀已经开始注意区分所引证材料的作者和年代。但是，总的说来，这方面做得还不细致。

陈独秀更多地探讨了孔子思想与现代生活的对立，主张抛弃孔子思想，与近代以来"托古改制""旧瓶装新酒"的做法相比，在思维方法上是一个重要的转变，对人们思想和行为模式的解放，起到了不可估量的作用。但是，他在宣布自己的主张时，也为自己制造了一个矛盾，在主张抛弃孔子思想的同时，他多次说道："孔学优点，仆未尝不服膺"，

---

❶ 《陈独秀著作选》（第一卷），上海人民出版社1993年版，第250~251页。

"记者非谓孔教一无是","即孔教亦非绝无可取之点"。但是,那些值得在现代发扬的"优点""可取之处"是什么?他避而不谈。从而,使自己的声明成了一种为缓和紧张气氛显示自己公正所使用的智慧,更多的是他只承认孔子学说中论述了人类最一般的道德,"若夫温良恭俭让信义廉耻诸德,乃为世界实践道德家所同遵,未可自矜特异,独标一宗也。"❶

对于历史上的思想家,既要站在现代的角度,揭示他在当代的价值或阻碍社会的作用,同时,还需要以发展的观点,揭示他的历史作用和地位。对于孔子,陈独秀主要揭示了他的思想与现代生活的冲突,视其为中国现实黑暗、积弱不振的根源。这种观点一经确立,也影响、制约了他对孔子历史地位的评价,陈独秀只从孔子思想影响了数千年中国历史这一事实出发,无可奈何地承认他是一个人物,他的思想在封建时代诚属名产,仅此而已。但是,孔子一生有什么贡献,他的思想在历史上有没有进步作用?陈独秀同样回避了这些问题。这一切都表现了陈独秀思想的某种片面性。但是,我们不可无限制地夸大这一点。孔子对中国历史有巨大的影响,以至人们把他作为中国传统文化的象征和代表,与此相联系,在评价陈独秀批孔理论时,由陈独秀主张全面抛弃孔子思想,推出陈独秀要全面抛弃传统文化,这是一种比较流行的观点。孔子与传统文化是两个不同的概念,孔子思想并不是传统文化的全部。固然,陈独秀在分析东方文化时,说过一些偏激的话,但是,同样值得注意的是,在反孔的高潮中,陈独秀表达了对古代其他各家思想的某种赞赏,"阴阳家明历象,法家非人治,名家辨名实,墨家有兼爱节葬非命诸说,制器敢战之风,农家之并耕食力:此皆国粹之优于儒家孔子者也。"❷ "西洋丧葬之仪甚简,略类中国墨子

---

❶《陈独秀著作选》(第一卷),上海人民出版社1993年版,第228~229页。
❷《陈独秀著作选》(第一卷),上海人民出版社1993年版,第225页。

之道。"❶ 这些材料说明，陈独秀认识到古代传统文化中尚有可以继承的东西，这些在传统的专制社会恰恰是不能得到发扬的。反对一种传统，就必然自觉不自觉地要恢复、发扬另外的传统，这也是一个规律。尽管陈独秀只是从反孔角度指出传统文化中某些优良的东西，没有展开论述，但是，它足以提醒我们注意陈独秀对传统文化认识的复杂性。

第三节　德先生和赛先生：新文化的哲学内含

以陈独秀为代表的西化派的主张，从一开始就受到了《东方杂志》主编杜亚泉等人的反对。1916年10月，杜亚泉以"伧父"为笔名发表了《静的文明与动的文明》一文，阐述了他对东西文化的看法，表示了与西化派不同的立场。与陈独秀把东西文明差异看成时代差异的观点相反，杜亚泉认为，东西方文明"乃性质之异，而非程度之差，而吾国固有之文明，正足以救西洋文明之弊，济西洋文明之穷者"。他也从比较东西方民族思想观念的差异入手来说明自己的观点，认为由于社会历史、地理环境的不同，形成的观念也就不同：西洋人重人为，中国重自然；西洋人生活是向外的，中国人生活是向内的；西洋崇拜竞争的胜利；中国崇尚与世无争，与物无竞；西洋以战争为常态，和平为变态，中国以和平为常态，战争为变态……从根本上来说，西洋社会为动的社会，中国社会为静的社会，由动的社会发生动的文明，由静的社会发生静的文明，从效果来看，西方人生活日益丰裕，东方人生活日益贫啬，但是"以个人幸福论，丰裕与安闲孰优孰劣，殊未易定"。这两种性质迥异的文明都不免产生弊病，需要互相补充、取长补短。但从他描述的文明病态来看，西方较东方要严重得多，在他看来，西方战后经济、道德思想的变动，都有和东方文明接近的趋势，

---

❶ 《陈独秀著作选》（第一卷），上海人民出版社1993年版，第235页。

东方人正不必效法西洋文明，而是要以"静为基础"。❶

可以看出，杜亚泉并不是像迂腐的遗老遗少那样简单地颂扬封建文化排斥西方文化，而是摆出学通中西，冷静客观的姿态，承认两种文化有民族、地域的差异，但他否认有时代的差异，并且极力描述西方文明的弊病，以第一次世界大战作为西方文明破产的证明，从而得出不可效法西洋文明的结论，其中一些观点后来被梁漱溟等人所继承、发挥。

1918年，杜亚泉又发表了《迷乱之现代人心》，继续阐发自己的观点，不久，《东方杂志》刊发钱智修的《功利主义与学术》，刊发译文《中西文化评判》，后一文主要引用德国人台里乌司氏对中国当时大儒辜鸿铭所著《春秋大义》的称赞，认为孔子伦理优越于西洋文明，德国的君主制优越于美国的民主制。

针对这一动向，为了捍卫新文化，陈独秀于1918年9月15日发表了《质问〈东方杂志〉记者——〈东方杂志〉与复辟问题》，提出16个问题进行质疑，杜亚泉在12月作《答〈新青年〉记者质问》，进行辩解，却对多数问题避而不答，于是，1919年2月15日，陈独秀发表《再质问〈东方杂志〉记者》，有针对性地反驳了《东方杂志》派的观点，李大钊等人也撰文参加论战。

在《迷乱之现代人心》一文中，杜亚泉明确提出"夫精神文明之优劣，不能以富强与否为标准，犹之人之心地安乐与否，不能以贫富贵贱为衡"，提出要以思想是否统一来判定文化的优劣。并认为，周公、孔子、孟子的思想奠定了中国文化的基础，后来的思想家都是绍述前闻，儒家思想是举国上下衡量是非的标准，"故我国之有国是，乃经无数先民之经营缔造而成。此实先民精神上之产物，为吾国文化之结晶体。吾国所以致同文同伦之盛，而为东洋文明之中心者，盖由于

---

❶ 杜亚泉："动的文明与静的文明"，载《东方杂志》第13卷第10号。

此"，西方中古以前纷杂不能统一，文艺复兴以后思想益复自由，持独到见解而风靡一世者，代有其人，但是，像中国的儒家那样，集众说之长，统领百家的思想家，则极少见。西方思想、文化的输入，破坏了中国思想的统一，造成人心的迷乱、国是的丧失、精神的破产，要结束这种混乱的局面，必须反对一切"独创异说"，对于西方的各种主义、主张，只能由儒家思想来统整"可用者"。❶ 对此，陈秀提出一系列有力的质问：中国除儒家之君道臣节名教纲常以外，是否没有别的文明？西方文明是否只有"混乱矛盾"？能否以思想是否统一来判定文化的优劣？独尊一家而黜百学是否发挥文明之道？所谓的"国是""国基"是否有存在的价值，能否使吾族适应生存而不消灭？……

陈独秀指出，儒家思想只是中国文明的一部分，而非其全体，所谓君道臣节名教纲常，也只是儒家的主要部分而不是全体。即以杜亚泉所标榜的思想统一的汉魏唐宋来说，一切宗教思想文学美术，都带有佛、道二家的色彩。显然，这些都是中国文化史上的显著常识。指出这些对于克服当时在论及东西文化特色时所存在的笼统片面倾向是有益的。当论到西方文化时，陈独秀在指出杜亚泉无视文化史事实的同时，坚决否定了杜亚泉提出的文化优劣标准，"西洋学者，若康德、孔特、卢骚、达尔文、斯宾塞之流，莫不集众说以成一家言，为世宗仰；只以其族尊疑尚异，贵自由独到，不欲独定一尊，以阻碍学术思想之自由发展，故其新陈代起，日益美备。《东方》记者乃以其不独定一尊，谓为立群伦之鹄者绝少概见，其病在不细察文化之实质如何，妄以思想统一与否定优劣，不知适得其反也"。❷ 陈独秀进一步揭露了所谓"学术思想统一"的实质，"所谓学术思想之统一者，乃黜百家而独尊一说，如中国汉后独尊儒术罢黜百家，欧洲中世独扬宗教遏抑学术，是也。易词言之，即独尊一家言，视为文明之中心，视为文化之

---

❶ 杜亚泉："迷乱之现代人心"，载《东方杂志》第15卷第4号。
❷ 《陈独秀著作选》（第一卷），上海人民出版社1993年版，第485页。

结晶体，视为天经地义，视为国粹，视为国是；有与之立异者，即目为异端邪说，即目为非圣无法，即目为破坏学术思想之统一，即目为混乱矛盾庞杂纠纷，即目为国是之丧失，即目为精神界之破产，即目为人心迷乱。此种学术思想之统一，其为恶异好同之专制，其为学术思想自由发展之障碍，乃现代稍有常识者之公言，非余一人独得之见解也。"❶杜亚泉所推崇的正是文明史上黑暗的东西，与近代思想自由的原则是背道而驰的。

陈独秀从政治角度，指杜亚泉反对共和，在共和国中，却忧虑纲常名教的破产，并极力加以维护，"则共和政体之下，所谓君道臣节名教纲常，当作何解？谓之迷乱，谓之谋叛共和民国，不亦宜乎？"❷杜亚泉矢口否认这一点，为自己的主张做了辩护："记者以为共和政体，决非与固有文明不相容者，民视民听，民贵君轻，伊古以来之政治原理，本以民主主义为基础，政体虽改，而政治原理不变，故以君道臣节名教纲常为基础之固有文明，与现时之国体，融合而会通之，乃为统整文明之所有事……"❸陈独秀针锋相对地指出了这两种思想的区别："夫西洋之民主主义（Democracy）乃以人民为主体，林肯所谓由民（by people）而非为民（for people）者，是也。所谓民视民听、民贵君轻，所谓民为邦本，皆以君主之社稷（即君主祖遗之家产）为本位。此等仁民爱民为民之民本主义，（民本主义，乃日本人用以影射民主主义者也。其或迳用西文 Democracy 而未敢公言民主者，回避其政府之干涉耳。）皆自根本上取消国民之人格，而与以人民为主体，由民主主义之民主政治，绝非一物。倘由《东方》记者之说，政体虽改而政治原理不变；则仍以古时之民本主义为现代之民主主义，是所谓蒙马以虎皮耳，换汤不

---

❶《陈独秀著作选》（第一卷），上海人民出版社1993年版，第483页。
❷《陈独秀著作选》（第一卷），上海人民出版社1993年版，第404页。
❸ 杜亚泉："答《新青年》杂志记者之质问"，载《东方杂志》第15卷第12号。

换药耳。毋怪乎今日之中国，名为共和而实不至也。"❶民贵君轻、无疑是儒家思想中富有进步意义的成分，但是民本思想不是民主思想，它只是向统治者说明了一个道理，即"得民心者得天下，失民心者失天下"，它的着眼点仍然是要维护君主专制制度。陈独秀指出的此点至今仍有理论意义。

　　钱智修的文章认为西洋文明对中国影响最大的是功利主义，由此入手来反对先进思想，认为功利主义给中国文化学术造成许多危害；以应用为学术之目的，重普及而反高深；以最大多数学说为标准；崇欧美而贬先儒，舍己从人……❷陈独秀理直气壮地为功利主义做了辩护，揭穿了反对功利主义的虚伪，"自广义言之，人世间去功利主义无善行。释迦之自觉觉他，孔子之言礼立教，耶稣之杀身救世，与夫主张民权自由立宪共和诸说，以去封建神权之革命家，以及《东方》记者痛斥功利主义之有害学术，非皆以有功于国有利于群为目的乎？今固彻头彻尾颂扬功利主义者也。功之反为罪，利之反为害，《东方》记者倘反对功利主义，岂赞成罪害主义者乎？"陈独秀还指出了钱智修对功利主义的曲解。"《东方》记者误以贪鄙主义为功利主义，故以权利竞争为政治上之功利主义，以崇拜强权为伦理上之功利主义，以营求高官厚禄为学术上之功利主义，功利主义果如是乎？"❸不论是出于有意地歪曲，还是误解，把功利主义理解为贪鄙主义要加以反对，都只是证明反对新文化者的浅薄。陈独秀的反问就显得十分有力。

　　西化派大力宣传民主和科学，反对封建主义的旧礼教、旧道德，并在文学等领域取得文化变革的实际成果，在社会上引起很大反响，

---

　　❶《陈独秀著作选》（第一卷），上海人民出版社1993年版，第487页。按：此版本的此段话，不知何故，问题较多，如Democracy即为Democry等，已订正之。

　　❷钱智修："功利主义与学术"，载《东方杂志》第15卷第6号。

　　❸《陈独秀著作选》（第一卷），上海人民出版社1993年版，第402页。

第一章 伦理的觉悟：新文化运动前期的主旋律

进一步扩大了新文化运动的影响，也激起顽固守旧派的仇恨，另一位著名的旧派人物翻译家林纾也跳了出来，向新文化运动疯狂进攻，林纾博学多才，通几国外语，应该是受西方文化影响甚深的人，早年曾有爱国思想，这时林纾年垂七十，以"遗民""清室举人"自居，在致蔡元培信中声称"今笃老尚抱残守缺，致死不易其操"，思想十分保守。1919年二三月间，他在《新申报》上发表《荆生》《妖梦》等小说诋毁新文化运动，在《荆生》中，说有田必美（影射陈独秀）、狄莫（影射胡适）和金心异（影射钱玄同）三人，新归自美洲，能哲学，发人所不敢发之议论，倡白话，废文字，诋毁孔子伦常，被伟丈夫荆生听见，把这班人痛加殴打，希冀有"伟丈夫"出来镇压新文化运动。这两篇小说，言语污秽，暴露了他们希冀军阀用武力镇压新文化运动的险恶用心。1919年3月18日，林纾在《公言报》上又发表《致蔡元培书》，攻击北大"覆孔孟，铲伦常"，"尽废古书，行用土语为文字"。

蔡元培立即写了长信给予反击，指出北大教员不曾以"覆孔孟，铲伦常"教授学生；教员反对的只是那些依托孔子反对革新的不合时宜之言论，并非以孔子为敌；北大课卷仍用文言，但讲解古书必用白话。白话不逊于文言，而且提倡白话的教员，皆博学而长于文言。在当时困难的条件下，蔡元培的信勇敢地捍卫了新文化运动，信的最后，宣布了他的两大办学方针：一是"思想自由，兼容并包"；二是"教员以学诣为主"，"校外之言论，悉听自由，本校从不过问"。

针对这股思潮，陈独秀在1918年1月新年号《新青年》发表了著名文章《〈新青年〉罪案之答辩书》，把倡导的西方文化的精神实质明确概括为科学和民主。文章一开头写道：

> 本志经过三年，发行已满三十册，所说的都是极平常的话，社会上却大惊小怪，八面非难，那旧人物是不用说了，就是咕咕

叫的青年学生，也把《新青年》看作一种邪说，怪物，离经叛道的异端，非圣无法的叛逆。本志同人，实在是惭愧得很；对于吾国革新的希望，不禁抱了无限悲观。

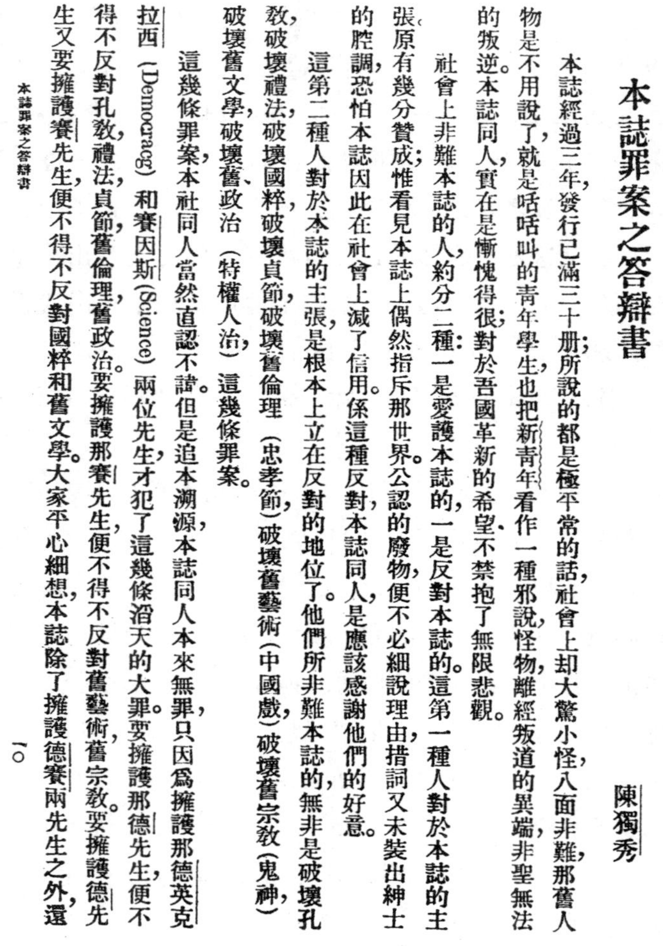

本誌罪案之答辯書

陳獨秀

本誌經過三年，發行已滿三十冊；所說的都是極平常的話，社會上却大驚小怪那舊人物是不用說了，就是咭咭叫的青年學生也把新青年看作一種邪說怪物離經叛道的異端非聖無法的叛逆本誌同人，實在是慚愧得很；對於吾國革新的希望不禁抱了無限悲觀。

社會上非難本誌的人，約分二種：一是愛護本誌的，一是反對本誌的。這第一種人對於本誌的主張原有幾分贊成，惟看見本誌上偶然指斥那世界公認的廢物，便不必細說理由措詞又未裝出紳士的腔調恐怕本誌因此在社會上減了信用係這種反對本誌同人是應該感謝他們的好意。

這第二種人對於本誌的主張是根本上立在反對的地位了他們所非難本誌的，無非是破壞孔教，破壞禮法，破壞國粹，破壞貞節，破壞舊倫理（忠孝節）破壞舊藝術（中國戲）破壞舊宗教（鬼神），破壞舊文學，破壞舊政治（特權人治），這幾條罪案。

這幾條罪案本社同人當然直認不諱但是追本溯源本誌同人本來無罪只因爲擁護那德謨克拉西（Democracy）和賽因斯（Science）兩位先生才犯了這幾條滔天的大罪要擁護那德先生便不得不反對孔教，禮法，貞節，舊倫理，舊政治；要擁護那賽先生便不得不反對舊藝術，舊宗教；要擁護德先生又要擁護賽先生便不得不反對國粹和舊文學大家平心細想本誌除了擁護德賽兩先生之外還

图5　1918年1月《新青年》第六卷第一号刊发的"本志罪案之答辩书"

第一章 伦理的觉悟：新文化运动前期的主旋律

他或许是有感于守旧势力的强大，这里无意中透露了对新文化运动前景的忧虑，但是，对于民主和科学救中国的信念依然十分坚定，指出反对本志的人：

> 他们所非难本志的，无非是破坏孔教，破坏礼法，破坏国粹，破坏贞节，破坏旧伦理（忠孝节），破坏旧艺术（中国戏），破坏旧宗教（鬼神），破坏旧文学，破坏旧政治（特权人治）这几条罪案。
>
> 这几条罪案，本社同人当然直认不讳。但是追本溯源，本社同人本来无罪，只因为拥护那德莫克拉西（Democracy）和赛因斯（Science）两位先生，才犯了这几条滔天的大罪。要拥护那德先生，便不得不反对孔教，礼法，贞节，旧伦理，旧政治；要拥护那赛先生，便不得不反对旧艺术，旧宗教；要拥护德先生又要拥护赛先生，便不得不反对国粹和旧文学。

最后坚定地宣告，"西洋人因为拥护德、赛两先生，闹了多少事，流了多少血，德、赛两先生才渐渐从黑暗中把他们救出，引到光明世界。我们现在认定只有这两位先生，可以救治中国政治上道德上学术上思想上一切的黑暗。若因为拥护这两位先生，一切政府的压迫，社会的攻击笑骂，就是断头流血，都不推辞"，❶ 表达了坚决捍卫新文化的气概。

---

❶ 《陈独秀著作选》（第一卷），上海人民出版社1993年版，第442~443页。

第二章　梁漱溟：文化的三路向

近代以来，西方文化强势涌入中国，至少从形式上看，西方文化对以儒家文化为代表的中国文化形成了全方位的压迫之势，再加上儒家文化长时间的封闭发展，也导致自身衍生了很多问题，所以国人对儒家文化出现了前所未有的反感与批判，虽然也有人为儒家文化辩护，如康有为、辜鸿铭等人，但他们的辩护还缺少力量，越辩护越显得底气不足，新文化运动以一种摧枯拉朽之势批判儒家文化，在这种危机之下，梁漱溟坚持为"释迦、孔子两家的学术至少负一个讲明的责任"，不但坚守了儒家的立场，而且通过《东西文化及其哲学》一书为儒家文化作了系统的辩护，提振了很多人的信心，产生了深刻的影响。

梁漱溟（1893~1988），原籍广西桂林，生于北京，原名焕鼎，字寿铭，又字漱冥。辛亥革命后，梁漱溟在天津《民国报》当记者，主编孙炳文为他写一扇面，上款题"漱溟"二字，遂以此为字，使用一生。曾祖父、祖父均为清朝知州，父亲梁济曾任清朝内阁侍读。

他6岁时开始读家塾，受到在当时要算十分开明的教育。他后来回忆当时的情形说："当我幼时开蒙读书，正值吾父痛心国难之时，就教我读《地球韵言》一类的书，俾知晓世界大势，而未曾要我读'四书五经'。其后入小学，进中学，读一些教科书，终竟置中国古经书未读。古经书在我，只是像翻阅报刊那样，在一年暑假中自己阅读的。"❶ 他7岁时进入北京历史上第一所西式学堂——中西小学堂，1900年义和团举事，专杀信洋教（基督教）和念洋书的人。英文念不成了，并将当时的课本《英文初阶》《英文进阶》一齐烧毁，八国联军进攻北京，中西小学堂停办，遂辍学，后转入北京顺元中学。梁漱溟之所以受到新式的启蒙教育，完全是由于其父梁济的缘故。梁济关心国家大局，国家近代以来外侮不断的形势给他深深的刺激，他倾向维新变法，对于西学尤为注意，他在一篇日记中写道："倘我本身不能出洋留学，一定节省出钱来叫我儿子出洋，万事可省，此事不可不办。"❷ 1903年，梁济将其长子送到京师译学馆读书，后又让他去日本留学，学习"四民之末"的商业。这样，与当时一般都在接受传统的《三字经》《千字文》之类的发蒙教育不同，梁漱溟从小就没有在儒家的经典上下过功夫，直到长大成人，他写文章要用到孔孟的语录时还要临时查找。

梁漱溟的父亲在家庭教育上也持一种开明的态度，中国传统大家庭中的那种父子关系，在梁济和梁漱溟之间几乎看不到，梁漱溟回忆说："父亲对我完全是宽放底。……他亦很少正言厉色地教训过我们。我受父亲影响，并不是受了许多教训，而毋宁说是受一些暗示。我在父亲面前，完全不感到一种精神上地压迫。他从未以端凝严肃的神气对儿童或少年人。"❸ 及梁漱溟渐长，父子二人论及时政，有时为一事

---

❶ 梁漱溟："自述早年想想之再转再变"，载《中国哲学》第1辑，第339页。
❷ 转引自：《梁漱溟全集》（第4卷），山东人民出版社1991年版，第542页。
❸ 梁漱溟："我的自学小史"，见《梁漱溟全集》（第二卷），山东人民出版社1990年版，第664页。

争论起来,"其间词气暴慢,至于喧声达户外者有之,悖逆无人子之礼"。❶ 正是这种家庭教育,使梁漱溟养成了遇事独立思考,不肯随波逐流附会他人的性格。

哲学是"爱智之学",哲学家之所以异于常人,首先在于肯用心!所谓观察深刻、见解高超、思想周密……一切哲学家所具之特点,均可由"肯用心"训练出来。一事一物,在旁人不成问题,哲学家可以成问题,而研究思考。其所以成问题不成问题者,在肯用心与不用心而已!

梁漱溟常说他是问题中人,有问题就得思索,问题没解决前,他比什么都要痛苦,可以不吃饭、不睡觉。他曾对朋友说:我初入中学时,年纪最小。但对于宇宙人生诸问题,就无时不在心中,想到虚无处,几夜——简直是常常睡不着觉。那时我很憔悴,头发有白了的,同学们都赶着叫我"小老哥",广东人呼小孩原如此的,但北京人说来,则是嘲笑话了。这位小老哥一生就是找问题,想问题,钻问题,解决问题,又生问题,循环不已。他不仅是认真求知的人,同时也是一位无顾虑、无畏惧、坚持说真话的人。寻根问底、独立思考、无拘无束地敞开思想……这些可谓梁漱溟先生一生治学为人的显著特点,在他少年、青年时期已开始显现,这也是他逐渐成为卓越思想家的重要缘由。

梁漱溟并不是一开始便归宗于儒家的,如其晚年自述,他早年的思想经历了三个不同时期:近代西洋功利主义思想、古印度人的出世思想、中国古代的儒家思想。20岁以前,受其父亲思想的影响,以利害得失来说明是非善恶,实利主义是他这一时期思想的中心。

他少年时代的主要课外读物是时事新闻和政治评论文章。据他自己的说法,他在十四五岁时就关心国家大事,在他父亲的影响下,极

---

❶ 梁漱溟:"思亲记",见《梁漱溟全集》(第一卷),山东人民出版社1989年版,第594页。

力主张事功之学，以为评判事物的唯一标准就是看它对人是否有好处以及好处的大小。"我很早有我的人生思想。约十四岁光景，我胸中已有了一个价值标准，时时评判一切人和一切事。这就是凡事看它于人有没有好处，和其好处的大小。假使于群于己都没有好处，就是一件要不得的事了。掉转来，若于群于己都有顶大好处，便是天下第一等事。以此衡量一切并解释一切，似乎无往不通……此时于西洋之'乐利主义'、'最大多数幸福'、'实用主义'、'工具主义'等等，尚无所闻。却是不期而然，恰与西洋这些功利派思想相近。"❶ 梁漱溟称西洋功利主义和实用主义哲学的思想，是来自他的父亲梁济。梁漱溟的父亲给他的影响，最重要的就是对于国家社会的道德使命感，同时还有功利主义的精神。梁漱溟在信仰西洋功利主义同时，由于同学郭人麟的影响，日益对传统哲学发生兴趣，原先虽受其父影响，于"实事""功利"外也曾留心道德修养之事，但意念中认为"要做大事必须有人格修养才行"，竟以道德修养为经世的手段方法了，于人生问题并未过多留意，在与郭人麟交往后，认为"似此偏激无当浅薄无根底思想，早应当被推翻"，❷ 这为思想的转变奠定了基础。

　　1911 年，梁漱溟中学毕业，不肯再升学。当时是革命风起云涌的年代，他和许多热心青年一样，积极参加社会活动。他曾参加京津同盟会。民国元年底或二年初，他偶然在家中旧书堆中捡得《社会主义之神髓》一书，这是日本人幸德秋水（日本最早之社会主义者，死于狱中）的著作，接触到社会主义，开始考虑废除财产私有的问题。"人类日趋于下流与衰败，是何等可惊可惧的事！教育家挽救不了；卫生家挽救不了；宗教家、道德家、哲学家都挽救不了。什么政治家、法

---

　　❶ 梁漱溟："我的自学小史"，见《梁漱溟全集》（第二卷），山东人民出版社 1990 年版，第 679~680 页。

　　❷ 梁漱溟："我的自学小史"，见《梁漱溟全集》（第二卷），山东人民出版社 1990 年版，第 683 页。

律家更不用说。拔本塞源，只有废除财产私有制度，以生产手段归公，生活问题基本上由社会共同解决，而免去人与人间之生存竞争。——这就是社会主义。""我当时对于社会主义所知甚少，却十分热心。其所以热心，便是认定财产私有为社会一切痛苦与罪恶之源，而不可忍地反对它。理由如上所说亦无深奥，却全是经自己思考而得。"❶ 并写了名为《社会主义粹言》的小册子，自己刻印数十本分送朋友。这是梁漱溟头一次接触到社会主义理论，当时只是有感于社会现实情况而触发了感想，并未深入研究，不过，社会主义理论给他留下一定的印象，在《东西文化及其哲学》中他对西方近代社会文化展开批判时，不难看到社会主义理论影响的痕迹。

中华民国成立以后，革命理想与社会现实的对照，使他的情绪陷入低潮。在这段内心苦闷的时期里，他潜心于佛学，开始阅读有关的佛学书籍，同时也接触到一些西方哲学家的著作，其中包括叔本华。叔本华从人生欲望的分析中得出人生唯苦的结论。在叔本华看来，一方面，欲望的本质就是痛苦，因为欲望是永远不会满足的，是无穷无尽的。当一种欲望得到满足时，新的欲望就会随之而起，结果仍然是得不到满足的痛苦。从另一方面说，如果欲望得到了完全的满足，同样不能摆脱痛苦，因为一个人如果一切都得到了满足，随之而来的只能是空虚和寂寞，这是另一种痛苦。解决痛苦的方法，只有否定生命，消除欲望，进入无我之境，达到佛教的涅槃。沿着这一思路，梁漱溟开始把思想付诸行动，吃素、不结婚，而且一度想出家。1916 年，他在《东方杂志》上发表《穷元决疑论》，以佛学为根本对前期思想进行了整合。此文引起学术界的注意。经人介绍，受蔡元培邀请到北京大学任教，主讲印度哲学。

梁漱溟到北京大学任教前后，正是新文化运动日益高涨的时期。

---

❶ 梁漱溟："我的自学小史"，见《梁漱溟全集》（第二卷），山东人民出版社 1990 年版，第 690~691 页。

他一方面发表了一些反对旧道德、支持白话文的进步言论，另一方面也日益标明自己拥护孔子的立场。"民国六年，蔡孑民先生约我到大学去讲印度哲学。但是我的意思，不到大学则已，如果要到大学作学术一方面的事情，就不能随便作个教员便了；一定要对于释迦、孔子两家的学术至少负一个讲明的责任。所以，我第一日到大学，就问蔡先生他们对于孔子持什么态度？蔡先生沉吟的答道：我们也不反对孔子。我说：我不仅是不反对而已，我此来除去替释迦、孔子去发挥外更不作旁的事！而我这种发挥是经过斟酌解决的，非盲目的；后来晤陈仲甫先生时，我也是如此说。"❶"那时我很苦于没有人将东西文化并提着说，也没有人着眼到此地。以为如果有人说，就可以引起人研究。……在我研究的时候，很有朋友劝我，说这个问题范围太广，无从着手。"❷但他对于此问题特别有要求，不肯放下，专心探求。

他后来追叙自己由佛入儒的思想经历说："我曾有一个时期致力过佛学，然后转到儒家。于初转入儒家，给我启发最大，使我得门而入的，是明儒王心斋先生；他最称颂自然，我便是如此而对儒家的意思有所理会。开始理会甚粗浅，但无粗浅则不能入门。后来再与西洋思想相证，觉得最能发挥尽致，使我深感兴趣的是生命派哲学，其主要代表者为柏格森。……再则，对于我用思想作学问之有帮助者，厥为读医书（我读医书与读佛书同样无师承）。医书所启发于我者仍为生命。我对医学所明白的，就是明白了生命……中国儒家、西洋生命派哲学和医学三者，是我思想所从来之根柢。"❸

原来梁漱溟通过对人生苦乐的探究走向佛教，认为人生而有欲望，有欲望就要求满足，这是人之性，是不可超越的，欲望无论能否得到满足，其结果都是痛苦，所以生活就是痛苦，只有在精神上达到无生，

---

❶ 梁漱溟：《东西文化及其哲学》，商务印书馆1987年影印版，第15页。
❷ 梁漱溟：《东西文化及其哲学》，商务印书馆1987年影印版，第2~3页。
❸ 梁漱溟：《朝话》，中国文化服务社1942年版，第136~137页。

即信仰佛教，才能清除痛苦。但是他在阅读儒家经典的过程中，发现这是一种与他信持的佛学完全不同的哲学，他后来回忆说："一旦发现儒书《论语》开头便是'学而时习之不亦乐乎'，一直看下去，全书不见一苦字，而乐字却出现了好多好多，不能不引起我极大注意。在《论语》书中与乐字相对待的是一个忧字。然而说'仁者不忧'，孔子自言'乐以忘忧'，其充满乐观气氛极其明白；是何为而然？经过细心思考反省，就修正了自己一向的片面看法。此即写出《东西文化及其哲学》的由来，亦就伏下了自己放弃出家之念，而有回到世间来的动念。"❶梁漱溟认识到人生的各种欲望是可以从主观上被超越的，痛苦也是可以被超越的。

1918年11月10日，梁漱溟的父亲梁济在他60岁生日前3天，在积水潭投水自尽了。梁济之死在当时曾引起人们的广泛注意，陈独秀等许多人写文章评论这一件事，陈独秀指出，"梁先生自杀，总算为救济社会而牺牲自己的生命，在旧历史真是有数的人物。新时代的人物，虽不必学他的自杀方法，也必须有他这样真诚纯洁的精神，才能够救济社会上种种黑暗堕落。""梁先生主张一致。不像那班圆通派，心里相信纲常礼教，口里却赞成共和；身任民主国的职务，却开口一个纲常，闭口一个礼教，这种人比起梁先生来，在逻辑上犯了矛盾律，在道德上要发生人格问题。"❷直到几十年后，人们在论及五四时期思想史的一些问题时还会提及梁济自杀事件。

梁济自杀一事对梁漱溟的思想究竟产生了什么影响？有些学者认为这一事件促成了梁漱溟的由佛入儒，但根据梁漱溟的自述，上述观点多少夸大了影响，"在先父辞世后一二年间我即转变，由佛家思想转变到儒家思想。关于转变种种，前因后果，在此有限之时间内，实无

---

❶ 梁漱溟："我的自学小史"，见《梁漱溟全集》（第二卷），山东人民出版社1990年版，第698页。

❷ 《陈独秀著作选》（第一卷），上海人民出版社1993年版，第445页。

法详细言之。语其时期，则在民国九年至十年春间。此次转变之深刻，前后绝不相同。……先父辞世三年，我即有《东西文化及其哲学》一书之发表，以阐明中国文化之深微。不知我者恒以为我之喜欢讲中国文化，系受先父之影响，实则先父在日，我最不留心中国文化，此在'语及人生大道，必归宗天竺；策数世间治理，则矜尚远西'数言中，以及上文所讲种种，不难知之也。"❶ 这段话讲明，他思想转变发生在1920~1921年春，父亲的影响没有一些学者说的那么深。

图6　1919年前后梁漱溟（右二）与李大钊（左二）、张申府（右一）、雷国能（左一）在北平中山公园

梁漱溟于1919年出版了《印度哲学概论》。据他自叙，这本书是以在他之前在北京大学讲授印度哲学课的许季上先生旧稿加工而成，许的旧稿"盖参酌取材于日本人书三四种、西洋人两三种而成。愚但

---

❶ 梁漱溟："自述"，见《梁漱溟全集》（第二卷），山东人民出版社1990年版，第10~11页。

事增订，未及改作。七年乃根本更张之，以为此书。"❶ 此书为专论印度哲学之著作，其中并未提及中国文化，但梁漱溟从哲学上对西方文化和印度文化的根本相异之处进行了区分，认为是两种不同的文化。如他指出，印度哲学对形而上学的研究可以另辟一新路，就在于印度人的动机不是在求知，而是要求无知，要求宗教上的解脱，"其本意初不以哲学为事，抑实归在哲学之亡……申言之，哲学之所事在知，佛法之所事在亡知"。❷ 由于动机和问题与西方哲学都不同，所以佛教哲学与西方重知识论的哲学为根本不同的哲学。梁漱溟对佛学的全面整理，为进一步的东西文化比较，做了一定的理论准备。

1920年初春，应少年中国学会邀请作"宗教问题讲演"，之后在家补写讲词，"此原为一轻易事，乃不料下笔总不如意，写不数行，涂改满纸，思路窘涩，头脑紊乱，自己不禁诧讶，掷笔叹息。即静心一时，随手取《明儒学案》翻阅之。其中泰州王心斋一派素所熟悉，此时于东崖语录中忽看到'百虑交锢，血气靡宁'八个字蓦地心惊：这不是恰在对我说的话吗？这不是恰在指斥现时的我吗？顿时头皮冒汗，默然有省。遂由此决然放弃出家之念。"❸《宗教问题》一文在《少年中国》杂志上发表，成为《东西文化及其哲学》一书的重要部分。

1920年秋，梁漱溟在北京大学以"东西文化及其哲学"为题作课外讲演，1921年暑期，他又应山东教育界暑期讲演会之聘再次以同题为公开讲演。讲演由罗常培记录整理，曾陆续印发过记录稿。同年10月由北京财政部印刷局印成专书，自1922年1月起，改由上海商务印书馆出版。在《东西文化及其哲学》一书中，梁漱溟较系统地阐述了

---

❶ 梁漱溟："印度哲学概论"，见《梁漱溟全集》（第一卷），山东人民出版社1989年版，第26页。

❷ 梁漱溟："印度哲学概论"，见《梁漱溟全集》（第一卷），山东人民出版社1989年版，第72页。

❸ 梁漱溟："我的自学小史"，见《梁漱溟全集》（第二卷），山东人民出版社1990年版，第699页。

他对东西方文化的看法,这部书便成为他早期思想的代表作。

第一节 意欲与文化

如何是东方化?如何是西方化?这是梁漱溟首先试图回答的问题。应当说这一问题本身并不是新问题,自东西方文化发生接触、冲突以来,关心东西方文化问题的人士就不断提出自己的看法。就对于"如何是西方化"这一问题的回答来说,既有早期"工商之为耳"、船坚炮利、坚甲利兵的说法,也有西化派以科学、民主为西方近代文化特征的说法。在梁漱溟看来,当时社会上流行的有关西方文化和东方文化的种种观点,虽然都有一定的道理,但是都不够周全,不能使人完全满意。他举了一个例证:一次,蔡元培先生和几位教授要到欧美去考察,教职员开欢送会,有几位演说,说的话大半都是希望几位先生将中国文化带到欧美去而将西洋文化带回来。梁漱溟听到几位都有此种言论,就问大家:"你们方才对于蔡先生同别位先生的希望是大家所同的,但是我很想知道大家所谓将中国文化带到西方去是带什么东西呢?西方文化我姑且不问——而所谓中国文化究竟何所指呢?"当时的人都没有话回答,及至散会后,胡适先生、陶孟和先生笑着对梁漱溟说:"你所提出的问题很好,但是天气很热,大家不好用思想。""我举此例就是证明大家喜欢说好听、门面、虚伪的话。如果不晓得中国文化是什么,又何必说他呢!如将'中国文化'当作单单是空空洞洞的名词而毫无意义,那么,他们所说的完全是虚伪,完全是应酬!非常无味,非常要不得!"❶

梁漱溟则抓住这一问题不放,进一步思考,形成系统的思想。他从生机主义宇宙观出发,阐述对于文化实质的看法,提出了文化三路向的观点,为具体说明东西方文化及东西方哲学的问题奠定了理论基础。

---

❶ 梁漱溟:《东西文化及其哲学》,商务印书馆1987年影印版,第1~2页。

梁漱溟把"生活"区分为"大生活"和"小范围的生活"（或"表层的生活"）。就"大生活"来说，宇宙没有自己的客观性、真实性，而是由"生活"的相续而变现出来的。他说："照我们的意思，尽宇宙是一生活，只是生活，初无宇宙，由生活相续，故尔宇宙似乎恒在，其实宇宙是多的相续，不似一的宛在，宇宙实成于生活之上，托乎生活而存者也。这样大的生活是生活的真象，生活的真解。"❶"生活"就是宇宙的本体。

与梁漱溟的东西方文化观点有直接联系的是他关于"小范围的生活"或"表层的生活"的理论。他认为就生活的表层来说，"生活即是在某范围内的'事的相续'。这个'事'是什么？照我们的意想，一问一答即唯识家所谓一'见分'，一'相分'。——是为一'事'。一'事'，一'事'又一'事'……如是涌出不已，是为'相续'。"❷"见分""相分"是佛教用语，在唯识学中，"见分"指认识的主体，"相分"指认识的对象，人的认识活动就是识体自身的"见分"，去缘虑自身的"相分"。梁漱溟认为眼、耳、鼻、舌、身、意是探问或追寻的工具，在这些工具之后，有这些工具所从出并操纵它们从事寻问的力量，他称之为"大潜力""大要求"或"大意欲"，在这些工具之前，则有殆成定局的宇宙，它不仅包括物质世界，还包括其他有情及宇宙间的因果法则。"所谓小范围的生活——表层的生活——就是这'大意欲'，对于这'殆成定局之宇宙'的努力，用这六样工具居间活动所连续而发一问一答的'事'是也。"❸殆成定局的宇宙也可以叫作"前此的我"或"已成的我"，现在的意欲则是"现在的我"，所以"小范围的生活"又可以解释为"现在的我"对于"前此的我"的一种奋斗努力。

梁漱溟指出，虽然在每一"事"中都有一问一答，但所答的不一

---

❶❷ 梁漱溟：《东西文化及其哲学》，商务印书馆1987年影印版，第48页。
❸ 梁漱溟：《东西文化及其哲学》，商务印书馆1987年影印版，第49页。

定使人们的要求都得到满足。大致说来，满足与否可以分为四种情况：

（1）可满足的，这是指人对于自然界的奋斗，在这种关系中，也有由于知识的不足而暂时不能满足的情况，但是随着知识的增长和进步，终归可以得到满足；（2）满足与否不可定，这主要是表现在我与"他心"的关系上，因为"他心"在我的宇宙范围之外，能否予我以满足是没有把握的；（3）绝对不能满足的，这是指宇宙的因果法则，例如人都想长生不死，但是无论如何也做不到，这种要求就不能满足；（4）无所谓满足与不满足，如歌舞音乐以及种种自然情感的发挥，都是无所谓满足与否或做到与否的，这种生活是奇特的。

梁漱溟认为，理解了"生活"，对于文化自然就有了透彻的了解。但是，他并没有对"文化"一词作明确的规定，他把文化看成是"一个民族生活的种种方面"，包括物质生活、精神生活、社会生活三个方面。他自己最欣赏的文化定义也许是这样一个说法，"文化并非别的，乃是人类生活的样法"。❶ 他没有对这个定义展开说明。在对东西方文化加以比较时，文化一词是一个相当宽泛的概念。同是生活，文化为什么又有差别呢？梁漱溟认为，这是由于生活中解决问题的方法不同造成的，而解决生活问题的方法或生活的样法有三种：

（一）本来的路向，就是奋力取得所要求的东西，设法满足他的要求；换一句话说就是奋斗的态度，遇到问题都是对于前面去下手，这种下手的结果就是改造局面，使其可以满足我们的要求，这是生活本来的路向。

（二）遇到问题不去要求解决，改造局面，就在这种境地上求我自己的满足。譬如屋小而漏，假使照本来的路向一定要求另换一间房屋，而持第二种路向的遇到这种问题，他并不要求另换一间房屋，而就在此种境地之下变换自己的意思而满足，并且一般

---

❶ 梁漱溟：《东西文化及其哲学》，商务印书馆1987年影印版，第53页。

的有兴趣。这时下手的地方并不在前面，眼睛并不望前看而向旁边看；他并不想奋斗的改造局面，而是回想的随遇而安，他所持应付问题的方法只是自己意欲的调和罢了。

（三）……遇到问题他就想根本取消这种问题或要求，这时他既不像第一条路向的改造局面，也不像第二条路向的变更自己的意思，只想根本上将此问题取销。这也是应付困难的一个方法，但是最违背生活的本性。因为生活的本性是向前要求的。凡对于种种欲望都持禁欲态度的都归于这条路。❶

上述解决问题的态度或方法在现实生活中确实存在，令人惊异的是，梁漱溟把上述三种态度分别与西方文化、中国文化、印度文化联系起来，认为这三种文化恰好各走一条路向：西方文化是以意欲向前要求为其根本精神的，中国文化是以意欲自为调和持中为其根本精神的，印度文化是以意欲向后要求为其根本精神的。从西方、中国、印度三种不同的"根本精神"，梁漱溟又推出三种特殊的思维方式，即西洋生活是直接运用理性的，中国生活是理智运用直觉的，印度生活是理智运用现量的。他认为，话说到此，已经很好地回答了"如何是东方化、如何是西方化"的问题，对于东西方文化特色的更具体描述，也只是要证明上述论断的正确性而已。

梁漱溟认为，要确定某种文化是如何的，就是要知道这种文化区别于其他文化的地方，与包括中、印文化在内的东方文化相比，西方文化的特色就是科学与民主。对于西方文化这一特点的揭示并非梁漱溟的发明，但他对这一点所做的具体说明很令人感兴趣。他指出，西方的望远镜、轮船、电灯，与中国笨重的骡车、油灯相比，西方的东西显然带着征服自然的威风。在器械制作上，西方是科学，中国是手

---

❶ 梁漱溟：《东西文化及其哲学》，商务印书馆1987年影印版，第53~54页。

艺，在寻求知识的方法上，西方是科学的方法，中国是玄学的方法。西方人走上了科学的道路，便事事都成了科学的。起初只是自然界的事物，随后种种人事，上自国家大政，下至社会上的琐碎问题，都被当作科学加以研究而有各种专门的学问。西方人在科学上的成就以及科学方法，又深深地影响了西方的思想、宗教和哲学。总之，西方的学术思想处处都表现出一种特别的色彩，这就是科学的精神。对于中国人来说，民主自然是西方文化中最引人注目的特征。在国家的政治生活方面，西方国家可以没有皇帝，人人都只拿有限定的主意，在家庭生活中，父母与儿女、丈夫与妻子也都是平等的。在中国则呈现出相反的情况，没有皇帝简直是不可想象的事情；在人与人的关系方面则是严于尊卑，君与臣、父与子、夫与妻都是一方绝对地统治，另一方绝对地服从。之所以有这样巨大的差别，是因为中国人与西方人信奉的观念不同。"总而言之，据我看西方社会与我们不同所在，这'个性伸展社会性发达'八字足以尽之（引者按，"八"字应为"九"字之误），不能复外，这样新异的色采给他个简单的名称便是'德谟克拉西democracy'"。❶

上述中西文化的种种区别，都足以说明西方人走的是第一条路向，中国人走的则是第二条路向。"西方文化之物质生活方面现出征服自然之采色，不就是对于自然向前奋斗的态度吗？……科学方法要变更现状，打碎，分析来观察，不又是向前面下手克服对面的东西的态度吗？科学精神于种种观念，信仰之怀疑而打破扫荡，不是锐利迈往的结果吗？……德谟克拉西不是对于种种威权势力反抗奋斗争持出来的吗？这不是由人们对人们持向前要求的态度吗？"❷ "东方文化无征服自然态度而为与自然融洽游乐的，实在不差。这就是什么？即所谓人类生

---

❶ 梁漱溟：《东西文化及其哲学》，商务印书馆1987年影印版，第41页。
❷ 梁漱溟：《东西文化及其哲学》，商务印书馆1987年影印版，第54~55页。

第二章　梁漱溟：文化的三路向

活的第二条路向态度是也。"❶

不少论者认为梁漱溟的文化三路向主张，是旨在反对文化一元论。这种理解未必妥当。从梁漱溟的本意来看，他是要通过与西方文化的比较，确定东方文化特别是中国文化的独特之处或"价值"，着眼点在"异"，在比较中，他特别凸显了人生观的比较，应该说，这是富有价值的。毫无疑问，对于东西方文化的差异，梁漱溟有一定的认识，在东西方文化先进落后的问题上，他也表现出一定的矛盾态度。当进行具体的比较时，他像西化派一样承认中国在改造自然、学术思想等方面的落后。谈到文化的总体时，文化路向说却回避了东西方文化先进落后的问题，这些不同的文化被看成并列的文化类型。他说："我可以断言，假使西方化不同我们接触，中国是完全闭关与外间不通风的，就是再走三百年，五百年，一千年也断不会有这些轮船，火车，飞行艇，科学方法和'德谟克拉西'精神产生出来。这句话就是说：中国人的不是同西方人走一条路线，因为走的慢，比人家慢了几十里路；若是同一路线而少走些路，那么慢慢的走终究有一天赶的上；若是各自走到别的路线上去，别一方向上去，那么，无论走好久，也不会走到那西方人所达到的地点上去的！中国实在是如后一说，质而言之，中国人另有他的路向态度与西方人不同的，就是他所走并非第一条向前要求的路向态度……"❷按他的这种说法，印度文化与西方文化、中国文化也不是同一条路向，而有它独特的趋向。这样，文化三路向的说法就否认了世界文化的统一性，也否认了近代东方文化的落后。这同以陈独秀为代表的《新青年》派又是对立的。

把东西方文化看作平行并列的、性质不同的文化类型，这一观点也制约、影响了梁漱溟对东西方文化差异与特色的分析。一个民族的文化随着历史的发展而呈现不同的阶段，即使在同一历史阶段，也有

---

❶❷　梁漱溟：《东西文化及其哲学》，商务印书馆1987年影印版，第65页。

不同的传统存在。当面对文化史时，梁漱溟便无法回避这样的现实。例如，在谈到西方文化时，他承认西方中世纪一千多年是宗教统治的年代，走的是第三路向；文艺复兴之后才转到第一路向上去。在古希腊时代，既有奋斗的现实态度，也有希伯来的出世思想存在。既然如此，梁漱溟为什么又以意欲向前要求来概括西方文化的特征呢？类似的问题，在谈到印度文化、中国文化时也都存在，梁漱溟的解释却显得贫乏无力，同时也反映了他的非科学态度或偏见。他说，我们说印度其实是指佛教，因为唯佛教是把印度那条路走到好处的，其他都不对，即必佛教的路才是印度的路。为了使西方文化、印度文化、中国文化符合他所提出的文化三路向，他只得把这些文化中与这三个路向不相符合的成分加以抹杀，从而做出以偏概全的结论。实际上他所说的中国文化只是儒家思想，印度文化只是佛教，西方文化只是近代西方的文化。这种以偏概全的做法当然不可能真实地揭示出东西方文化的特点。

新文化运动初期，西化派在说明东西方物质生活、政治制度等方面的不同时，都不约而同地把原因归结到观念的差异，并强调观念转变的决定作用，对于思想观念何以不同的问题却没有作深入的探讨。梁漱溟批评指出，陈独秀等人鼓吹科学与民主，虽然可以算得上彻底的西方化，"所可惜的，大家虽然比以前为能寻出条贯，认明面目，而只是在这点东西上说了又说，讲了又讲，却总不进一步去发问：他——西方化——怎么会成功这个样子？这样东西——塞恩斯与德谟克拉西——是怎么被他得到的？我们何可以竟不是这个样子？这样东西为什么中国不能产出来？"❶

梁漱溟所提的问题是西化派所无法解决的。他把提出上述问题视为自己比一般人高明、深刻的所在却是不恰当的。在文化研究中，文化特色的根源是人们无法回避的问题，地理环境决定论、种族说等都

---

❶ 梁漱溟：《东西文化及其哲学》，商务印书馆1987年影印版，第42页。

第二章 梁漱溟：文化的三路向

旨在解决这样的问题，其中地理环境决定论在 20 世纪初的中国是很有影响的思潮。五四运动以后，随着马克思主义在中国的传播，越来越多的知识分子开始运用唯物史观解决思想文化问题。梁漱溟从意欲决定文化的观点出发，反对人文地理说，认为人文地理说"未免太简单了"。同时，他也反对唯物史观的说法。梁漱溟并没有对这两种理论认真加以区别，认为它们都是强调客观原因的说法。显然，他对唯物史观的理解并不准确。

唯物史观认为，一切制度、思想都随着经济的变化而变化，思想观念同时又具有一定的相对性。梁漱溟认为，按照唯物史观的观点，人类是完全被动的，他只认"主观的因"，其余一切都是"缘"，"我只要问：如中国，如印度有像欧洲那样不断变迁的经济现象么？如承认是没有的，而照经济现象变迁由于生产力发展的理，那么一定是两方面的发展大有钝利的不同了，可见还有个使生产力发展可钝可利的东西，而生产力不是什么最高的动因了——马克思主义说生产力为最高动因。这所以使生产力发展可钝可利的在哪里呢？还在人类的精神方面"。❶

"通是个民族，通是个生活，何以他那表现出来的生活样法成了两异的采色？不过是他那为生活样法最初本因的意欲分出两异的方向，所以发挥出来的便两样罢了。然则你要去求一家文化的根本或源泉，你只要去看文化的根原的意欲，这家的方向如何与他们家的不同，你要去寻这方向怎样的不同，你只要他已知的特异采色推他那原出发点，不难一目了然。"❷ 意欲是文化的根本，文化的不同就取决于意欲的不同，这就是梁漱溟对于文化特色根源的回答。我们姑且承认意欲是文化根本的观点，但是如果进一步追问：同是意欲，却为什么会有向前、持中、向后的不同呢？西方、中国、印度是怎样走上所谓第一路向、

---

❶ 梁漱溟：《东西文化及其哲学》，商务印书馆 1987 年影印版，第 46 页。
❷ 梁漱溟：《东西文化及其哲学》，商务印书馆 1987 年影印版，第 24 页。

第二路向、第三路向上去的呢？这些本来需要说明的问题，在梁漱溟那里却成了先验的、既定的存在，他只是在观念中兜圈子，对自己提出的问题并没有做出深刻的回答，最后还是走向了天才论。他说："一个社会实在受此社会中之天才的影响最大，天才所表出之成功虽必有假于外，而天才创造之能力实在无假于外，中国之文化全出于古初的几个非常天才之创造，中国从前所谓'古圣人'，都只是那时的非常天才，文化的创造没有不是由于天才的，但我总觉得中国古时的天才比西洋古时的天才天分高些，即此便是中国文化所由产生的原故。我总觉得墨子太笨，我总觉得西洋人太笨，而中国自黄帝至周公孔子几个人太聪明……"❶ 不仅如此，天才还决定着文化的进步与停滞，中国古代的天才太聪明，后来的天才不能出其上，就不能另外有所发明，于是中国的文化便呈停滞状态；西方的天才比较平常，所以文明不得不慢慢积累。"中国文化只是由于出了非常的天才，没有什么别的原故。"文化停滞，讲来讲去，竟也可以是令国人骄傲的了！可谓独特的视角。把文化的发展、文化特色的根源归结为意欲和天才的创造是浅薄的，同时也表明了梁漱溟的唯心主义历史观。

文化具有多种基础，文化自身也包含许多成分，它们对文化的发展、文化特色的形成共同发挥着作用；一个民族文化的特色也是不断发展的。对文化特色形成的根源需要辩证地、历史地进行分析，如果把其中某一种成分视为永远决定一切的根本，而忽略其他因素的作用，那就无法揭示文化特色形成的奥秘。

第二节　东西哲学的比较

梁漱溟在说明西方文化、中国文化、印度文化的特色时，不时就中国文化的出路这个现实紧迫的问题透露出一些看法。这些看法给人

---

❶ 梁漱溟：《东西文化及其哲学》，商务印书馆1987年影印版，第154页。

造成一种印象，好像他也是一个彻底的西化论者。他从精神生活、社会生活、物质生活三方面对东西方文化作了简要的比较，比较的结论是东方文化在这三个方面都不及西方文化。根据这些比较，他认为当时西化论者把东方文化与西方文化的区别当作古今之别的观点是不错的，认为"假使说东方化能翻身，即是说古化能大行于今后未来之世界，这话谁敢信呢？"❶梁漱溟再三表示反对枝枝节节地向西方学习，他对洋务派、立宪派，直到当时的《新青年》派都有非议之辞，认为他们都只是看到西方文化的结果，而没有见到它的根本。从这样的观点出发，梁漱溟本来应当高扬向西方学习的旗帜，但是当人们读完他的著作以后就会发现，上述印象与他的实际结论相去甚远。支持梁漱溟得出相反结论的论据来自他对东西方思想、特别是哲学的比较。在东西方思想、哲学的比较中阐明东方思想的价值，这一点构成《东西文化及其哲学》一书的重要内容。

在梁漱溟看来，思想是知识的进一步发展，它是指已知对于所未及知的宇宙或人生而抱的意见及态度，相当于广义的哲学；如果再进一步细分的话，思想包括宗教和哲学两部分，哲学又包括形而上学、知识论、人生观三部分。

在说明三种思想之前，梁漱溟首先说明了他观察所用的工具——唯识学的知识论。唯识学讲知识常用的名词是"现量""比量""非量"。他说："知识之构成，照我们的意思，即由于此三量，此三量是心理方面的三种作用，一切知识皆成于此三种作用之上。"❷简要地说，所谓"现量"就是指感觉，其作用只是单纯的感觉；"比量"即是"理智"，它能将种种感觉综合其所同、鉴别其所异，然后构成正确明了的概念；从现量的感觉到比量的抽象概念，中间还须有"直觉"（非量）的阶段，"非量"（直觉）所认识的只是一种精神意味、趋势

---

❶ 梁漱溟：《东西文化及其哲学》，商务印书馆1987年影印版，第12页。
❷ 梁漱溟：《东西文化及其哲学》，商务印书馆1987年影印版，第69页。

或倾向。

对于西方思想，梁漱溟提出如下看法：西方人最关注的是自然、知识论上的问题，人生哲学十分"粗浅"，同时，因为知识论的发达，宗教受到来自理性的严厉批判，逐渐衰微；形而上学也由于理性、静的研究方法而走入困境，所以西方哲学界呈现沉寂的状态。他的结论是："今后的宗教苟不得其在知识方面之基础，形而上学苟不得其研究途径，即不必求生存发展于人类未来之文化中！"❶

梁漱溟又把目光转向东方，怀着十分复杂的心情审视东方的宗教与形而上学，它是不是与西方的宗教和形而上学陷入同样的境地？它能不能避免大家的批评？东方文化中，印度是以宗教为中心的，中国是以形而上学为中心的，倘使求不出一条路来，东方文化简直要随着宗教和形而上学而变成文化的化石了。

先看印度古代的形而上学。梁漱溟认为，他们所讨究的问题，大半与西洋形而上学的问题一般样子，喜欢讲宇宙本体。僧佉人（古代印度的数论学派）所谓"自性""神我"差不多就是笛卡尔的心物二元的样子；吠檀多人所谓"梵天"差不多就是斯宾诺莎泛神一元的样子，其为独断论是不可讳的。但佛教没有陷入古代形而上学的错误。梁漱溟认为小乘佛教是绝口不谈形而上学的，这样就从根本上免除了批评；大乘佛教运用唯识学的方法来谈形而上学，这种方法仍然是从感觉出发，不过是把感觉（现量）从直觉、理智等作用中分离出来而只留下它的一种作用。从我们现在的感觉到那能认识宇宙本体的现量，需经过两步：第一步现量，必须把混入比量和非量中甚暂甚微的现量分离独立出来，即将有所为的态度去净而为无私的纯静观，这便是头一步的现量；第二步现量，"这还是顺着那个来，不过比前更进一步的无私，更进一步的静观；然而无私静观亦至此不能再进了。这以何为验呢？就是眼前面的人和山河大地都没有了！空无所见！这空无所见

---

❶ 梁漱溟：《东西文化及其哲学》，商务印书馆1987年影印版，第80页。

就是见本体,在唯识家叫做'根本智证真如'"。❶ 梁漱溟认为,唯识家的这种方法,比西洋哲学家柏格森、罗素为解决传统形而上学所遇到的难题而提出的方法更令人满意,形而上学本来不能讲,现在大乘佛教能讲,不能不说显示了东方思想的优越。

为什么西方、印度研究一样的问题而印度人单辟出这条路来?梁漱溟认为,印度形而上学与西方形而上学为同物,但研究动机不同。西方人是知识的动机、科学的动机;印度人的动机可以说是行为的动机、宗教的动机,"总而言之,他们的厌生活,求出世,是他们的动机所在。要出世出到哪里去呢?那么,自然要想我本来是不如此的,宇宙本体是清净的,果如何斯为宇宙本体?这是他们问题之所在。"❷ 由上述不同,导致西方的形而上学可以失势无人讲,而印度则不能,因这种行为是不能阻止的,则求本体、讲本体无论如何不能罢手,更重要的是西方无论如何不能辟得形而上学的方法,而印度得以开辟出来。

形而上学的成就还只是印度人的小成就,因为印度文化是以宗教为中心的,形而上学也附属于宗教,假使印度文化有独特的成就,必在宗教方面。梁漱溟不是直接展示印度宗教的成就,而是在考察宗教的存在是否必要与可能的过程中,指出佛教超越西方基督教与中国一般宗教的独特之处。

"超绝""神秘"是宗教的特点:

> (一)超绝 所谓超绝是怎么讲呢?我们可以说就是在现有的世界之外。什么是现有的世界呢?就是现在我们知识中的世界——感觉所及理智所统的世界,宗教为什么定要这样呢?原来所以使他情志不宁的是现有的世界,在现有的世界没有法子想,那么,非求之现有世界之外不可了,只有冲出超离现有的世界,

---

❶ 梁漱溟:《东西文化及其哲学》,商务印书馆1987年影印版,第84页。
❷ 梁漱溟:《东西文化及其哲学》,商务印书馆1987年影印版,第88页。

才得勖慰了。那一切宗教所有的种种"神""仙""帝""天"……的观念都应于这个要求而出现的。都是在现有世界之外立足的。因此一切宗教多少总有出世的倾向——舍此（现有世界）就彼（超绝世界）的倾向。因为一切都是于现有世界之外别辟世界，而后藉之而得安慰也。"超绝"与"出世"实一事的两面，从知识方面看则曰超绝，从情志方面看则曰出世。

（二）神秘 所谓神秘是什么呢？大约一个观念或一个经验不容理智施其作用的都为神秘了。这只从反面去说他，他那积极的意味在个人心目中，不容说。宗教为什么定要这样呢？因为所以使他情志不宁的是理智清楚明了的观察。例如在危险情境的人愈将所处情境看的清，愈震摇不宁，托尔斯泰愈将人生无意义看的清，愈不能生活。这时候只有掉换一副非理性的心理，才得拯救他出于苦恼。这便是一切神秘的观念与经验所由兴，而一切宗教上的观念与经验莫非神秘的，也就是为此了。❶

梁漱溟所讲的"超绝""神秘"，即是指明宗教超出我们的经验世界之外，人类的经验和理性不适合于这种认识对象。

宗教在今后的世界是否还有存在的必要呢？对此做出肯定回答的人要么指出人类的情志弱、罪恶感，从而说明人类需要宗教的慰藉与拯救；要么指出宗教使人生活充实，情感丰富热烈的作用，来为宗教争一席之地。梁漱溟认为，这些还不是宗教的真实立足点，因为造成情感不安的这些原因都是暂时的，都是可以通过具体的方法加以解决的，如生活水平的低下可以通过科学技术的发展加以改善，社会的动乱可以通过政治和社会的改革与进步加以解决。由此梁漱溟对当时中国社会上盛行的宗教复兴运动加以批评，认为这些宗教运动的鼓吹者

---

❶ 梁漱溟：《东西文化及其哲学》，商务印书馆1987年影印版，第92~93页。

都误解了宗教产生的真正原因。

宗教的真实一定要起自人生中的众生相残、生活中的无常（老、病、死）。当初佛教的产生就是由这些问题引起的，他在讲述佛教产生、作为净饭王太子的释迦牟尼的几次思想活动时，引用小乘佛经所记载的几件事来说明，佛经上是这样描写的：

> 太子出游，看诸耕人，赤体辛勤，被日炙背，尘土坌身，喘呷汗流。……太子见已，生大忧愁，思念诸众生等有如是事……
>
> 太子驾车出游，……既又出城西门见一死尸，众人轝行，无量姻亲围绕哭泣，或有散发，或有槌胸，悲咽叫号。太子见已，心怀酸惨。……❶

梁漱溟将佛教产生的原因归为伤老病死四种，归结为死亡别离之苦。这些问题所引起的情感上的不宁是真实的，除了出世之外别无解脱方法，而且，这些问题是永远的问题，不是一时的问题，生活一天，宇宙存在一天，问题也就存在一天，所以，宗教的存在必然是永远的。

宗教植根于人的情感，具有永远存在的必要性。但是从宗教发展的历史来看，随着人类理性的进步、知识的增长，宗教越来越受到人们的怀疑。那么，随着知识的进一步增长，宗教还能存在吗？梁漱溟认为，只有西方的基督教以及其他的低等宗教才面临这种危机，而印度佛教则超脱了这种危机，"别的地方多半是情志怯弱，所以其结果必至诎抑个性；印度人多半不是想有所仰赖托命而是堂堂正正要求出世，——他们叫做'还灭'——很不容易就信受宗教家的无理解说，而要讨论辩难，其人的个性是很申展的，绝不得以他方为例。"❷ 就形

---

❶ 梁漱溟：《东西文化及其哲学》，商务印书馆1987年影印版，第101~103页。

❷ 梁漱溟：《东西文化及其哲学》，商务印书馆1987年影印版，第110页。

而上学问题而言，小乘佛教不讨论此问题，大乘则凡有言说悉明空义，"于不变而缘的根本智中实证真如，待后得智中重现身土，乃为诸有情说出来的。这时候得到一个巧合，就是'外乎理知'，实成其为外乎理知而又不外乎理知：于情志方面外乎理知的倾向要求固然申达，而又于知识方面之不容超外的倾向要求也得申达，互不相碍。"❶ 这就是印度人走第三路向而于第三问题上所取得的成就，只是人类还为生存饥渴等问题而困扰，感觉不到印度佛教的价值，当人类把第一、第二问题解决以后，第三问题就成了唯一的问题，那时当是宗教盛行的时代。

在当时颇为笼统的东西文化讨论中，梁漱溟把印度文化单独提出来，并以宗教为中心，阐明印度文化的特色、贡献，在学术研究方面提供了一家之说，应该说是有意义的。但是，他是依据自己提出的文化三路向理论来讨论印度文化的，于是导致他得出印度的"文化中俱无甚可说，唯一独盛的只有宗教之一物"的结论，从而使他对印度文化的阐述带有很大的主观性。

梁漱溟主观上更置重的是对中国传统文化和哲学的阐述，特别是为孔子儒家思想进行辩护，这在当时关注东西文化问题的人士中引起了强烈的反响。关于中国传统文化，梁漱溟指出，知识论可以说是没有，宗教也不发达，顶重要的是形而上学和人生哲学，而后者又以孔子为最重要的代表。就形而上学来说，梁漱溟认为，中国并没有陷于西洋和印度古代形而上学的错误，亦与佛家方法不相关涉，这三家的形而上学是全然不同的。中国的形而上学与西洋和印度的根本区别有两点：其一，问题不同。西方、印度古代的形而上学问题原也不尽相同，但对宇宙本体的追究确乎一致。它们一致的地方，正是中国同它们截然不同的地方，"你可曾听见中国哲学家一方主一元，一方主二元或多元；一方主唯心，一方主唯物的辩论吗？像这种呆板的静体的问题，中国人并不讨论。中国自极古的时候传下来的形而上学，作一切

---

❶ 梁漱溟：《东西文化及其哲学》，商务印书馆1987年影印版，第111页。

大小高低学术根本思想的是一套完全讲变化的——绝非静体的,他们只讲些变化上抽象的道理,而没有去过问具体的问题"。❶ 其二,方法不同。"中国形而上学所讲,既为变化的问题,则其所用之方法,也当然与西洋印度不同。因为讲具体的问题所用的都是一些静的,呆板的概念,在讲变化时绝对不能运用。他所用的名词只是抽象的,虚的意味,不但阴阳乾坤只表示意味而非实物,就是具体的东西如'潜龙''牝马'之类,到他手里也都成了抽象的意味,若呆板的认为是一条龙,一匹马,那便大大错了。"❷ 概括地说,西方的方法是理性、静的方法,而中国的形而上学则是直觉的、动的方法。梁漱溟在比较中,指出中国古代哲学富于辩证法思想,以具体的东西表示抽象的意味等,都是很有见地的,但是他否认中国古代思想家对宇宙本体、知识论的探讨,否认在这些问题上哲学家长期存有的对立、斗争,这是不符合中国思想发展的实际的。

梁漱溟认为,中国古代形而上学以为宇宙间没有那绝对的、单一的、极端的、一偏的、不调和的事物,如果有这些东西,也一定是隐而不现的,凡是现出来的东西都是相对、成双、中庸、平衡、调和的,一切存在都是如此。梁漱溟断言,孔子的人生哲学完全是从上述形而上学中推演出来的,它包括如下的思想内容:赞美"生"、反对理性、听凭直觉、主张性善、反对功利。"这一个'生'字是最重要的观念,知道这个就可以知道所有孔家的话。孔家没有别的,就是要顺着自然道理,顶活泼顶流畅地去生发,他以为宇宙总是向前生发的,万物欲生,即任其生,不加造作必能与宇宙契合,使全宇宙充满了生意春气。"❸

梁漱溟认为孔子的思想一直被后人误解,没有几个人真正理解孔

---

❶ 梁漱溟:《东西文化及其哲学》,商务印书馆1987年影印版,第115页。
❷ 梁漱溟:《东西文化及其哲学》,商务印书馆1987年影印版,第116页。
❸ 梁漱溟:《东西文化及其哲学》,商务印书馆1987年影印版,第121页。

子的思想,只有他才把握了孔子思想的真意。实际上,对孔子思想稍有了解的人,对梁漱溟的这一自许会表示一定的怀疑。可以看出,梁漱溟回避了孔子思想中某些陈腐的东西,同时又在孔子名下填充了一些原来没有的东西,如性善说、直觉论。孔子只说过"性相近也,习相远也",连梁漱溟也承认孔子没有明白说出性善,但是他又断言"性近"就是说人的心理差不多,差不多的心理就是善,从而为主张听凭直觉建立了一个基础。"直觉"是西方现代生命哲学中的概念,梁漱溟把它安置在孔子的思想体系中,并用直觉把孔子的思想贯穿起来,对儒家的一些思想给予新的解释:人类所有的一切诸德,本无不出自此直觉,即无不出自孔子所谓仁。"存天理,灭人欲"是宋明理学家提出的口号,由于它的禁欲主义,一直受到进步思想家的批判,梁漱溟则为其辩护,"宋儒无欲确是有故的,并非出于严酷的制裁,倒是顺自然,把力量松开,使其自然的自己去流行"。❶ 联系前面提到的梁漱溟自述由佛入儒的经过,我们可以说,他所理解的孔子思想,实际上是孔子与孟子、朱熹、王阳明以及柏格森等思想家思想的综合。

梁漱溟对孔子思想的改造,代表了他在《新青年》派反孔主张面前试图继续维护孔子的努力。讲随感而应,听凭自己的直觉,确实可以构造一个颇为诱人的乐园。"孔家本是赞美生活的,所有饮食男女本能的情欲,都出于自然流行,并不排斥。"❷ 但是,直觉在根本上是要说明对孝悌、礼乐等伦理观念的自觉遵从,为这些观念戴上发自天性的花冠。同时,梁漱溟也知道,在阶级社会中,让每个人听凭自己的直觉是极容易引起流弊的,"孔子差不多常常如此,不直接任一个直觉,而为一往一返的两个直觉;此一返为回省时附于理智的直觉。又如好恶皆为一个直觉,若直接任这一个直觉而走下去,很容易偏,有时且非常危险。于是最好自己有一个回省,回省时仍不外诉之直觉,

---

❶ 梁漱溟:《东西文化及其哲学》,商务印书馆 1987 年影印版,第 130 页。
❷ 梁漱溟:《东西文化及其哲学》,商务印书馆 1987 年影印版,第 127 页。

这样便有个救济。"❶ 直觉以对封建伦理观念的体认为终极目的，同时还要以封建伦理念来指导直觉。他对孔子的改造终究是很有限的。

在新文化运动初期的尊孔与反孔的斗争中，有一个孔子与中国历史的关系问题。陈独秀等人视孔子为历史上影响巨大的思想家，痛加抨击。在这个问题上，梁漱溟是矛盾的，一会儿说孔子的思想未得流行发扬，一会儿说孔子是中国文化史上的大天才，中国后来的文化都由他那里引发出来。不过，在抵抗对孔子思想在历史上造成重大消极作用的指责时，梁漱溟还是强调了前者，发挥那种认为孔学与汉宋儒学有重大差别的观点。他颇为细致地列举了自己的证据，如汉代传经者不懂得孔子的精神，多带有黄老的气味；三国魏晋时人的思想浅薄无着落；宋学也不甚得孔子之旨；等等。梁漱溟的上述说法并不是完全没有依据的。在漫长的历史发展过程中，以孔子为代表的先秦儒家思想后来受到道家、佛教的冲击，特别是随着社会经济的变迁，其思想体系也产生某些发展变化，但是它在中国人的心灵上打下深深的烙印，在现实生活中发挥了巨大的作用，这是不可否认的。

梁漱溟认为，孔子的人生哲学虽未实现，但是中国人所走的基本还是第二路向。从他对中国人实际生活的评价，可以体会到他对孔子思想历史作用的认识。在物质生活方面，中国的物质文明不发达，梁漱溟承认："物质上的不进步并不单是一个物质的不进步，一切的文物制度也都因此不得开发出来。此其弊害，诚不胜说。"❷ 但是，中国人也因此没有受到西洋人所受的苦："虽然中国人的车不如西洋人的车，

---

❶ 梁漱溟：《东西文化及其哲学》，商务印书馆1987年影印版，第143～144页。按：近六十年后，梁漱溟在"《东西文化及其哲学》著者跋记"一文中云："自愧当年识见浅稚，于儒家孔门之学忘而撮拾'本能''直觉'等等近代西方所用名词术语以为阐说，实属根本地严重错误，不可不于此注明。"（《梁漱溟全集》[第一卷]，第547页）梁先生责己之严让人敬佩，他在此问题上认识的变迁有待进一步研究。

❷ 梁漱溟：《东西文化及其哲学》，商务印书馆1987年影印版，第151页。

中国人的船不如西洋人的船……中国人的一切起居享用都不如西洋人，而中国人在物质上所享受的幸福，实在倒比西洋人多。盖我们的幸福乐趣，在我们能享受的一面，而不在所享受的东西上，——穿锦绣的未必便愉快，穿破布的或许很乐；中国人以其与自然融洽游乐的态度，有一点就享受一点，而西洋人风驰电掣地向前追求，以致精神沦丧苦闷，所得虽多，实未曾从容享受。"❶ 在社会生活中，孔子的人生哲学要求人与人之间要"调和而相济"，不可一方专压迫另一方，结果却是"黑暗冤抑，苦痛不少"，这是中国不及西洋的地方。西方人先有了我的观念，才要求本性权利，才得到个性伸展。在这种生活下，人与人之间的界限划得很清楚，"这样生活实不合理，实在太苦"。中国人与此相反，"尚情无我"，"家庭里、社会上，处处都能得到一种情趣，不是冷漠、敌对、算帐的样子，于人生的活气有不少的培养，不可不算一种优长与胜利。"❷ 总之，与西方相比，中国人的实际生活有利有弊，不过，这些弊病是因为没有严格贯彻孔子思想造成的，从理论上来说，孔子的生活是完美的。由于这种隔绝，对历史以及现实社会黑暗的一点认识，反倒加强了他对孔子思想的信仰，所以在反对封建文化的高潮中，尽管他也发表一些反对旧道德的言论，为被礼教迫害致死的女性打抱不平，但是他没有引出要彻底清除封建旧道德的结论，而是对孔子思想苦心地进行解释、改造的工作，为其注入一些新内容，冀其在新时代焕发活力。但是，由于根本立场、观点的局限，不仅使他对孔子思想的理解带有一定的任意性，更重要的是他所推崇的不计利害、反对理性、反对功利，恰恰是与现代生活相冲突的。中国要实现近代化，在一定意义上就要走出这些观念的束缚。

另外，我们还看到，尽管梁漱溟标榜要发扬东方文化，但是他内

---

❶ 梁漱溟：《东西文化及其哲学》，商务印书馆1987年影印版，第151~152页。

❷ 梁漱溟：《东西文化及其哲学》，商务印书馆1987年影印版，第153页。

心中又有一种自卑感或偏见，在一定程度上也表现出虚无主义的倾向。他认为，在东方文化中，只有印度佛教、中国孔学有"价值"，其他都不足道。他在谈到中国文化时说："宗教，本土所有，只是出于低等动机的所谓祸福长生之念而已，殊无西洋宗教那种伟大尚爱的精神；文学如诗词歌赋戏曲，虽多聪明精巧之处，总觉也少伟大的气概，深厚的思想和真情；艺术如音乐绘画，我不甚懂，私臆以为或有非常可贵之处，然似只为偶然一现之文明而非普遍流行之文化。知识一边的科学，简直没有；哲学亦少所讲求，既有甚可贵者，然多数人并不作这种生涯；社会一般所有，只是些糊涂浅拙的思想。"❶ 事实上，中华民族在几千年的发展过程中，涌现出了许多杰出的思想家、科学家、文学家、艺术家，在若干文化领域，做出了许多具有世界意义的发明和创造，发展出不同于西方的"范式"——例如梁漱溟青年时曾阅读了《黄帝内经》《伤寒论》等一些中医经典古籍，对中医有一定了解，他曾不无见识地指出："我初以为中西医既同以人身疾病为研究对象，当不难沟通，后乃知其不然，中西两方思想根本不同，在某些末节上虽可互有所取，终不能融合为一。"❷ 但是，梁漱溟还无法看清和说明其独特意义，对传统文化众多领域多采取了抹杀的态度，如果说他与宣称"中国万事不如人"的"全盘西化"论者还有什么不同，那就是他津津乐道于孔子的人生哲学。

第三节 世界文化趋势与中国应持的态度

梁漱溟在阐述孔子的人生哲学时，已经表明了他对于中国文化出路这个问题的认识，当他说明世界未来文化和中国人所应进行的文化

---

❶ 梁漱溟：《东西文化及其哲学》，商务印书馆1987年影印版，第153页。
❷ 梁漱溟："我的自学小史"，见《梁漱溟全集》（第二卷），山东人民出版社1990年版，第693页。

选择时,更是明确地声明:走孔家的路。

梁漱溟首先以较大的篇幅指出了这样一点:西方经济、学术思想、哲学方面的变迁呈现了与东方文化接近的趋势,好像这是正在进行的过程。

梁漱溟认为:由于机械的发明,再加上分工说、自由竞争说的倡导,西方的生产走向了社会化大生产,手工业生产时代一切美好的东西都被破坏了,生产不是以消费为本位,而是以生产为本位,造成生产过剩,工人失业;在生产中,工人与资本家之间缺乏情意,工人做工也没有趣味;等等。总之,西方的经济是完全不合理的。虽然产品丰裕,但是精神不安宁,必须进行变革。经济变革的方向指向哪里呢?"以社会为本位,分配为本位是一定的,这样一来就致人类文化要有一根本变革:由第一路向改变为第二路向,亦即由西洋态度改变为中国态度。"❶ 对于资本主义经济的不合理性,梁漱溟有一定的认识,在他看来,西方生产发达,但是也因生产的发展带来了两极分化与道德的沦丧,他希望通过人生态度的改变去克服资本主义的弊病,用传统社会的原则去规范现代社会,甚至为了保持传统社会的古朴,避免西方社会的自私、竞争、动荡等弊端,可以安于物质生活的贫困,因为生活满足的关键不在所享受的物品,而在享受者的态度。

在学术思想上,梁漱溟认为西洋人自古以来就有一种心理学的见解,就是只看见人心理上有意识的一面,忽略那无意识的一面,不晓得意识只是心理的浅表,而隐于其背后的无意识实为重要根本。由于动物心理学、社会心理学的发展,西方人的认识发生了根本的变化,认识到人的无意识、本能的作用,"于是西方人两眼睛的视线渐渐乃与孔子两眼视线所集相接近到一处,孔子是全力照注在人类情志方面的;孔子与墨子的不同处,孔子与西洋人的不同处,其根本所争只在这一点!西洋人向不留意到此,现在留意到了,乃稍稍望见孔子之门矣!

---

❶ 梁漱溟:《东西文化及其哲学》,商务印书馆1987年影印版,第166页。

我们所怕者，只怕西洋人始终看不到此耳，但得他看到此处，就不怕他不走孔子的路！"❶

一方面，进入现代以后，西方确实加强了对无意识、本能方面的研究，这种研究只是开拓了人类认识领域，加深了对人类自身的认识，并不意味着完全放弃了对理性的研究；另一方面，中国古代也缺乏对无意识的研究，具体说到孔子，恐怕谈不上在无意识研究方面有什么开创之举。前面已经指出，梁漱溟的孔子是按照西方非理性主义思想家的思想改造过了的，现在梁漱溟又傲然宣布西方文化是在步孔子的后尘，那么，这一论断又有多少真理性呢？

在态度和哲学方面，"拿西洋现在这些家数的哲学对他从古以来的哲学而看其派头、风气，方向简直全都翻转过来：从前总是讲绝对，现在变了讲相对；从前主知，现在主情意；从前要用理智，现在则尚直觉；从前是静的，现在是动的；从前只是知识的，现在是行为的；从前是向外看的，现在回转其视线于自己，于生命。虽有如是种种，大约其根本关键只就在他向外的视线回转过来。"❷ 这里，我们不可能一一讨论梁漱溟所说的种种转变，只看他所说的"根本关键"的转变。梁漱溟认为，西方人最关注的是自然，认识论的问题，或者用他的话来说即是"向外的"，人生哲学"十分粗浅"，到了现代才回转其视线，由向外转向自己，转向生命。我们应该注意，在梁漱溟那里，东西文化常常是非此即彼的，这种转变就意味着西方人只研究自己、生命了。且不说西方古代人生哲学是否"粗浅"，在西方现代哲学中，科学哲学、人本主义哲学是两个重要的流派，这是人们公认的常识。按照梁漱溟的用语，科学哲学该属于"向外"的吧？梁漱溟所说的"根本关键"的转变既然如此，那么，他所说的其他转变也就颇值得推敲

---

❶ 梁漱溟：《东西文化及其哲学》，商务印书馆1987年影印版，第170~171页。

❷ 梁漱溟：《东西文化及其哲学》，商务印书馆1987年影印版，第176页。

了。正像对文化的整体的考察一样，笼统地下结论只能是片面的，无助于问题的解决。

依据对西方现代文化变迁趋势的理解，梁漱溟又为人们描绘了一幅未来文化的图景，这里所充溢的正是孔子的精神：乐天是那时人生的根本态度，在这根本态度之下依旧可以做改造环境的事，并不相妨。在社会生活方面，统驭式的法律根本不能存在，要以礼乐换过法律，直到完全符合孔家宗旨而后已；在精神生活方面，人类进入精神不安宁的时代，但宗教的路尚走不通，"这只有辟出一条特殊的路来：同宗教一般的具奠定人生勖慰情志的大力，却无藉乎超绝观念，而成功一种不含出世倾向的宗教；同哲学一般的解决疑难，却不仅为知的一边事，而成功一种不单是予人以新观念并实予人以新生命的哲学，这便是什么路？这便是孔子的路。"❶ 如果说在说明西方现代文化变迁趋势时，梁漱溟还不得不借助一些事实的话，当步入未来发展趋势的话题，他也就可以从自己固有的信念出发，提出一系列大胆的推测了。毋庸讳言，西方文化有许多弊端，需要进行变革，问题在于变革的方向真是如梁漱溟所说的那样要走孔家的路吗？

当梁漱溟还在描绘西方文化变迁的趋势时，就不时提到文化的三层次问题。他在此基础上进一步提出了文化三期重现说，为"走孔家的路"这一论断提供理论依据。准确地说，梁漱溟反对的是西化派的文化进化观，却无意于完全摧毁文化的一元化。他从自己的文化哲学出发，也构造了一个文化进化模式，

梁漱溟认为，人类有三大问题：人与自然的关系问题、人与人的关系问题和个人自己对自己的问题。解决不同的问题需要不同的态度，人类的问题和解决问题的态度应该是递进的，"照我的意思，人类文化有三步骤，人类两眼视线所集而致其研究者也有三层次：先着眼研究者在外界物质，其所用的是理智；次则着眼研究者在内界生命，其所

---

❶ 梁漱溟：《东西文化及其哲学》，商务印书馆1987年影印版，第197页。

用的是直觉；再其次则着眼研究者将在无生本体，其所用的是现量；初指古代的西洋及其在近世之复兴，次指古代的中国及其将在最近未来之复兴，再次指古代的印度及其将在较远未来之复兴。"❶ 人类的三大问题是递进的，三大根本态度本应逐渐拿出来，但是由于种种原因，古代的希腊人、中国人、印度人各自走上了一路，成为三大派的文明。自其成绩说，无所谓谁家好，也无所谓谁家坏，但从其态度而言则有个合宜不合宜的问题，希腊人的态度就比较正确，因为当时人类正处在第一问题之下。中国人的态度和印度人的态度就嫌拿出来的太早了，因为问题还不到，在第一问题下，中国人的态度因不合时宜，所以表现出种种失败，耽误了对第一问题的解决。但是现在机运来了，世界未来文化就是中国文化的复兴，有似希腊文化在近世的复兴那样。中国文化的复兴，又引起第三问题，中国文化复兴之后，将继之以印度文化的复兴，于是古代西方、中国、印度三派文明竟于三期间重现一遍。

诚然，人类面临不同的问题，解决的方法也不同，但是解决问题很难像梁漱溟所说的那样是整齐递进的，因为这些问题实在是交织在一起的，它们的解决也是一个无限的过程，在一定经济、社会条件下形成的观念制约着人类在改造自然、社会中的行动，同时，在改造自然、社会的过程中，人的内心世界也不断地丰富。当梁漱溟提出文化三路向学说时，主观上是要反对西化派的文化一元观，回避东西方文化的先进落后问题，但是当他构造文化三期重现的图画时，也陷入文化一元发展的模式，构成自己思想中的一个矛盾，并且这时他也明确了自己与西化派的对立：东方文化高于西方文化。原来他在说明西方文化特色时，对于西方民主在社会生活中的作用还多少表示一点赞美，而现在所说西方文化的意义只局限在人对自然的关系上，中国文化的弊病只是不适宜解决人与自然的关系问题，而在解决人与人的关系方

---

❶ 梁漱溟：《东西文化及其哲学》，商务印书馆1987年影印版，第177页。

面则有独特的成就,是拯救世界的济世良方。按照他的说法,人类文化不是一个不断创造发展的过程,而是既定的几种模式的"重现",由科学到玄学再到宗教。但是,人类社会的发展很难像梁漱溟指引的那样迈着略显机械整齐的步伐前行的。

梁漱溟在论证西方文化要走孔家的路时,倾注了不少的笔墨,在转到中国文化的出路问题时,则毫不犹豫地宣称:

> 我们中国人现在应持的态度是怎样才对呢?对于这三态度何取何舍呢?我可以说:
> 第一,要排斥印度的态度,丝毫不能容留;
> 第二,对于西方文化是全盘承受,而根本改过,就是对其态度要改一改;
> 第三,批评的把中国原来态度重新拿出来。
> 这三条是我这些年来研究这个问题之最后结论,几经审慎而后决定,并非偶然的感想。❶

从一开始,梁漱溟就批评谈论东西文化的人多奉行东西融合的观点,他自己好像很彻底,但是透过他的一些矛盾、含糊的言论,我们不难发现他也是要对东西方文化加以折中调和的,只不过他是站在比较保守的立场上进行调和。

梁漱溟承认,中国人因为早走了第二条路向,致使至今还"见厄于自然","未曾从种种威权底下解放出来","思想也不得清明,学术也都无眉目",在同西方国家的交往中"节节失败"。另外,按照他的文化三期重现理论,中国人似乎应该全盘接受西方文化——梁漱溟不乏这方面的言论,他表示赞同陈独秀等人提倡"民主",他批评守旧派人物思想异常空泛,并不曾认识到旧文化的根本精神,反对新文化也

---

❶ 梁漱溟:《东西文化及其哲学》,商务印书馆 1987 年影印版,第 202 页。

不彻底。总像是要把"科学""民主"精神为折半的通融,不要处处都一贯到底,"其实这两种精神完全是对的;只能为无批评无条件的承认;即我所谓对西方化要'全盘承受'。怎样引进这两种精神实在是当今所急的;否则,我们将永此不配谈人格,我们将永此不配谈学术。你只要细审从来所受病痛是怎样,就知道我这话非激。"❶ 由此看来,梁漱溟的思想似乎非常激进。

但是,另一方面他又认为仅仅讲"科学""民主"还不够,那样并没有给人以根本的生活态度,仍属于枝节的做法,所以一定要用孔子的人生态度去统驭西方的一切,"我要提出的态度便是孔子之所谓'刚'。刚之一义也可以统括了孔子全部哲学……"他主张情感的动,而不主张欲望的动,"我们此刻无论为眼前急需的护持生命财产个人权利的安全而定乱入治,或促进未来世界文化之开辟而得合理生活,都非参取第一态度,大家奋往向前不可;但又如果不根本的把他含融到第二态度的人生里面,将不能防止他的危险,将不能避免他的错误,将不能适合于今世第一和第二路的过渡时代。我们最好是感觉着这局面的不可安而奋发;莫为要从前面有所取得而奔去。"❷ 他后面又紧接着说了一段很重要的话,他说:"动不是容易的,适宜的动,更不是容易的。现在只有先根本启发一种人生,全超脱了个人的为我,物质的歆慕,处处的算帐,有所为的而为,直从里面发出来活气——罗素所谓创造冲动——含融了向前的态度,随感而应,方有所谓情感的动作。"❸ 可见他接受西方文化只是部分的。

早在新文化运动初期,陈独秀就指出,伦理的觉悟是最后觉悟之

---

❶ 梁漱溟:《东西文化及其哲学》,商务印书馆1987年影印版,第206页。
❷ 梁漱溟:《东西文化及其哲学》,商务印书馆1987年影印版,第211~212页。
❸ 梁漱溟:《东西文化及其哲学》,商务印书馆1987年影印版,第212页。

最后觉悟，在这种思想指导下，《新青年》派对中国传统文化进行了猛烈的批判，他们要以西方近代民主、自由思想来培育一代新青年。与《新青年》派相反，梁漱溟则在为捍卫孔子思想而进行种种努力。不可否认，梁漱溟认识到了孔子思想中的某些积极因素，他在主张以孔子人生态度去汲取西方科学、民主时，所弘扬的孔子的人生态度就是所谓刚的态度、积极进取的精神，但是他对孔子思想与现代生活、现代观念的根本冲突缺乏深刻的认识，正像当时有人批评的那样，"假如你把他'赛恩斯'的精神根本改过，那又弄成'无可无不可'，岂不是白费力吗？又如梁君说西方文化是重'德谟克拉西'的；我们如果全盘承受，那便要设法多介绍些'德谟克拉西'的学说，多举办些'德谟克拉西'的效绩，把从前那些三纲五常不合'德谟克拉西'精神的呆板教条，和顽固根性，彻底换过；怎样可以再引入到孔子的路向，叫他们脑子里混些'民可使由不可使知'那种反'德谟克拉西'的精神呢？……我们看重西方文化，最看重的是'赛恩斯'的态度，'德谟克拉西'的态度，梁君偏说'就是对于其态度要改一改'，那便不能不使我们失望了。"❶

梁漱溟并不缺乏救国的热情，而且试图从文化问题入手为中华民族指出一条希望之路，但是他的思想是保守的。中国要推翻封建制度，梁漱溟则宣称"孔子的伦理，实寓有他所谓絜矩之道在内，父慈、子孝……并不是专压迫一方面的"，❷ 从而为摇摇欲坠的封建礼教辩护；中国人民要摆脱贫困，梁漱溟却颂扬中国文化的优点就在于"享受他眼前所有的那一点，而不作新的奢望"……这一切使他在当时受到守旧派的欣赏，所以当《东西文化及其哲学》一书出版以后，守旧派人物赞扬梁漱溟是"继绝学，开太平"，认为他对孔家思想的发挥是"全书最精到，最有价值处"。

---

❶ 李石岑：“评《东西文化及其哲学》”，载《民铎》第 3 卷第 3 号。
❷ 梁漱溟：《东西文化及其哲学》，商务印书馆 1987 年影印版，第 152 页。

第二章　梁漱溟：文化的三路向

《东西文化及其哲学》一书是梁漱溟后来思想发展的基础。在这里，他同西化派、唯物史观派的对立还只是表现在文化理论上。后来他进一步发展了自己的东西文化观，同时还把文化理论具体化，提出一套系统的政治主张。一方面反对资本主义，同时也反对俄国共产党发明的路，"我们政治上的第一个不通的路——欧洲近代民主政治的路；我们政治上的第二个不通的路——俄国共产党发明的路；我们经济上的第一个不通的路——欧洲近代资本主义的路；我们经济上的第二个不通的路——俄国共产党要走的路。"❶梁漱溟又通过艰苦卓绝的乡村建设实践，探索中国乡村社会与现代化结合的可行性。

从比较哲学发展史的角度来看，梁漱溟的《东西文化及其哲学》一书所要解决的主要是中国文化的出路问题，他对西方、中国、印度三种哲学的比较基本属于他对这三种文化的比较，就是说他基本上是从东西文化比较的角度来说明东西方哲学的差异，这样就决定了本书还不成其为单纯论述东西方哲学的著作，再加上梁漱溟本人的思想家气质远远胜于他的学者气质，就使书中对东西方哲学的理解服从于他对东西方文化的解释；而他对东西方文化的对比和评价也有不少主观性和片面性的局限，例如他用先入为主的做法首先设定文化的三种路向，然后再把西方、中国、印度三种哲学纳入这三种文化路向之中，当他按照这三种模式对东西方哲学作比较说明时，就忽略了这三个文明系统中的任何一个都有与他所设计的模式不相符合的哲学。研究方法上的主观武断、观点阐述上的一些自相矛盾、材料占有上的不够齐全，都是这本书不可掩盖的缺陷。但是无论如何，像这样比较深入系统，且涉及许多具体的哲学思想材料来对东西方文化及其哲学作宏观比较，在中国近代学者中还是第一次大胆的尝试。而且，梁漱溟在这

---

❶ 梁漱溟："中国民族自救运动之最后觉悟"，见《梁漱溟全集》（第五卷），山东人民出版社1992年版，第111页。

部书里所提出的观点中也有一些相当精辟的独到见解，例如他认为中国、印度、西方的形而上学虽然有相似性，但它们的出发点极不相同。诸如此类的观点，已为后来的许多研究者所继承，而且对今天的研究也不无启发意义。

第三章 早期马克思主义者的新探索

从五四运动开始,马克思主义在中国得到广泛传播,中国产生了第一批马克思主义者,他们通过各种渠道积极学习和传播马克思主义,并运用刚刚获得的马克思主义理论探索改造中国的一系列问题,回答"中国向何处去"这一时代课题。

作为时代课题中的一个重要方面,他们对思想界久已激烈争论的东西文化问题也进行了认真探索,提出了若干新的观点,李大钊、陈独秀、瞿秋白等人是突出的代表。无可否认,早期马克思主义者们的文化思想对中国的社会发展进程产生了巨大的影响。因此,当我们回顾、反思近代以来中国思想文化道路的时候,早期马克思主义者的文化思想便成为其中重要的一部分。

第一节 思想变迁与经济基础

对于马克思主义,李大钊、陈独秀等最重视并首先接受的是唯物史观和阶级斗争学说,阶级斗争学说指导他们分析社会政治问题,唯物史观则为他们探讨文化问题提供了新的理论武器。

"马克思一派唯物史观的要旨,就是说:人类社会一切精神的构造都是表层构造,只有物质的经济的构造是这些表层构造的基础构造。在物理上物质的分量和性质虽无增减变动,而在经济上物质的结合和位置则常常变动。物质既常有变动,精神的构造也就随着变动。所以思想、主义、哲学、宗教、道德、法制等等不能限制经济变化物质变化，而物质和经济可以决定思想、主义、哲学、宗教、道德、法制等等。"❶ 这是李大钊对唯物史观的理解。

稍后，陈独秀也介绍了唯物史观的基本观点：其一，说明人类文化之变动，"社会生产关系之总和构成社会经济的基础，法律、政治都建筑在这个基础上面。一切制度、文物、时代精神的构造都是跟着经济的构造变化而变化的，经济的构造是跟着生活资料之生产方法变化而变化的。不是人的意识决定人的生活，倒是人的社会生活决定人的意识。"其二，说明社会制度之变动，"社会的生产力和社会制度有密切的关系，生产力有变动，社会制度也要跟着变动，因为经济的基础（即生产力）有了变动，在这基础上面的建筑物自然也要或徐或速的革起命来，所以手臼造出了封建诸侯的社会，蒸汽制粉机造出了资本家的社会。一种生产力所造出的社会制度，当初虽然助长生产力发展，后来生产力发展到这社会制度（即法律、经济等制度）不能够容他更发展的程度，那时助长生产力的社会制度反变为生产力之障碍物，这障碍物内部所包涵的生产力仍是发展不已，两下冲突起来，结果，旧社会制度崩坏，新的继起，这就是社会革命；新起的社会制度将来到了不能与生产力适合的时候，他的崩坏亦复如是。但是一个社会制度，非到了生产力在其制度内更无发展之余地时，决不会崩坏。新制度之物质的生存条件，在旧制度的母胎内未完全成立以前，决不能产生，至少也须在成立过程中才能产生。"❷

从他们的介绍来看，他们对唯物史观的理解偏重于物质决定精神的原理，而没有涉及思想的相对性原理，显然，对唯物史观的理解还不全面。正是根据不全面的理解，李大钊试图对唯物史观有所补正，而不知道意识的反作用本来就是唯物史观的重要内容。这一点，制约

---

❶ 《李大钊文集》（下），人民出版社1984年版，第139页。
❷ 《陈独秀著作选》（第二卷），上海人民出版社1993年版，第354~355页。

影响着他们对具体文化问题的分析，也成为其他流派思想家或学者反对唯物史观的一个口实。❶

瞿秋白十分重视文化思想的研究，他以历史唯物论为指导分析文化问题，认为"人类的文化艺术，是他几千百年社会心灵精采的凝结累积，有实际内力作他的基础"。正如奇花异卉的生长植根于泥土一样，社会心灵的精采，就包含在粗象的经济生活中。他结合文化成分进行了更细致的说明，"所谓'文化'是人类之一切'所作'。"❷ 具体地说，它包括：第一，生产力之状态；第二，根据于此状态而成就的经济关系；第三，就此经济关系而形成的社会政治组织；第四，依此经济及社会的政治组织而定的社会心理，反映此种社会心理的各种思想系统。这里，瞿秋白对文化、文化成分的说明，还是比较宽泛的。他进一步指出，凡此都是人类在一定的时间、空间之"所作"，这种程序是客观所具有的，所以研究人类的"所作"自然也应依此程序，即研究文化首先应重视经济的决定作用，"若是研究文化，只知道高尚玄妙的思想，无异乎'竖蜻蜓'之首足倒置的姿势，必定弄得头晕眼暗。"❸

在瞿秋白看来，思想不是文化的全部内容，也不是文化的基础，它决定于社会的经济，在分析中国传统思想观念时，瞿秋白彻底贯彻了唯物史观的这一原则。"'伦常纲纪，孝悌礼教'的思想明明是宗法社会的反映，不必多论；'和平好让'更是因宗法社会中经济发展薄弱，虽争亦必不能多得，祖孙、父子、兄弟、伯叔在同一经济单位之中，求分配的相安，除此更无别法。中国的'天下四海观'，尤其是古旧的封建制度崩坏，而经济发展刚到'简单的商品生产制'，不能前

---

❶ 如梁漱溟便认为按照唯物史观的观点，人类是完全被动的。他只认主观的"因"。参阅《东西文化及其哲学》，商务印书馆1987年影印版，第46页。
❷ 《瞿秋白选集》，人民出版社1985年版，第15页。
❸ 《瞿秋白选集》，人民出版社1985年版，第16页。

进,加上宗法社会的经济组织,所以大家只觉得要'安居乐业',各人管各人的家事,各人做各人的生意,用不着集权的国家,如何能有国家观念?只当着其他各国,其他各民族也和中国一样呢。"❶ "贵族式的精神'文明',譬如禅悦或者神悟,礼教或者仪式正是封建时代生产方法和技术内容的反映。"社会存在决定社会意识,李大钊在分析传统文化时同样强调了这一点,但是对意识的相对独立性没有说明。在这一问题上,瞿秋白前进了一步,比较全面地理解了唯物史观,"我们决不否认精神上的力量能回复其影响于物质的基础,社会思想往往较其经济落后一步,所谓历史的'惰性律';然而最根本的动力,始终是物质的生产关系。"❷ 总之,在接受唯物史观的李大钊、陈独秀、瞿秋白看来,思想不是文化的全部内容,也不是文化的基础,它决定于社会的经济。从这一根本观点出发,他们对当时思想界讨论的问题,提出一些新的看法。

新文化运动初期,以陈独秀、胡适、李大钊、鲁迅等为代表的启蒙思想家通过东西文化的比较,揭示了东西方思想观念方面的种种差异,并得出东西文化的差异是古今之别的重要结论,从而号召人们积极引进吸收西方近代文化,并展开多方面的文化变革工作。但是,他们还不能正确说明东西文化的根源,李大钊更多地归之于地理环境;陈独秀不仅把思想看作文化特色的体现,同时,视思想为文化特色形成的根源,从而在自己的思想中形成一个循环,最后不时陷入种族说,把东西文化的差异归之于种族的、先天的,"西洋民族,自古迄今,彻头彻尾个人主义之民族也"。❸ 这样,陈独秀不仅没有对东西文化特色的根源问题做出正确回答,而且在东西文化差异本质问题上也陷入了混乱。认识上的混乱,特别是把东西文化差异看作种族、先天的,既

---

❶ 《瞿秋白选集》,人民出版社 1985 年版,第 16 页。
❷ 《瞿秋白选集》,人民出版社 1985 年版,第 16~17 页。
❸ 《陈独秀著作选》(第一卷),上海人民出版社 1993 年版,第 166 页。

不能同东方文化派视东西文化的差异为性质之别的观点划清界限，同时，也使陈独秀等人不时产生悲观失望的情绪，从而阻碍新文化运动的健康发展。

早期马克思主义者继承了新文化运动前期西化派的认识，认为"东西文化的差异，其实不过是时间上的"。❶ 为什么会有时间的差距呢？早期马克思主义者的回答具有了新的内容。瞿秋白指出："人类社会的发展，因为天然条件所限，生产力发达的速度不同，所以应当经过的各种经济阶段的过程虽然一致，而互相比较起来，各国各民族的文化于同一时代乃呈先后错落的现象。……而一切所谓'特性'、'特点'都有经济上的原因，东方和西方之间，亦没有不可思议的屏障。正因人类社会之发展有共同的公律，所以东方文化与西方文化有相异之处；这却是由于彼此共有同样的主要原因，仅因此等原因之发展程度不同，故有差异的结果，并非因各有各的发展动力，以至于结果不同。此处的异点正足以表示其同点，是时间上的迟速，而非性质上的差别。"❷瞿秋白正确地指出了经济对文化的决定作用，世界各民族文化的统一性，从而否定了视东西文化差异为性质之别的观点。他同时正确地指出了经济对文化的决定作用和东方文化的落后，但是，他对东西文化差异根源的认识还比较笼统。在文化产生的初期，自然条件、生产力对于一个区域文化特色的形成，固然起着异乎寻常的作用，但是，随着文化的发展，观念思想也成为影响文化发展的一个因素，在说到近现代东西文化差异的根源时，传统文化中的思想观念更是不容忽视的因素。对此，瞿秋白没有给予应有的重视，这是早期马克思主义者运用唯物史观分析文化问题时容易出现的缺陷。

物质决定精神，经济发展引起思想变动，这既是一个自然进化的过程，同时，人类也应努力克服惰性，推进社会的发展。如何改造中国社会和文化？试图回答这个问题的人们不仅在指导思想上存在分歧，

---

❶❷ 《瞿秋白选集》，人民出版社1985年版，第9页。

而且在具体步骤上也有不同的设想,而这两方面又是密切联系在一起的。当陈独秀、胡适、李大钊等开始从事新文化运动时,视思想启蒙为改造社会的根本,把工作的范围限定在思想文化领域,五四运动后,新文化运动逐渐和社会问题、政治斗争结合起来,对于这一趋势,新文化运动阵营内部出现不同的看法,胡适明确反对这一趋势,而早期马克思主义者则对这一趋势给予积极的支持,并从理论上加以论证说明,使其成为自觉奋斗的方向。

1919年10月,陈独秀论述五四后国民的新觉悟时,不再突出伦理革命的作用,转而把认识到"社会组织不良""非改革不可",作为最高层次的觉悟。"我敢说若要改良政治,别忘了政治是一种工具,别拿工具当目的,才可以改良出来适合我们目的的工具;我敢说最进步的政治,必是把社会问题放在重要地位,别的都是闲文。"❶

李大钊认为,为了建造"少年中国",必须要进行两种文化运动:一是精神改造的运动,一是物质改造的运动。李大钊特别强调,精神改造要与物质改造同步,经济组织不改变,精神的改造很难成功。"在从前的经济组织里,何尝没有人讲过'博爱'、'互助'的道理,不过这表面构造(就是一切文化的构造)的力量,到底比不上基础构造(就是经济构造)的力量大。你只管讲你的道理,他时时从根本上破坏你的道理,使他永远不能实现。"❷ 李大钊还指出,要想把现代的新文明从根底输入到里面,知识阶级非要与劳工阶级打成一片。中国是一个农业国,农民占人口的大多数,农民不解放,就是全体国民不解放,所以他号召青年到农村去,从事对农民的启蒙工作。他充满激情地呼唤:"'少年中国'的少年好友呵!我们要作这两种文化运动,不该常常漂泊在这都市上,在工作社会以外作一种文化的游民;应该投身到山林里村落里去,在那绿野烟雨中,一锄一犁的作那些辛苦劳农的伴

---

❶ 《陈独秀著作选》(第二卷),上海人民出版社1993年版,第29页。
❷ 《李大钊文集》(下),人民出版社1984年版,第43页。

侣。吸烟休息的时间，田间篱下的场所，都有我们开发他们，慰安他们的机会。须知'劳工神圣'的话，断断不配那一点不作手足劳动的人讲的；那不劳而食的知识阶级，应该与那些资本家一样受排斥的……"❶

李大钊的这些思想是很深刻的，为新文化运动的进一步发展指出了方向，并得到其他左翼知识分子一定的响应，且在一定范围开展实践。

第二节 "第三新文明"与"艺术文明"

当我们回顾近代史，考察中国近代化的历程，可以很容易地发现，在对东西文化选择上，中国走过的并不是一条迅速告别传统、接受西方资本主义文化的道路，而是充满了徘徊：这里既有旧势力、旧传统的顽固抵抗、制约，也有先进中国人随着对西方"文明恶果"的认识而产生的彷徨、茫然，并由此走上不同的道路：或者倒退，重新回到传统文化的怀抱中去；或者，在坚持西方文化先进的前提下，艰难地探索，寻找克服弊病的方法……

同样的问题也困扰着五四时期的那一代人。当陈独秀等人满怀信心鼓动向西方学习时，西方近代文化已成为需要估定的东西。第一次世界大战的爆发，使得许多欧洲人对西方文化产生了危机感，德国哲学家和历史学家斯宾格勒明确将自己的著作标为《西方的没落》；辜鸿铭主张以儒家思想拯救西方，其著作在西方流行一时；……这说明西方人确实在反思自己的文化，并试图到东方寻找克服弊病的良药，西方社会发生的一切以及思想界中文化悲观主义的出现，也在中国引起了一定的反应，首先借此做文章的是东方文化派，《东方杂志》主编伧父（杜亚泉）正是从西方悲惨的战争，提出要改变盲从的态度，"而一

---

❶《李大钊文集》（下），人民出版社1984年版，第43~44页。

审文明真假之所在"。他得出的是西方文化已经破产，东方文化优于西方文化的结论。杜亚泉的观点受到西化派的批判，但是，他指出的事实最初在新文化运动主要领袖陈独秀那里并没有引起认真的思考，"盖自欧战以来，科学、社会、政治，无一不有突飞之进步；乃谓为欧洲文明之权威，大生疑念。此非梦呓而何？"❶ 此时，陈独秀对西方近代文化的信仰是坚定乐观的，以至于他没有认真思考正在发生的事实。

另外一批知识分子，在宣传西方文化的同时，又保持了一定的批判态度，随着他们对西方近代文化弊病认识的深入，他们把目光转向俄国，对未来文化做出了新的选择。李大钊是突出的代表。

新文化运动初期，李大钊对东西文化的认识要复杂一些。1917年4月，李大钊发表了《动的生活与静的生活》一文，提出"东方文明之特质，全为静的；西方文明之特质，全为动的。文明与生活，盖相为因果者。惟其有动的文明，所以有动的生活；惟其有静的生活，所以有静的文明。故东方之生活为静的生活，西方之生活为动的生活"，❷ 初步表述了关于东西文化问题的思想。不久，在《东西文明根本之异点》一文中，他进一步展开论述了他的观点，阐述了东西文化差异形成的原因、差异的种种表现等问题。"东西文明有根本不同之点，即东洋文明主静，西洋文明主动是也。溯诸人类生活史，而求其原因，殆可谓为基于自然之影响。"李大钊认为，由于山脉的阻隔，人类祖先的分布移动，中国、日本、印度等国为南道文明、东洋文明；法兰西、意大利、英吉利等国为北道文明、西洋文明。"南道得太阳之恩惠多，受自然之赐予厚，故其文明为与自然和解、与同类和解之文明。北道得太阳之恩惠少，受自然之赐予啬，故其文明为与自然奋斗、与同类奋斗之文明。一为自然的，一为人为的；一为安息的，一为战争的；一为消极的，一为积极的；一为依赖的，一为独立的；一为苟

---

❶ 《陈独秀著作选》（第一卷），上海人民出版社1993年版，第490页。
❷ 《李大钊文集》（上），人民出版社1984年版，第439页。

安的,一为突进的;一为因袭的,一为创造的;一为保守的,一为进步的;一为直觉的,一为理智的;一为空想的,一为体验的;一为艺术的,一为科学的;一为精神的,一为物质的;一为灵的,一为肉的;一为向天的,一为立地的;一为自然支配人间的,一为人间征服自然的。南道之民族,因自然之富,物产之丰,故其生计以农业为主,其民族为定住的;北道之民族,因自然之赐予甚乏,不能不转徙移动,故其生计以工商为主,其民族为移住的。惟其定住于一所也,故其家族繁衍;惟其移住各处也,故其家族简单。家族繁衍,故行家族主义;家族简单,故行个人主义。"❶ 李大钊还列举了东西方在思想、宗教、伦理、政治方面的差异,在这些对东西文化差异的罗列中,固然有一些卓见,但大多还停留在现象上,而且表现为两极式的思维。有些提法,如"一为精神的,一为物质的",还不能同东方文化派划清界限,同时,以地理环境来解释东西文化的一切差异还是肤浅的,不过,可以看出,李大钊已经注意到经济对思想观念的影响。

李大钊虽然也把东西文化的差异说成是"动的文明"与"静的文明",但是,他同杜亚泉有着显著的区别。杜亚泉把东西文化的差异说成是"性质之异,而非程度之异",而且认为东西文明的融和要以静为基础。李大钊在比较中,则充分肯定了西方文化的先进,揭示了东洋文明的种种弊病:

(一)厌世的人生观,不适于宇宙进化之理法;(二)惰性太重;(三)不尊重个性之权威与势力;(四)阶级的精神视个人仅为一较大单位中不完全之部分,部分之生存价值全为单位所吞没;(五)对于妇人之轻侮;(六)同情心之缺乏;(七)神权之偏重;(八)专制主义之盛行。❷

---

❶ 《李大钊文集》(上),人民出版社1984年版,第557~558页。
❷ 《李大钊文集》(上),人民出版社1984年版,第560页。

近代以来，由于中西文化的接触、冲突，中国到处是矛盾的生活、不协调的生活。李大钊已深深地感到这一点，他认为以静的精神，享用动的生活，必然是怪象百出，"盖以半死带活之人，驾飞行艇，使发昏带醉之徒，御摩托车，人固死于艇车之下，艇车亦毁于其人之手。以英雄政治、贤人政治之理想，施行民主政治；以肃静无哗，唯诺一致之心理，希望代议政治；以万世一系、一成不变之观念，运用自由宪法；其国之政治，固以杌陧不宁，此种政制之妙用，亦必毁于若而国中。总之，守静的态度，持静的观念，以临动的生活，必致人身与器物，国家与制度，都归粉碎。世间最可恐怖之事，莫过于斯矣。"❶ 如果不能将静止的精神，根本扫荡，或者把物的生活，一切屏绝，长期在此矛盾现象中生活，其结果必蹈于自杀。动的物质生活已如潮水般涌入中国，电灯不能不用，个性不能不要求，如此等等，"则吾人之所以除此矛盾者，亦惟以彻底之觉悟，将从来之静止的观念、怠惰的态度，根本扫荡，期与彼西洋之动的世界观相接近，与物质的生活相适应。"❷

他认为从总体上来说，东方文化落后于西方文化，但是，他又讲"平情论之，东西文明，互有长短，不宜妄为轩轾于其间"。在中国文化的出路问题上，他认为，中国古代文明，曾对于世界文明做出了伟大的贡献，现在应对世界做出第二次贡献。要实现这一目标，就必须正视"中国文明之疾病，已达炎热最高之度，中国民族之运命，已臻奄奄垂死之期"。❸ 应当下决心，竭力吸收西洋民族之特长，以济吾静止文明之穷。他肯定全面输入西洋文明的必要，主张竭力汲取西洋文明的特长。

从世界文化发展的趋势来说，李大钊认为，东西文明都是世界进步的机轴，正如车之两轮、鸟之双翼，缺一不可，世界未来文明应当

---

❶❷ 《李大钊文集》（上），人民出版社 1984 年版，第 563 页。
❸ 《李大钊文集》（上），人民出版社 1984 年版，第 562 页。

是东西文明的融和体,可以看出,他确信东方文化有自己的价值,西方文化也不是十全十美,"第一文明偏于灵;第二文明偏于肉;吾宁欢迎'第三'之文明。盖'第三'之文明,乃灵肉一致之文明,理想之文明,向上之文明也。"❶ 总之,在双重文化危机中,他渴望着新文明的诞生和创造,尽管这种新文明还只是一种朦胧的理想。

俄国十月革命的胜利,引起李大钊的注意,随着他对俄国革命情况了解的增多,到1918年8月,他在《法俄革命之比较观》中,为俄国革命的胜利热情欢呼,明确提出俄罗斯文明是"第三新文明"。

中国思想界对俄国十月革命,一开始就表现出十分复杂的态度,帝国主义和北洋军阀不仅公开反对十月革命,而且堵塞了中国人了解俄国革命真相的主要渠道。当时帝国主义分子办的《字林西报》等报刊上,歪曲俄国十月革命的真相,一时在社会上造成"大多数的人,听见'俄国'这两个字,就觉得非常的害怕,因为俄国是'布尔塞维克'主义出产的地方,恐怕这种主义传播出来扰乱世界。大家差不多把俄国看作世界人民的公敌,至于俄国内里究竟是什么一种情形,布尔塞维克究竟是什么样一种主义,十个人之中恐怕没有一个人能够懂得明白"。❷

针对当时社会上对俄国革命的种种怀疑,李大钊指出:"俄国今日之革命,诚与昔者法兰西革命同为影响于未来世纪文明之绝大变动。……二十世纪初叶以后之文明,必将起绝大之变动,其萌芽即苗发于今日俄国革命血潮之中,一如十八世纪末叶之法兰西亦未可知。"❸ 李大钊不仅把俄国革命同当时为先进知识分子推崇的法国革命相提并论,而且通过它们的比较,说明俄国革命的社会主义性质:法国革命是立于国家主义上的革命,是政治的革命而兼含社会的革命,

---

❶ 《李大钊文集》(上),人民出版社1984年版,第184页。
❷ 慰慈:"俄国的新宪法",载《每周评论》第28号。
❸ 《李大钊文集》(上),人民出版社1984年版,第572页。

俄国革命是立于社会主义上的革命,是社会的革命而兼世界的革命。"时代之精神不同,革命之性质自异,故迥非可同日而语者。""法国当日之精神,为爱国的精神,俄人之今日精神,为爱人的精神。前者根于国家主义,后者倾于世界主义;前者恒为战争之泉源,后者足为和平之曙光,此其所异者耳。"❶ 最后,李大钊论证了俄罗斯文明是人类文明的方向,他认为,从文明史上来看,一国文明,有昌盛之时,即有衰竭之时,英、法文明均已臻于熟烂之期,德国文明虽然正如丽日中天,也可说已臻极盛,不久就要走上衰落的道路。与上述各国相比较,俄罗斯文明的进步要迟三百年,正因为如此,所以还有向上发展的余力。再从地理位置来说,俄国地处欧亚接壤之处,其文明兼有欧亚文明的性质,"考俄国国民,有三大理想焉:'神'也,'独裁君主'也,'民'也,三者于其国民之精神,殆有同等之势力。所以然者,即由于俄人既受东洋文明之宗教的感化,复受西洋文明之政治的激动,'人道''自由'之思想,得以深中乎人心。故其文明,其生活,半为东洋的,半为西洋的,盖犹未奏调和融会之功也。今俄人因革命之风云,冲决'神'与'独裁君主'之势力范围,而以人道、自由为基础,将统制一切之权力,全收于民众之手。世界中将来能创造一兼东西文明特质,欧亚民族天才之世界的新文明者,盖舍俄罗斯人莫属。"❷

李大钊以"桐叶落而天下惊秋,听鹃声而知气运"来比喻俄国革命与世界新文明的关系,主张"吾人对于俄罗斯今日之事变,惟有翘首以迎其世界的新文明之曙光,倾耳以迎其建于自由、人道上之新俄罗斯之消息,而求所以适应此世界的新潮流"。❸

对于俄国革命的社会主义性质及其意义,李大钊有着明确的认识,但是,关于俄罗斯文明是人类文明发展方向的论证还是不充分的。应

---

❶ 《李大钊文集》(上),人民出版社1984年版,第573页。
❷ 《李大钊文集》(上),人民出版社1984年版,第574~575页。
❸ 《李大钊文集》(上),人民出版社1984年版,第575页。

该看到，李大钊早期思想仍然对新思想的构造发生作用，他把东西文明的差异归结为静的文明与动的文明，这种概括是不准确的，因为一种文明都有保守的一面或时期、也有进步的一面或时期，专是动、专是静的文明是没有的，然而，这种认识促成他确立东西文明必须融合的观念，俄罗斯地处欧亚，所以最适宜担任东西文明融合的任务。另外，李大钊是以循环论观点看待世界文明发展的，一盛一衰，一治一乱，本来是弥漫于中国社会的观念，李大钊也受到这种观念的影响，以之说明文化问题。

同年11月，李大钊又发表了《庶民的胜利》的演说，并写下了《Bolshevism的胜利》的论文，继续指出十月革命是"二十世纪中世界革命的先声"，是"世界人类全体的新曙光"，并进一步指出十月革命是"劳工主义的胜利"，一切历史的残余——皇帝、贵族、军阀、官僚、军阀主义、资本主义，统统都要被摧毁、扫除，他号召中国人民向十月革命学习，为在中国实现"劳工社会"而奋斗。

"俄国布尔什维克的赤色革命在政治上，经济上，社会上生出极大的变动，掀天动地，使全世界的思想都受他的影响。大家要追溯他的远因，考察他的文化，所以不知不觉全世界的视线都集于俄国，都集于俄国的文学；而在中国这样黑暗悲惨的社会里，人都想在生活的现状里开辟一条新道路，听着俄国旧社会崩裂的声浪，真是空谷足音，不由得不动心。因此大家都要来讨论研究俄国。"❶ 在不太长的时间内，李大钊的思想获得广泛的响应，特别是经历五四爱国运动，人们对帝国主义的本质有了比较明确的认识，对于列宁领导的俄国两次通告放弃在华特权的行动，感到了强烈的震动。1919年12月1日，《新青年》杂志发表《新青年宣言》（陈独秀执笔）说："我们相信世界上的军国主义（引者按：即帝国主义）和金力主义（引者按：即资本主义），已经造了无穷罪恶，现在是应该抛弃的了。"五四以后，《新青

---

❶ 《瞿秋白文集》（第二卷），人民文学出版社1953年版，第543页。

年》及其他宣传新文化的报刊上,热烈鼓吹"法兰西文明"的文章大大减少,与此同时,各地社会主义研究会、马克思学说研究会、俄罗斯研究会纷纷涌现出来,体现了中国知识分子文化选择的新趋势。

瞿秋白指出,处于各民族不同文化相交流或相冲突之时,人们表现出三种态度:"在此人类进步的过程中,或能为此过程尽力,同时实现自我的个性,即此增进人类的文化;或盲目固执一民族的文化性,不善融洽适应,自疲其个性,为陈死的旧时代而牺牲;或竟暴露其'无知',仅知如蝇之附臭,泪没民族的个性,戕贼他的个我,去附庸所谓'新派'。三者之中,能取其那一种?"❶ 这一问题检验着知识分子的见识品格。瞿秋白认为历史上相对待的而现今时代又相补助的两种文化,东方与西方,代表了过去的时代,都有危害的病状,一病资产阶级的市侩主义,一病"东方式"的死寂。在俄罗斯实地考察两年的瞿秋白认为,当时苏俄的文化所反映的状况是,"根本方就干枯,——资产阶级经济地位动摇,花色还勉留几朝的光艳。新芽刚才突发,——无产阶级经济权力取得,春意还隐于万重的凝雾。"然而,那毕竟是"资产阶级文化的夜之余,无产阶级文化的晨之初",❷代表了人类文化的方向。瞿秋白坚定地表示"我自是小卒,我却编入世界的文化运动先锋队里,他将开全人类文化的新道路,亦即此足以光复四千余年文物灿烂的中国文化"。❸

近代的中西文化交流、融合不是在友好、平等的气氛中进行的,而是伴随着帝国主义列强的侵略开始的。中国是在经历一次又一次失败后,才逐渐认识到西方在物质生活、政治制度、观念意识方面的先进,但是对于列强在中国的行径又有一股不可遏制的民族仇恨,这种仇恨的产生是自然合理的,然而,这种民族仇恨又极容易波及对西方

---

❶ 《瞿秋白文集》(第一卷),人民文学出版社 1953 年版,第 165 页。
❷ 《瞿秋白文集》(第一卷),人民文学出版社 1953 年版,第 98 页。
❸ 《瞿秋白文集》(第一卷),人民文学出版社 1953 年版,第 166 页。

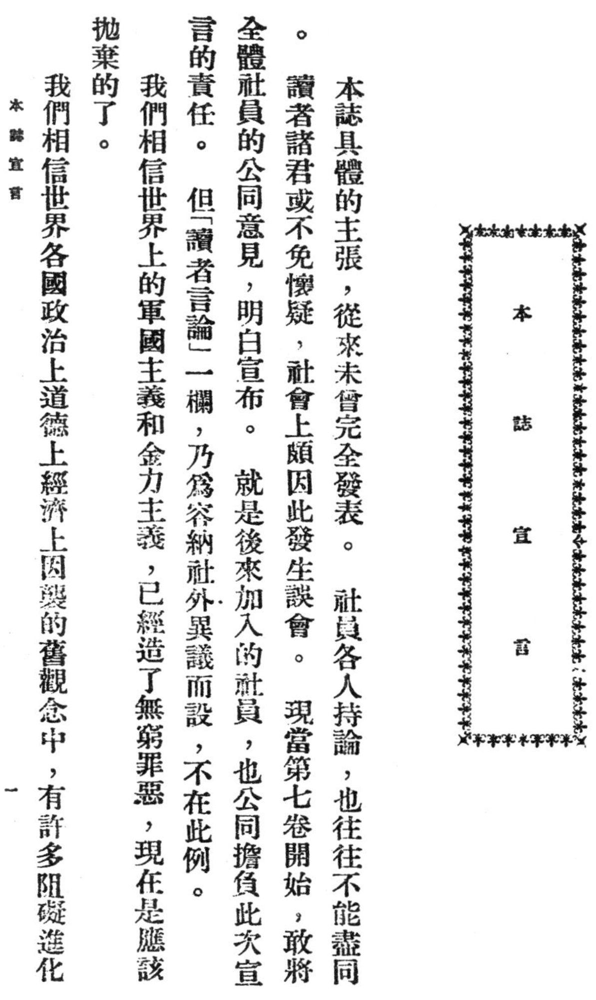

第三章　早期马克思主义者的新探索

> 本誌具體的主張，從來未曾完全發表。社員各人持論，也往往不能盡同。讀者諸君或不免懷疑，社會上頗因此發生誤會。現當第七卷開始，敢將全體社員的公同意見，明白宣布。就是後來加入的社員，也公同擔負此次宣言的責任。但「讀者言論」一欄，乃爲容納社外異議而設，不在此例。
>
> 我們相信世界上的軍國主義和金力主義，已經造了無窮罪惡，現在是應該拋棄的了。
>
> 我們相信世界各國政治上道德上經濟上因襲的舊觀念中，有許多阻礙進化

图 7　1919 年《新青年》第七卷第一号刊发的"本志宣言"

文化其他方面的认识。对于列强，中国人曾经历了一个从幻想到失望的过程。中国人曾幻想西方列强本着自由、平等、博爱的精神行事，得到的却是挨打、被侵略。正当中国人民叹息恣嗟、孤立无援的时候，

刚刚建立的苏维埃政府向中国人民伸出了友好之手，宣布废除同中国签订的不平等条约，不难想象，这一举动在中国人心中引起强烈好感，对比之下，原先曾经讴歌过的英、法文明都未免相形见绌，甚至是"堕落的"了。这种文化选择的新趋势，反映了部分中国知识分子对西方资本主义文化某些方面认识的深化，但同时，也存在片面化的倾向。

俄罗斯文明是"第三新文明"，这一论断代表了早期马克思主义者的文化选择，并给中国社会的进程以巨大影响。此后，早期马克思主义者结合当时思想文化界的斗争，进一步分析了资本主义现代文明乃至帝国主义文化的弊病，从一般理论的高度描绘了社会主义的理想。

在中国近代的中西文化论战中，"东方精神文明，西方物质文明"的观点不时以各种形式出现，五四时期仍然是东方文化派的基本观点，由此，有人提出物质上开新、道德上守旧的主张；有人则引出更保守的观点，他们在宣扬"科学破产"的同时，美化东方贫困、落后的物质生活，排斥西方先进的物质文明，这里既有如何看待物质文明特别是资本主义物质文明的问题，也有关于未来文化理想的问题。对此，瞿秋白做出了比较深刻的回答。

瞿秋白认为，文明是人类劳动的创造，原始人在向自然界的进攻中，制成了极粗糙的工具，如石斧、弓箭，这便是文明的开始。"人类有工具而营共同生活，是文明的开始；因有文明而阶级分化，于是共同生活不得和谐，亦就是文明的末日。可是，实际上说来，文明并无末日，受治阶级正要夺取此文明以为利器而创造新文明，那不过是治者阶级的末日罢了。……文明仅仅是人对于自然的威权，运用这威权的人不同，文明的内容亦随之而变易；至于文明本身，始终是生物的人类所必需的。只有垂死时的治者阶级，觉得进步可怕，可以危及旧社会关系，所以才高呼'向后转'，还要自命为精神文明。其实，精神文明是物质文明的副产。"❶ 文明的进步不会停止，对文明的态度是与

---

❶ 《瞿秋白选集》，人民出版社1985年版，第94~95页。

一定阶级地位联系在一起的,这一观点是正确的。

从上述观点出发,瞿秋白指出,对于现代的文明——技术文明,也有两派反抗派:古旧的垂死阶级,吆喝着"向后转";新的阶级,不能享受文明而想导此文明向新的方向发展。"世界的资产阶级,既以科学的发明,作为少数人享福之用,他眼看着用了这许多精力,杀人放火的机械制造得如此之精明,始终还是镇不住'乱',保不住自己的统治地位,所以他的结论是'科学无能'。这刚刚迎合了宗法社会的心理,于是所谓'东方文化派'大得其意。其实那里是什么'科学破产',不过是宗法社会及资产阶级文明的破产罢了。"❶ 瞿秋白运用阶级分析的观点指出"科学破产"论的阶级实质。然而,对现代文明的反对或厌倦,即使在资产阶级那里也表现出更为复杂的情况。一些资产阶级思想家确实看到了现代文明的某些弊病,加以批判并有一些探索,讴歌古代的生活只是他们表达对当代生活批判态度的一种独特方式。

鼓吹"科学破产"论者,想要恢复"无为"世界,瞿秋白指出,即使承认无为的世界是最幸福的,也不能于现实生活里寻到恢复它的方法。以中国为例,中国没有进取的思想,没有极端提倡物质文明的学说,只有老庄以及释道的无为,可以称为"向后转派";此外便是孔孟和程朱乃至于20世纪的新宋学,可以称为"立定派"。然而,在现实生活中,物质文明仍旧在可能的范围里取得了进步。即使现代中国"最高尚有道德知识的精神文明派"自己日常的行为,也恰恰与他们的议论相反,时刻在促进他们所反对的物质文明的发展:如买火车票、点电灯、用自来水、穿洋布等,可见,文明的发展是必然的。

瞿秋白在反对"科学破产"论的同时,对于资本主义技术文明发展所带来的问题又有一定的认识,"二十世纪以来,物质文明发展到百

---

❶ 《瞿秋白选集》,人民出版社1985年版,第19~20页。

病丛生"。❶ 与封建宗法时代的文明相比,资本主义的技术文明包含更多的科学成分,科学文明很有民权主义的性质,人人有发明真理的权利,但是,事实上人与人之间的关系反因此新文明的影响而更不平等,思想上的民权几乎等于纸上谈兵,人对自然的威权愈大,治者阶级对受治阶级的威权亦愈大。在资本主义制度下,单单现代式的技术发展,并不能"从残酷的自然之下解放人类",受治阶级自不用说,就是统治阶级也不能例外。资本主义社会的高等阶级,经济生活是很有保证的。然而最可怕的病症在他们之中发现得最多,技术文明的发展也未必一定能减少人对于物质生活的关心,相反,文明人不但没有从物质生活中解放出来,反而更受物质需要各方面的束缚。"从前'东方文化'下的欧洲人和现在'东方文化'下的中国人并不吃纸、煤、石油等,而只吃五谷;五谷歉收方算是饥荒。然而现代的文明之下,这些纸、煤、石油等的缺乏,竟和缺乏五谷同等的重要。足以致现代社会的死命了。"❷

不仅如此,瞿秋白还站在被压迫、被欺凌民族的立场,揭露了资产阶级文化的虚伪性,"资本主义在西欧初发展时正是封建制度的劲敌,然侵略国外弱小民族之际,却往往辅助此等民族内部的封建制度,其实是维持自己的统治权。"❸ 瞿秋白列举了一系列事实:基督教青年会自诩为文化机关,教会了中国学生踢球、打球;等到和美国兵赛球时,赢了球就要吃美国兵的巴掌;住到租界上的人,看一本马克思主义的经济学都要被捉到巡捕房里去,"请问'真正民主共和国'的民主主义在哪里?帝国主义不但为经济上政治上的侵略,并且扰害殖民地的法治,竭力阻止殖民地人研究真正的科学,唯恐弱小民族因真得科

---

❶ 《瞿秋白选集》,人民出版社 1985 年版,第 98 页。
❷ 《瞿秋白选集》,人民出版社 1985 年版,第 103 页。
❸ 《瞿秋白选集》,人民出版社 1985 年版,第 13 页。

学文明而强盛。"❶

资本主义文明的弊病是与整个资本主义制度联系在一起的,瞿秋白认为,要解决资本主义文明的问题,既不能像资产阶级和东方文化派所鼓吹的那样"向后转",也不能仅仅依靠技术的发展,而必须把技术文明进一步导向社会主义艺术文明,他以科学技术的发展为线索,描述了不同时代文明的特征:技术带神秘性,那是封建时代的文明;技术仅仅有科学性,是资产阶级的文明;当技术不仅具有科学性,而且有了艺术性,那才是社会主义的文明。在未来的社会中,建立了圆满的社会关系,这时驱使人们劳动的不再是皮鞭和金钱。人们可以不单为适应环境或改善物质生活而工作,工作的结果变得无足轻重,而工作的过程则成为人们的必需品;劳动者同劳动产品不再处于对立的地位,"等到私产绝对废除,阶级消灭时,科学愈发明,则体力劳苦的工作愈可减少,全社会的福利愈可增进;物质文明愈发达,经济生活愈集中,则精神文明愈舒畅,文化生活愈自由,为'求生'的时间愈少,则为'求乐'的时间亦愈多了。那时,才有真正的道德可言,不但各民族的文化自由发展,而且各个人的个性亦可以自由发展呢。"❷从整个社会的角度来说,技术发展的途径也不同了,不用军事技术,不用无谓的奢侈品,实用的生产力大增,社会的组织可以随时按科学的原理来变易。

社会主义的艺术文明,要以扩充科学的范围为起点,而进于艺术的人生,实现人的全面、和谐的发展,殖民地、半殖民地国家要实现社会主义文明,面临更复杂的局面,政治上的民族解放运动、民主运动,需要与世界无产阶级革命融合为一世界革命,东方民族才能免殖民地之苦,才能使劳动人民真正应用科学,铲除宗法社会、封建制度的遗迹,实现文化的真正发展,在思想文化上,道德的平民化与科学

---

❶ 《瞿秋白选集》,人民出版社 1985 年版,第 18 页。
❷ 《瞿秋白选集》,人民出版社 1985 年版,第 20 页。

图 8 1923 年 6 月《新青年》改为季刊，为中共中央理论刊物，瞿秋白任主编

的社会化同时并呈。

只有真正的道德，真正的科学是颠覆东方文化之恶性的利器。此种恶性，宗法社会、封建制度及帝国主义颠覆之后，方能真正保障东方民族之文化的发展。❶

社会主义的文明是热烈的斗争和光明的劳动所能得到的，人类什么时候能从必然世界跃入自由世界，——那时科学的技术文明便能进于艺术的技术文明。

---

❶ 《瞿秋白选集》，人民出版社 1985 年版，第 19 页。

那不但是自由的世界，而且还是正义的世界；不但是正义的世界，而且还是真美的世界！❶

对技术文明的分析，从一个侧面体现了瞿秋白对资本主义文化的认识，社会主义艺术文明理想的提出，是他超越东方文化派和全盘西化派的地方。社会主义社会不仅要创造比资本主义社会更丰富的物质文明，而且还应使广大人民从审美的角度把握客观世界，使人本身得到全面充分的发展。这一点，在今天仍具有启迪的意义。

胡绳晚年曾指出："在中国革命实践中资本主义和社会主义是什么关系，中国几代人一直没闹清楚，一直为它苦恼。"❷ 五四时期正是处理这种关系的关键时期。近代的中西文化交流、融合不是在友好、平等的气氛中进行的，而是伴随着帝国主义列强的侵略开始的，由于近代帝国主义与中华民族矛盾的尖锐，早期马克思主义者一般都强调资本主义文化的阶级性和腐朽性，在对资本主义文化阶级性和腐朽性的揭示过程中，由于理论认识的不足，也出现了片面化的倾向，这就是在无限讴歌俄罗斯文明的同时，对资本主义社会所取得的先进文化成果认识不足，在两方面都丧失了应有的理性批判能力，这种倾向在很长时间内没有得到根本的克服，给中国社会的发展带来严重的后果。

第三节 "东方文化"的命运

1919年下半年，新旧文化是否可以调和的问题在文化思想界突出出来，章士钊先后在上海、广州等地发表演讲，宣传新旧调和说。这种理论认为，新旧时代是连绵相承的，不能划出明确的分界。"宇宙之

---

❶ 《瞿秋白选集》，人民出版社1985年版，第109页。
❷ "从五四运动到人民共和国成立"课题组著：《胡绳论"从五四运动到人民共和国成立"》，社会科学文献出版社2001年版，第51页。

进步，如两圆合体，逐渐分离，乃移行的而非超越的。即（既）曰移行，则今日占新面一分，蜕旧面亦只一分。蜕至若干年之久，从其后而观之，则最后之新社会，与最初者相衡，或厘然为二物，而当其乍占乍蜕之时，固仍是新旧杂糅也。"❶

从"旧"到"新"，只能是"移行"，新旧间不存在本质的差异。于是他声称"调和者，社会进化至精之义也"，世上一切"无不在调和之中"。从这种哲学理论出发，他特别提出"物质上开新之局，或急于复旧，而道德上复旧之必要，必甚于开新。此其所当知者。凡欲前进，必先自立根基。旧者根基也。不有旧，决不有新，不善于保旧，决不能迎新；不迎新之弊，止于不进化，不善保旧之弊，则几于自杀"。❷虽然他再三声明自己不是守旧者，但不难看出，这种观点同几十年前的"中体西用"论并无二致。它援引新的哲学理论为依据，而且是针对被《新青年》派所忽略的新文化与旧文化的继承关系问题，针对中国政治的腐败，针对西方文明的弊病来立说，也就不同于一般的守旧派，赢得不少人士的赞同，杜亚泉、陈嘉异等纷纷发表文章响应，于是，"折中""调和"的说法一时蜂起。

主张进行新文化运动的人士对这种折中调和论从不同的角度给予了反击。蒋梦麟认为，新思想是一个态度，就是"那向进化一方面走"，抱持这个态度的人对传统生活就会有不满足，就会有批评的态度。"所谓新旧调和是自然的趋势。抱新思想的人渐渐把他的思想扩充起了，抱旧思想的人自然不知不觉的受他的影响，受他的感化，旧生活渐渐自然被新生活征服——旧思想渐渐被新思想感化。新陈代谢是进化的道理，自然的趋势，不是机械的调和"。❸ 提倡新思想，就要打破旧观念，守旧派自然反对。所以，要免去新旧之争来讲调和，就等于让"新"的停止活动，等于反对进化。两个不同学派间，可以取长

---

❶❷ 章士钊："新时代之青年"，载《东方杂志》第 16 卷第 11 号。
❸ 梦麟："新旧与调和"，载《晨报》1919 年 10 月 13~14 日。

补短，实行调和，但是，新旧两派并不是两个学派，二者目的相反，方法各异，其间无调和可言。所以，用不着调和派。

张东荪主要从哲学上指出了章士钊新旧调和说的错误。他认为生物、社会的进化，并不是"移行"，而是由"潜变"到"突变"，经过"突变"这一飞跃才产生新的生物和社会，思想、文化也是如此。在潜变时期，新旧不能调和，一调和就不能产生变化了。另外，他认为，调和的结果并不是新旧共存，而是要产生新的东西。"新旧杂存"的现象是存在的，但那只是"共存"，而不是"调和"；新旧"相同"的现象也是有的，但那无须"调和"，单取新的就行了；"新的逐渐增加，旧的逐渐淘汰"的现象也是存在的，但那同样不是"调和"，而是新的把旧的挤了出去，正好说明新旧不能调和。❶ 张东荪指出了章士钊"移行说"的错误，他对调和的理解部分地包含辩证法的精神。张东荪同时指出，调和论是危险的，"守旧论不足阻害新机"，在思想正处潜变的时代，"一经调和，那未成熟的新思想便消灭了"，"改造的动因"也就消灭了。章士钊的调和论实际上阻挡了新思想的传播和西方文化的输入。"突变"后产生的"新"与"突变"前的"旧"，究竟有没有继承关系？张东荪并没有给予明确的说明。

在反对折中调和思潮的斗争中，李大钊运用唯物史观，反驳了"物质上开新，道德上守旧"、道德没有新旧这类近代以来广泛流行的观点，着重说明了思想、观念产生、存在、变动的经济根源，并论证了中国近代思想变动的必然性。

在李大钊等早期马克思主义者那里，宣传唯物史观原理与探讨东西文化问题，从一开始就紧密结合在一起。从唯物史观出发，李大钊反驳了章士钊的主张："什么圣道，什么王法，什么纲常，什么名教，都可以随着生活的变动、社会的要求，而有所变革，且是必然的变革。

---

❶ 东荪："突变与潜变""答章行严君"，载《时事新报》1919 年 10 月 1 日、12 日。

因为生活状态，社会要求既经变动，人类社会的本能自然也要变动。拿陈死人的经训抗拒活人类之社会的本能，是绝对不可能的事。"❶ 道德既因时因地而有变动，也就有新旧的问题，"新道德既是随着生活的状态和社会的要求发生的，就是随着物质的变动而有变动的，那么物质若是开新，道德亦必跟着开新，物质若是复旧，道德亦必跟着复旧。因为物质与精神原是一体，断无自相矛盾、自相背驰的道理。可是宇宙进化的大路，只是一个健行不息的长流，只有前进，没有反顾；只有开新，没有复旧；有时旧的毁灭，新的再兴。（引者按："旧""新"二字疑为颠倒）这只是重生，只是再造，也断断不能说是复旧，物质上、道德上，均没有复旧的道理！"❷ 物质开新、道德也要开新，这一结论，表明李大钊与折中调和论者的对立，表明了他坚持思想文化变革的立场，但是，道德、文化的继承问题，同样被忽略了，甚至没有被认真地加以讨论。这一点，在他具体分析中国传统文化时仍有所反映。

在对传统文化的认识上，早期马克思主义者继承了新文化运动前期的批判意识，仍然把批判的矛头主要对准"孔门伦理"，进一步深化了对传统文化的批判。这主要表现在对儒家伦理的阶级实质和经济基础的揭示，以及对文化观念变革途径的认识等方面。

李大钊认为，古代中国是农业国，家族制度特别发达，中国的大家族制度就是中国两千年来社会的"基础构造"，"一切政治、法度、伦理、道德、学术、思想、风俗、习惯，都建筑在大家族制度上作他的表层构造"。❸ 中国的一切风俗、礼教、政法、伦理，不仅以大家族制度为基础，而且是以"孔子主义为其全结晶体"。在大家族组成的社会中，个人的个性、权利、自由都束缚禁锢在家族之中，少有发展的

---

❶ 《李大钊文集》（下），人民出版社1984年版，第151页。
❷ 《李大钊文集》（下），人民出版社1984年版，第151～152页。
❸ 《李大钊文集》（下），人民出版社1984年版，第178页。

机会。"看那二千余年来支配中国人精神的孔门伦理,所谓纲常,所谓名教,所谓道德,所谓礼义,那一样不是损卑下以奉尊长?那一样不是牺牲被治者的个性以事治者?那一样不是本着大家族制下子弟对于亲长的精神?"❶ 孔子的修身,完全是使被治者"牺牲他的个性",在家庭生活中,一个"孝"字,使为子的完全牺牲于父;几个"顺""从""贞节"之类的名词,使为妻的完全牺牲于夫,使女子完全牺牲于男子。在社会生活中,一个"忠"字,使为臣的一方完全牺牲于君,所以"孔门的伦理,是使子弟完全牺牲他自己以奉其尊上的伦理;孔门的道德,是与治者以绝对的权力责被治者以片面的义务的道德"。❷一句话,孔门伦理是维护大家族制度并为专制统治服务的,正因为如此,孔子也就赢得了历代统治者的欣赏,在中国历史上,圣人与皇帝总有不可分的联系。

"中国人有一种遗传性,就是应考的遗传性。什么运动,什么文学,什么制度,什么事业,都带着些应考的性质,就是迎合当时主考的意旨,说些不是发自本心的话。甚至把时代思潮、文化运动、社会心理,都看作主考一样。所说的话、作的文,都是揣摩主考的一种墨卷,与他的实生活都不生关系。是甚么残酷的制度,把我的民族性弄成这样的不自然!"❸ 李大钊所沉痛指出的事实和问题,显然可以在专制制度、孔子思想那里找到部分根源。缺乏独立的意识和人格,正是专制统治压迫和封建文化浸染的结果,并且深深地制约着中国近代化的过程。

陈独秀也指出,中国的"固有道德"并不像东方文化派说的那样高明,"忠、孝、贞节三样,都是中国固有的道德,中国的礼教(祭祀教孝、男女防闲,是礼教的大精神)、纲常、风俗、政治、法律,都是

---

❶ 《李大钊文集》(下),人民出版社1984年版,第178页。
❷ 《李大钊文集》(下),人民出版社1984年版,第179页。
❸ 《李大钊文集》(下),人民出版社1984年版,第105页。

从这三样道德演绎出来的；中国人的虚伪（丧礼最甚）、利己、缺乏公共心、平等观，就是这三样旧道德助长成功的；中国人分裂的生活（男女最甚），偏枯的现象（君对于臣的绝对权，政府官吏对于人民的绝对权，父母对于子女的绝对权，夫对于妻、男对于女的绝对权，主人对于奴婢的绝对权），一方无理压制一方盲目服从的社会，也都是这三样道德教训出来的；中国历史上、现社会上种种悲惨不安的状态，也都是这三样道德在那里作怪。"❶ 陈独秀淋漓尽致地揭露了旧道德的实质。

　　早期马克思主义者不仅对儒家伦理的阶级实质、与近代化的冲突有明确的认识，更重要的是，他们运用唯物史观的基本理论，揭示了它产生、存在的经济基础，而不再仅仅归之于统治阶级的倡导维护和百姓的愚昧。孔子思想为什么能够支配中国人心达两千年之久呢？李大钊不是简单归之于百姓的愚昧，而是把孔子思想与经济联系起来进行考察，做出了比较深刻的回答。他指出，这不是孔子学说本身有"绝大的权威"，或者是"永久不变的真理"，而是"因他是适应中国二千余年来未曾变动的农业经济组织反映出来的产物，因他是中国大家族制度上的表层构造，因为经济上有他的基础"。❷ 这就是孔子思想所以能够长期存在、统治人们思想的根本原因。进入近代以来，在外国资本主义经济的冲击下，中国的农业经济和家庭手工业发生动摇，随着农业经济的动摇，大家族制度也要"崩颓粉碎"，大家族制度既入了崩颓粉碎的命运，孔子主义也不能不跟着崩颓粉碎了，"试看中国今日种种思潮运动，解放运动，那一样不是打破大家族制度的运动？那一样不是打破孔子主义的运动？"❸ 种种在家族制度下不许发生的事情，现在却发生了。

---

❶ 《陈独秀著作选》（第二卷），上海人民出版社1993年版，第47页。
❷ 《李大钊文集》（下），人民出版社1984年版，第179页。
❸ 《李大钊文集》（下），人民出版社1984年版，第182页。

由此，李大钊得出结论说：孔子主义或中国所谓纲常名教的动摇是必然的，因为它不能适应现代的生活，尽管有几个尊孔之徒，天天祭孔，到处传布"子曰"的福音，"也断断不能抵住经济变动的势力来维持他那'万世师表'、'至圣先师'的威灵了。""我们可以正告那些钳制新思想的人，你们若是能够把现代的世界经济关完全打破，再复古代闭关自守的生活，把欧洲的物质文明、动的文明，完全扫除，再复古代静止的生活，新思想自然不会发生。你们若是无奈何这新经济势力，那么只有听新思想自由流行，因为新思想是应经济的新状态、社会的新要求发生的，不是几个青年凭空造出来的。"❶ 当李大钊还是进化论者时，就坚信道德是变化的，"古今之社会不同，古今之道德自异"，现在，他从经济变动的事实，进一步揭示了中国近代思想变动的客观必然性。其他马克思主义者也表达了类似的思想。

值得指出的是，在五四后期，有一个趋势，早期马克思主义者，把对文化的研究从文化史的角度转为对当代文化进行研究。

前面提到，瞿秋白认为东西文化的区别是社会发展阶段的不同，具体地说："西方文化，现已经资本主义而至帝国主义，而东方文化还停滞于宗法社会及封建制度之间。"❷ 东方文化落后于西方文化，而东方文化派却不遗余力地吹捧东方文化，并预言东方文化将在世界复兴，那么，"东方文化"究竟是什么？它的现实命运到底怎样呢？

瞿秋白指出，东方文化基本有三个元素：

第一，宗法社会的自然经济，"农家手工业本是中国宗法社会的经济基础之一。至于农业上之土地制度、义庄制度、族有制度等之宗法社会的色彩，尤其明显。……所谓伦常纲纪、阴阳五行同样是宗法社会或行会制度的表征而已，并无特异的文化，更无神圣不可侵犯之

---

❶ 《李大钊文集》（下），人民出版社1984年版，第184页。
❷ 《瞿秋白选集》，人民出版社1985年版，第9页。

处。"❶ 从经济到思想观念，中国现代的文化都相当于西方中世纪的文化，没有什么可骄傲的。

第二，畸形的封建制度的政治形式。由于封建制度的余势大盛，中国资产阶级的稚弱，统一君主的败落，各"地方"区域内的经济发展，外国帝国主义的利用，于是造成封建军阀割据这种畸形的政治形式。中国的封建军阀，由先得政治地位而行经济侵略，剥削商民、压迫劳动者，比封建诸侯还恶毒。例如，四川、云南、贵州、湖南、山东、甘肃、东三省等地，几乎是一个军阀霸占了一片地盘以后，便凭借政治经济势力，实行农奴制度式的劳役征调以剥削劳工民众，造成他们自己的政治势力范围。京汉铁路、汉阳工厂，自从罢工失败以后，实行军队强迫工作；其他残杀奸淫，拘禁拷打，和封建时代的诸侯对待农奴的手段相比，有过之而无不及。瞿秋白质问道，"此等现象，由所谓'自由'贸易（经济学上谓之'简单的商品生产制'）变成小诸侯辖制的商业，由所谓'自由'劳动变成公开的武力强逼的力役，岂非中国社会逆流退向封建制度的铁证！中国'东方文化派'的学者所要保存的，是否此等肮脏东西，人间地狱？"❷

第三，殖民地式的国际地位，东方诸国，在政治经济的发展方面既已落后，等到与先进（文明）国家相接触，迎受西方文化——资本主义，遂不得不成为此等国家的殖民地。既然已经做了殖民地，还有什么夸耀的吗？"一九二三年，上海金银业工人罢工，外国老爷竟放出猎狗来噬啮工人，此等现象只有'东方'殖民地上可以发现，自古以来无论天灾战祸弄得人烟断绝，禽兽横行，也只有乌鸦啄白骨，野狗啃死人的惨状，决比不上故意纵犬吞噬、将活人当狐兔一般看待的新奇，真可算是东方文化的特色！"❸

---

❶ 《瞿秋白选集》，人民出版社 1985 年版，第 10~11 页。
❷ 《瞿秋白选集》，人民出版社 1985 年版，第 13 页。
❸ 《瞿秋白选集》，人民出版社 1985 年版，第 15 页。

瞿秋白同时也指出，东方文化的"恶性"并不是绝对的。宗法社会的伦理也曾一度为社会中维持生产秩序之用，但是现在已不适应经济的发展，成为东方民族社会进步的障碍，"宗法社会及封建制度的思想不破，则于帝国主义的侵略无法抗拒；所以不去尽帝国主义的一切势力，东方民族之文化的发展永无伸张之日。"❶ 只有宗法社会、封建制度及帝国主义覆灭之后，才能保障东方民族文化的正常发展，宗法社会的文化早已处于崩坏状态，无产阶级的使命就是要加速它的灭亡，而东方文化派要维护旧伦理，在瞿秋白等马克思主义者看来，是起着阻碍中国社会前进的作用。

在"东方文化"这个题目下，当时参加东西文化论战的人多着眼于传统思想观念进行分析。瞿秋白明确把研究的重心转到现代，而且通过文化主要成分的说明，揭示中国近代文化的特征，表现出强烈的时代感，尽管瞿秋白对近代东方文化的剖析还比较简略，但是，它预示了东西文化研究的一个方向，即现代中国文化现状，等待思想家们去探索。这是推进中国现代化进程的重要工作之一，是各项文化变革的基础。几年后出现的关于中国社会性质问题的讨论，便是在对中国当代文化进行认识的意义上展开的。瞿秋白对东方文化派文化观的批判是尖锐的，但是在讨论东方文化时，由于他没有注意自己与东方文化派认识角度的差异（当代与文化史），从而使他对东方文化派的某些批判给人以游离之感，对东方文化派从文化史角度提出的一些有关东方文化的观点也没有给予细致的分析。

由于各种条件的限制，早期马克思主义者对唯物史观理解得不全面，在物质与精神的关系上，忽略思想的相对性，从这一理论出发，对文化继承问题没有很好地说明，在对西方近代文化、中国传统文化评价上存有简单化的倾向，如有时把传统文化等同于封建文化，把西方文化等同于资本主义乃至帝国主义文化，这表明早期马克思主义者

---

❶ 《瞿秋白选集》，人民出版社1985年版，第18页。

还不能完全克服新文化运动初期西化派的局限，要做到这一点，无疑需要一个过程。另外，他们对思想启蒙的艰巨性、长期性缺乏应有的认识，"经济问题的解决，是根本解决。经济问题一旦解决，什么政治问题、法律问题、家族制度问题、女子解放问题、工人解放问题，都可以解决"。❶ 后来的社会实践已经证明，问题的解决远没有这般简捷。尽管早期马克思主义者的思想存在一定的局限或不足，但是，他们的思想为马克思主义文化理论在中国的运用和发展奠定了初步的基础。

---

❶ 《李大钊文集》（下），人民出版社1985年版，第37页。

第四章　胡适：文明的再造

在中国近代思想史上，胡适是热情讴歌西方近代文明，特别是美国资本主义文明的代表人物，这与他青年时期长期留学美国的经历有密切的关系。胡适1917年从美国回国，积极投身文学革命和思想革命。新文化运动后期，新文化运动的阵线开始分化，李大钊、陈独秀等一批知识分子接受马克思主义，对西方资本主义文化表示出怀疑、批判的态度，从而使"西化"具有了新的内容，以胡适为代表的一批资产阶级知识分子则仍然一往情深地颂扬西方资本主义文化，并发展了《新青年》派初期思想的片面性，提出"全盘西化"的主张。

胡适（1891~1962），行名洪骍，后改名适；字希强，又改适之；号冬友、小山；笔名铁儿、自胜生、藏晖室主人等。安徽绩溪人。胡适不满3岁时，开始从父亲胡传学认字，4岁，入家乡的私塾读书，读的是他父亲留给他的启蒙课本：《学为人诗》《原学》，内容大体是理学家的处世思想，如"为人之道，在率其性，子臣弟友，循礼之正；谨乎庸言，勉乎庸行；以学为人，以期作圣"，这些对胡适的接人处世很有影响，胡适在乡私塾里读了九年，先后被教读过的书有：《律诗六钞》《孝经》《朱子小学》《论语》《孟子》《大学》《中庸》《诗经》《尚书》《易经》等。如果说这些教育使胡适学得了读书写字，那么，为胡适开辟了一个新天地，并在其儿童生活史上打开一个新鲜世界的，便是他阅读《水浒传》《三国演义》《红楼梦》《儒林外史》《聊斋志异》等著名小说了。

在胡适早年思想发展中，一个重要事件是，因为受司马光、范缜的影响而成为无神论者。《资治通鉴》第 136 卷有一段记述范缜反对鬼神说的故事，"缜著《神灭论》，以为'形者神之质，神者形之用也。神之于形，犹利之于刀。未闻刀没而利存，岂容形亡而神在哉'？此论出，朝野喧哗，难之，终不能屈"。胡适回忆说："司马光的话教我不信地狱，范缜的话使我更进一步，就走上了无鬼神的路。"司马光引用的《神灭论》文字，"八百年后这三十五个字竟感悟了一个十一二岁的小孩子，竟影响了他一生的思想。"❶

1904 年，13 岁的胡适，离开家乡来到上海，开始在上海的六年生活，先后就读于梅溪学堂、澄衷学堂、中国公学和中国新公学。入梅溪学堂之初，为了应付一篇作文《原日本之所由强》，他在二哥的帮助下，得读《壬寅年新民丛报汇编》，还读了最富有煽动性的革命宣传品，如邹容的《革命军》，开始受到资产阶级革命风潮的强烈震荡。

1905 年，胡适进澄衷学堂读书，有一次上课，国文老师杨天骥（千里）教班上的同学去读吴汝纶删节的严复译《天演论》（即赫胥黎著的《进化与伦理》），于是胡适接触到了这本书，在澄衷学堂的一年半，胡适读了不少课外书，包括严复译的《群己权界论》等书，他开始注意学习外国的资产阶级文化。当时，对胡适影响最大的还是梁启超，特别是梁启超的《新民说》和《中国学术思想变迁之大势》一类著作。胡适后来回忆说："《新民说》的最大贡献在于指出中国民族缺乏西洋民族的许多美德"，"《新民说》诸篇给我开辟了一个新世界，使我彻底相信中国之外还有很高等的民族，很高等的文化。《中国学术思想变迁之大势》也给我开辟了一个新世界，使我知道《四书》、《五经》之外中国还有学术思想。"❷ 在阅读梁启超后一本著作的过程中，

---

❶ 《胡适自传》，黄山书社 1986 年版，第 37 页。
❷ 胡适：《四十自述》，海天出版社 1992 年版，第 104~105 页。

第四章 胡适：文明的再造

胡适产生了作中国学术史的想法，为他在留学时期打定主意研究中国哲学史埋下了种子。更重要的是，梁启超把更新国人观念视为改造社会关键的思想，也取得了胡适的认同。几年后，在辛亥革命的欢庆声中，胡适即把胜利的首功归之于梁启超。

1906年暑假，胡适转学到中国公学，公学的教职员和学生有不少是革命党人，所以在这里要看"同盟会"在日本出版的机关刊物《民报》很容易。胡适这时开始学习作白话文，有不少文章发表在《竞业旬报》，这种训练为他后来公开提倡白话文打下了基础。1908年夏秋间，中国公学为修改校章事引起争议，大多数学生退学，另组织了"中国新公学"，胡适也在其中，这所学校的经费没有固定来源，因此困难重重。第二年冬天，中国新公学与老公学合并，胡适和其他一些老公学的学生不愿回去，准备另谋出路，实陷入失业状态，忧愁烦闷，百无聊赖，又遇上一班浪荡朋友，胡适开始堕落起来，竟至因发酒疯被抓，胡适惭愧不已，发誓从此改过，他关起门来专心预备功课，准备投考第二批留美官费生，并终于被录取。

1910年8月16日，胡适与一同考取的"庚款学生"一道在上海起程赴美，9月到达美国的绮色佳（Ithaca，今译作依萨卡），入康奈尔大学农科。后来，胡适发现自己不适合学农科，又于1912年年初改入文学院。胡适在美国留学的情况，在《胡适留学日记》[1] 中有比较详细的记载，用他自己的话说，这几十万字日记是他"绝好的自传"，"这十七卷写的是一个中国青年学生五七年的私人生活，内心生活，思想演变的赤裸裸的历史。他自己记他打牌，记他吸纸烟，记他时时痛责自己吸纸烟，时时戒烟而终不能戒；记他有一次忽然感情受冲动，几乎变成了一个基督教信徒；记他在一个时期里常常发愤要替中国的家庭社会制度作有力的辩护；记他在一个男女同学的大学住了四年而

---

[1] 《胡适留学日记》原来题名《藏晖室札记》，1939年上海亚东图书馆出版，1947年改由商务印书馆发行，共四册十七卷。

不曾去女生宿舍访过女友；记他爱管闲事，爱参加课外活动，爱观察美国的社会政治制度，到处演说，到处同人辩论；记他的友朋之乐，记他主张文学革命的详细经过；记他的信仰思想的途径和演变的痕迹。"❶ 可以说，《胡适留学日记》是研究胡适留美时期思想的重要材料，提供了考察胡适思想发展的主要线索。

胡适青年时期有七年（1910~1917年）是在美国度过的，这段时间正是胡适的思想孕育成熟的关键时期，成名之后胡适的许多思想，都可以在此时找到萌芽。胡适留美时期的思想变迁，格外值得探究。

出国之前，胡适已经初步接触了资产阶级的思想文化，对资本主义的文明产生了向往之情，所以，当胡适来到美国，置身于资本主义社会这一新天地时，在接受西方文化方面表现得就比较顺利一些，初到美国所写的一封信中谈到美国给他的印象："美国风俗极佳，此间夜不闭户，道不拾遗，民无游荡，即一切游戏之事，亦莫不泱泱然有大国之风，对此，真令人羡煞。"❷ 胡适以欣喜的心情观察着美国社会中的一切，观看造成不久的飞机、青年男女的跳舞、西方戏剧、婚礼……这些都给胡适耳目一新的感受，对于胡适思想的变化起着潜移默化的作用，胡适到美国不久，就写下了读美国独立檄文后的感受，"……细细读之，觉一字一句皆扣之有棱，且处处为民请命，义正词严，真千古至文，吾国陈骆何足语此！"❸ 这表明胡适在接受西方文化方面有一个比较高的起点，而且，随着他对西方文化认识的深入，接受程度注定要向前推进。

胡适一面对美国的文化表示惊奇、赞叹，同时也常常不由自主地以"中人眼光东方思想"看待西方文化，对一些问题做出不同于西方

---

❶ 《胡适留学日记》，商务印书馆1947年版，第5页。
❷ 沈寂整理："胡适早期的书信和诗文"，载《近代史资料》第56号，1987年5月。
❸ 《胡适留学日记》，商务印书馆1947年版，第13页。

第四章 胡适：文明的再造

人的评价，"作一文论培根，以中人眼光东方思想评培根一生行迹，颇有苛词；不知西方之人其谓之何？"❶ "余前作'Ophelia 论'，为之表章甚力，盖彼中评家于此女都作贬词，余以中国人眼光为之辩护，此文颇得教师称许。"❷ 以胡适提到的培根而言，他是西方近代重要的哲学家，在他年轻时，当他的上司失宠后，培根就参加对其进行起诉，从中国传统的伦理观念来看，自然会被视为忘恩负义之举，胡适对培根的苛词，想亦不外此类。

从认识心理学角度来看，这是一种很容易产生的现象，人作为认识主体，是运用自己思维中内在的认知结构来认识外界客观事物的，人们对外部客体对象的认识过程，存在两个机制：同化和顺化。同化是指主体无须对自己原有的认知结构予以调整和改变，就能在思维中吸收、同化和包容外部刺激，完成对客观对象的认识功能；顺化是指外部事物不能与人的认知结构中原有的概念直接吻合和匹配，主体必须对自身的认知结构进行内部调节、补充乃至改组，在自己的认识结构中对特异客体予以吸收。由于各种原因，当人们面对一个客体的时候，往往首先表现出一种同化的倾向，即以原来的认知结构来认识，或者表现为认知结构转化的不彻底性。在对中西家庭制度、男女婚姻等问题的看法上，胡适经历了一个从同化到不彻底转化的过程。

中国传统社会是一个注重道德伦理的社会，在近代的中西文化比较过程中，中国人首先认识到西方的物质文明比中国先进，并逐渐认识到西方科技、政治制度的先进，在很长时间里，在承认这些方面落后的同时，却以道德冠天下自居，看不到传统伦理道德以及它的基础——家族制度禁锢人的一面。初到美国的胡适，在思想上也还没有突破这种认识，胡适曾公开为完全剥夺子女权利的"包办婚姻"辩护，认为"吾国女子所处地位，实高于西方女子"，其理由是"吾国顾全女

---

❶ 《胡适留学日记》，商务印书馆 1947 年版，第 30 页。
❷ 《胡适留学日记》，商务印书馆 1947 年版，第 25 页。

子之廉耻名节，不令以婚姻之事自累，皆由父母主之。男子生而为之室，女子生而为之家。女子无须以婚姻之故自献其身于社会交际之中，仆仆焉自求其偶，所以重女子之人格也。西方则不然，女子长成即以求偶为事，父母乃令习音乐、娴蹈舞，然后令出而与男子周旋。其能取悦于男子，或能以术驱男子人其彀中者乃先得偶。其木强朴讷，或不甘自辱以媚人者，乃终其身不字为老女。是故，堕女子之人格，驱之使自献其身以钓取男子之欢心者，西方婚姻自由之罪也。此论或过激，然自信不为无据，觊国于其精微者，当不斥为顽固守旧也。"❶ 今天，人们读到这段文字，自然视之为不值一驳的怪论，当年的胡适却理直气壮，慷慨陈词，不觉其非，因为他评判东西方婚姻制度得失的标准还是"东方思想"，或者说主要是封建的伦理观念。

在胡适的思想演变中，民族情感也是不容忽视的因素。当时有些外国人在有关中国的演说中恣意贬低、丑化中国人，胡适非常气愤，他从民族主义出发，撰文投寄美国的报刊，对这些演说力加驳斥，并想撰写专著，"忽思著一书，曰《中国社会风俗真诠》(*In Defense of The Chinese Social Institutions*)，取外人所著论中国风俗制度之书——评论其言之得失，此亦为祖国辩护之事。"胡适自己承认，"吾未尝无私，吾所谓'执笔报国之说'，何尝不时时为宗国讳也。"❷ 对于恶意的丑化，当然应该驳斥，但是，怀着"为宗国讳"的心理应战，并不是正确的态度。

差不多比胡适晚十年留美的学生也遇到过类似的情况，同胡适的正面论战相比，他们有更精彩的表现。

一次，某教会邀请中国学生去听新从中国回去的一位传教士报告中国的情况。萧公权、李少门等几位同学一起去听讲，谁知这位传教士把中国社会描写得黑暗无比，几乎与野蛮社会毫无分别，并且大肆

---

❶ 《胡适留学日记》，商务印书馆1947年版，第154页。
❷ 《胡适留学日记》，商务印书馆1947年版，第103页。

讥评。听众当中有略知中国情形者,大为不平,于此君讲完之后立即建议主席,请在场的中国学生发言。大家推举李少门为代表。他站了起来,从容不迫地,作了十几分钟亦庄亦谐的谈话。他不直接驳斥传教士的错误,也不直接为中国辩护,但请大家注意,任何学识不够丰富、观察不够敏锐、胸襟不够开阔的人到了一个文化传统与自己社会习惯迥然不同的国家里,很容易发生误解,把"歧异的"看成"低劣的"。中国学生初到美国,有时也犯这种错误。他本人就曾如此。他于是列举若干美国社会里,众所周知、可恨、可耻或可笑的事态。每举出一桩之后,他便发问:"那就是真正的美国吗?"("Is this the true America?")他略一停顿,又自己答复,说:"我现在知道不是呀!"讲完后会堂里掌声雷动。那位传教士满面通红,无话可说。散会后许多美国人拥过来与李少门握手,赞许他的谈话。

可以设想,如果李少门一上来就对传教士所说的直接加以驳斥,或极力宣扬中国文化、夸张"孔孟之道"如何完善,中国历史如何光荣,可能未必有如此好的效果。李少门的捷才妙语,令人钦佩,可惜他于1923年11月病逝。这次演讲,该是他一生中最为光彩的一笔。

在情感的驱使下,理智常常表现为极端、片面,而且可以在两极中跳跃,到二三十年代,胡适转而提出"全盘西化"论,极力贬低中国传统文化,正验证了这一道理。

胡适毕竟不是冬烘先生,抱着已有的观念不放,由于长期生活在资本主义国家,他的思想不可避免地发生着变化,"吾常语美洲人士,以为吾国家族制度,子妇有养亲之责,父母衰老,有所倚依,此法远胜此邦个人主义之但以养成自助之能力,而对于家庭不负养赡之责也;至今思之,吾国之家族制,实亦有大害,以其养成一种依赖性也。"❶同时,胡适又采取一种调和的态度,认为中国的家族制也是一种个人主义,西方的个人主义是以个人为单位,中国的个人主义则以家庭为

---

❶ 《胡适留学日记》,商务印书馆1947年版,第250~251页。

单位。不过，胡适这时对中国家族制的弊病已有了比较痛切的认识："西方之个人主义，犹养成一种独立之人格，自助之能力，若吾国'家族的个人主义'，则私利于外，依赖于内，吾未见其善于彼也。"❶

后来，胡适结识了韦莲司女士，思想受到她的影响，在对女子教育、男女交际关系的认识上也发生了变化，"女子教育，吾向所深信者也。惟昔所注意，乃在为国人造良妻贤母以为家庭教育之预备，今始知女子教育之最上目的乃在造成一种能自由能独立之女子。国有能自由独立之女子，然后可以增进其国人之道德，高尚其人格。"❷ 这种认识的转变说明胡适在一些问题上基本走出了"东方思想"的洞穴。

在家庭、婚姻等问题上，胡适并没有完全认同西方，"余谓吾国子妇与父母同居以养父母，与西方子妇婚后远出另起家庭，不复问父母，两者皆极端也，过犹不及也。……析居析产，所以重个人之人格也，俾不得以太亲近而生狎慢之心焉。而不远去，又不欲其过疏也，俾时得定省父母，以慰其迟暮之怀，有疾病死亡，又可相助也。"❸ 文化的变革、中西文化的融和是一个十分复杂的问题，对于传统中利弊并存的东西，需要发扬积极因素，摆脱消极因素，就东西方家庭结构的变革这一问题来说，胡适思考的方向是正确的。

胡适初到美国的时候，对美国的政治组织、政党、选举团和整个选举系统一无所知，但是，不久这种情况就发生了变化。国内辛亥革命的爆发、美国 1911 年总统选举，都引起胡适极大的兴趣，他参加了许多次政治集会。在美国，工友主持的大会，教授们直接参加讨论国家大事的民主精神，一般选民对选举的关心和对选举程序的熟练，都给胡适留下了终生难忘的印象。

胡适不仅对美国政治保持着浓厚的兴趣，而且，同时开始自觉地

---

❶ 《胡适留学日记》，商务印书馆 1947 年版，第 252 页。
❷ 《胡适留学日记》，商务印书馆 1947 年版，第 806~807 页。
❸ 《胡适留学日记》，商务印书馆 1947 年版，第 343 页。

第四章 胡适：文明的再造

进行政治能力的训练。辛亥革命建立了民国，美国人对中国新政府发生了浓厚的兴趣，校园内外有关中国问题的讲演都很受欢迎，也就在这时，胡适开始了演讲生涯，此事促使他对过去几十年导致中国革命的背景和革命领袖人物的生平认真地研究了一番，这也是促使他转学文科的一个原因。同时，胡适和部分同学于 1912 年 11 月 16 日成立"政治研究会"，研究世界政治，受当时竞选活动的影响，胡适发起于世界学生会餐堂内作"游戏投票"，选举美国总统，并把选举结果做成统计表，加以分析，这些活动都加深了胡适对美国政治制度的理解。

近代以来，中国不断遭受列强的侵略，如何抵抗帝国主义列强的侵略，摆脱亡国的危机，是占据爱国知识分子头脑的首要问题。胡适留美的前四年尚无战事，但是列强对中国潜在的威胁并没有消除，胡适由于很早就受老子"不争"、墨子"非攻"学说的影响以及西方基督教影响，主张不抵抗主义。第一次世界大战爆发以后，西方列强忙于战争，日本趁此机会，加紧对中国的控制，构成对中国最直接的威胁，中日关系恶化，在对日态度上，胡适表现出一种软弱的态度，并在安吉尔和杜威的影响下，从不抵抗主义过渡到所谓新和平主义。安吉尔、杜威的理论是：两个力量如发生冲突，最后必然是相互抵消而形成浪费和无结果，他们在"和平"的名义下，呼吁全世界在休战状态下，维持现状。胡适 1914 年 10 月听朋友谈到安吉尔的理论，当时尚认为是一面之词，1915 年，胡适开始阅读安吉尔、杜威政治方面的著作，并在参加国际政策讨论会时，结识安吉尔。安吉尔、杜威的理论深深地打动了胡适，他决心主张不争主义，投身世界和平诸团体。安吉尔、杜威是出生于帝国主义国家的上等公民，固然他们是善良的人，同情弱者，但是，他们的理论是有利于帝国主义国家的，一面抑制新兴起的帝国主义国家日本、德国对老牌帝国主义国家的挑战，同时也反对殖民地半殖民地国家争取民族解放的运动，像胡适这样来自半殖民地国家的人，居然服膺安吉尔、杜威的理论，不能不说是可叹的事情。

1915年8月，日本侵占山东，随后又提出灭亡中国的"二十一条"，海内外华人皆极愤慨，留美学生纷纷集会抗议，在绮城的中国留学生集会，商议反对日本的办法，胡适未到会，留了一便条："吾辈远去祖国，爱莫能助，纷扰无益于实际，徒乱求学之心，电函交驰，何裨国难？不如以镇静处之。"❶以后又写文章，指责主张对日作战者是"发狂"，胡适的观点遭到他的朋友和同学的强烈反对，留学生《月报》主笔邝煦坤批评他"木石心肠，不爱国"。

胡适的这种对外方针，除了源自他的所谓不争主义外，也与他对国内政治形势的认识联系在一起。袁世凯窃取民国的政权后，大搞尊孔复古的活动，胡适指出袁世凯的"尊孔令""有失误之处七事"，郊天祀孔法案是"舍本逐末"，由于对国内统治者的失望，同时又看不到广大人民的爱国力量，胡适对国防、抵抗等问题采取了一种漠然的态度，认为国防、军备都不是根本之计，"根本之计奈何？兴吾教育，开吾地藏，进吾文明，治吾内政：此对内之道也。对外则力持人道主义，以个人名义兼以国家名义力斥西方强权主义之非人道，非耶教之道，一面极力提倡和平之说，与美国合力鼓吹国际道德。国际道德进化，则世界始可谓真进化，而吾国始真能享和平之福耳。……此吾所以提倡大同主义也，此吾所以自附于此邦之'和平派'也，此吾所以不惮烦而日夕为人道主义之研究也。吾岂好为迂远之谈哉？吾不得已也。"❷后来，胡适在写给国内朋友许怡荪的信中也说："……适近来劝人，不但勿以帝制撄心，即外患亡国亦不足顾虑。倘祖国有不能亡之资，则祖国决不致亡。倘其无之，则吾辈今日之纷纷，亦不能阻其不亡。不如打定主意，从根本下手，为祖国造不能亡之因，庶几犹有

---

❶《胡适留学日记》，商务印书馆1947年版，第570页。
❷《胡适留学日记》，商务印书馆1947年版，第492~493页。

虽亡而终存之一日耳。"❶ 在胡适看来，救国的根本之道就是要兴建图书馆，办大学，改善教育。这是所谓求三年之艾计，当一个国家面临亡国危险的时候，固守这种见解，实不异于引西江之水救涸辙之鲋，说他"不爱国"固然是偏激之辞，但是，说他迂阔还是恰当的。

归国以后的胡适，基本坚持了上述观点，没有多大的变化，在国内政治方面，他把希望寄托在国民党政府身上，主张一点一滴地改良，反对学生运动。这是中国近代资产阶级软弱性在胡适身上的体现。

胡适成名以后，在关于中国思想和历史的论著中，常常表白他是在提供运用新方法的范例，确实，方法论是胡适一生中最关心的问题之一。胡适到美国的第三年就写道："今日吾国之急需，不在新奇之学说，高深之哲理，而在所以求学论事观物经国之术。以吾所见言之，有三术焉，皆起死之神丹也：一曰归纳的理论，二曰历史的眼光，三曰进化的观念。"❷ 这一认识应该说是深刻的，胡适留学的最后两三年中，研究讨论最多的问题有两个：方法论和文学变革。胡适关于后一问题的思想是需要另有专文研究的，需要指出的是：历史的眼光、进化的观念正是胡适进行文学变革的思想武器。

1910年，胡适在北京参加留美考试期间，别人告诉他不可专读宋儒的著作，对汉唐诸儒的"十三经注疏"也应稍事涉猎，于是，胡适买了一套带到美国，并在闲暇时阅读，在汉、宋两派之间的差异面前，他困惑了，于是，从考订古文真义入手，企图寻觅一个解决怀疑的方法，踏上了一条领悟方法的道路。

1911年5月，胡适写了"诗三百篇言字解"，在这篇文章中，他把《诗经》上所有"言"字的用法归纳在一起，把它们在不同辞句中的用法比较、印证，最后找到更近情理的解释。后来，当胡适读到王引之研究"虚"字的著作时，他惊奇地发现他们用的方法是近似的，从

---

❶ 《胡适留学日记》，商务印书馆1947年版，第832~833页。
❷ 《胡适留学日记》，商务印书馆1947年版，第167页。

而认识到中国固有的归纳比较方法,也是极其严谨和科学的,但是那些朴学大师缺少在不同语言中作比较文法研究的条件。在这一点上,胡适比起前辈人要幸运多了,正是在比较过程中,胡适发现并肯定了传统治学方法的价值,同时也指出了需要变革的地方。

后来,胡适阅读了约翰·浦斯格教授为"大英百科全书"第十一版写的关于"版本学"的一篇文章,在日记中写下了十分详细的摘要,浦氏的文章之所以对胡适别具吸引力,就是中、西治校勘学的相同之处,"中西校勘学的殊途同归的研究方法,颇使我惊异,但是我也得承认,西方的校勘学所用的方法,实远比中国同类的方法更彻底、更科学化。"❶

在哥伦比亚大学,胡适选修了杜威的课"论理学之宗派",杜威认为,有系统的思想通常要通过五个阶段:第一阶段是一个困惑、疑虑的阶段,导致思想者认真思考;第二阶段决定这疑虑和困惑在何处;第三阶段面临一些现成的假设的解决方法任凭选择;第四阶段,思想者选择其一作为对他的困惑和疑虑的解决方法;第五阶段思想者要求证,把他选择的假设证明出来哪些是他的疑虑和困惑最满意的解决。杜威的理论使胡适对一般科学研究的基本步骤有了明确的了解,并加强了他关于现代的科学法则和中国古代的考据学、考证学在方法上有相通之处的意识。这是胡适自恃为发前人之未发的想想收获,在杜威那门课的启发下,胡适决定了博士论文研究的课题:"中国古代哲学方法之进化史"。

胡适在为中西考证学、校勘学方法的相同而惊奇、欣喜的时候,并没有让民族情绪左右理性的沉思,简单地当作"古已有之"信条下的一个例证,中西考证学、校勘学方法的相同固然令人欣喜,但是,在胡适看来,这又是很正常的,因为都是从人类的常识出发的,抹去

---

❶ 《胡适哲学思想资料选》(下),华东师范大学出版社 1981 年版,第 136 页。

第四章　胡适：文明的再造

神奇的光晕，在理性的审视下，就方法论问题似乎可以进一步思考：它们的差异是什么，为什么导致了不同的结果，等等。这促使胡适对中国古代思想方法进行了批判。

胡适认为，"证"与"据"是有区别的，"据"是引经典之言以证明自己的观点，而"证者，根据事实，根据法理，或由前提而得结论（演绎）；或由果溯因，由因推果（归纳）；是证也"。中国的旧论理，"但有据而无证"。❶ 以"诗云""子曰"作论理，这同欧洲中世纪引《圣经》之言以为论理前提是一个模式。这种思维模式并不能引导人们发现真理。胡适认为，哲学的发展是受方法论制约的，宋明理学家试图以《大学》为基础建立新的方法论，但是由于是纯理性的和伦理的，归于失败，二程和朱熹把"格物"解释为"穷究事物"，十分接近归纳方法，但是没有对程序作出详细的规定，这说明宋代理学家的"格物"与西方近代的归纳法还相去甚远。另外，"朱熹和王阳明都同意把'物'，作'事'解释。"❷ "格物"主要是以内心的道德修养为对象，这也不同于西方近代以自然为对象的观念，由于没有适当的逻辑方法，严重地阻碍了中国哲学和科学的发展。

当中国与世界其他思想体系有了接触时，近代中国哲学中缺乏的方法论，似乎可以用西方已经发展了的哲学和科学的方法来填补。但是，在胡适看来，问题并没有如此简单，方法论的改造不能"采取突然替换的形式"，"我们当前较为特殊的问题是：我们在哪里能找到可以有机地联系现代欧美思想体系的合适的基础，使我们能在新旧文化内在调和的基础上建立我们自己的科学和哲学。"❸ 胡适认为，这个基础不是长期影响人们思想的儒学，而是"非儒学派"，非儒学派的后期墨家"是发展归纳方法和演绎方法的科学逻辑的唯一的中国思想学

---

❶ 《胡适留学日记》，商务印书馆1947年版，第752页。
❷ 胡适：《先秦名学史》，学林出版社1983年版，第5页。
❸ 胡适：《先秦名学史》，学林出版社1983年版，第8页。

派",但是,先秦后,墨家成了"绝学",它的逻辑方法没有进一步的发展,更没有进入中国人的心灵。另外,通过对乾嘉学派的研究,他发现清代学者的治学方法可以与西方实用主义的方法相沟通。因此,现在要借助现代西方哲学去重新解释那些长久被忽略的本国学派,同时用中国固有的哲学去解释现代哲学,这是胡适概括出来的中西方哲学相结合的研究方法,以之为指导,胡适比较具体地进行了这一工作。

图9 1921年在北京大学任教时的胡适

在美国留学时期,胡适希望回国以后,能模仿英国"牛津运动"(宗教的改良运动)的领袖们如牛曼(Newman)、傅鲁得(Froude)、客白儿(Keble)诸人,他们为了共同事业,相互期许,据说牛曼曾引用著名诗人荷马的诗句,题在他们三人所作的诗歌集上,"You shall know the difference now that we are back again." 大意是说:"如今我们已回来,你们请看分晓罢!"胡适十分推崇他们的那种抱负,"其气象可想。此亦可作吾辈留学生之先锋旗也"。❶ 后来,胡适和国内新文化运动的领导者陈独秀建立了联系,在《新青年》上发表"文学改良刍议"等文,倡导文学改良。归国后,更全力从事新文化运

---

❶ 《胡适留学日记》,商务印书馆1947年版,第1106页。

动的工作，几年中，写下了大量的论著，介绍西方文化、抨击封建主义、宣传资产阶级的民主和自由，成为五四新文化运动的领袖之一，显然，这是他在美国留学时期探求的结果和继续。

第一节 传统价值的重估与评判的态度

新文化运动时期倡导文学革命是胡适的重要工作，但这并不是他唯一的关注。就自由主义在中国的发展来看，新文化运动时期可视为文化批判的时期，从积极意义上说是要介绍、倡导自由主义的价值观念，从消极意义上讲，就是要批判中国传统观念，在这个过程中，胡适都发挥了重要作用，较之陈独秀，他对西方近代文化有着更全面的理解。

1918年7月，《中华新报》登出海宁朱尔迈的《会葬唐烈妇记》，上半篇写唐烈妇之死："唐烈妇之死，所阅灰汞，钱卤，投河，雉经者五，前后绝食者三；又益之以砒霜，则其亲试乎杀人之方者凡九。自除夕上溯其夫亡之夕，凡九十有八日。夫以九死之惨毒，又历九十八日之长，非所称百挫千折有进而无退者乎？"一个有夫之妇，在丈夫死后的九十八日内，自尽九次，最后才得以殉葬！

同文又引一件"俞民女守节"的事来替唐烈妇作陪衬："女年十九，受海盐张氏聘，未于归，夫夭，女即绝食七日；家人劝之力，始进糜曰，'吾即生，必至张氏，宁服丧三年，然后归报地下。'"一个未婚之女，在没见面的未婚夫死后也要绝食寻死。就是暂时不死，也要到夫家服丧三年，然后再死。最奇妙的是文章作者朱尔迈说还不如成全她，让她早死了呢！"俞氏女果能死于绝食七日之内，岂不甚幸？"❶ 不久，上海报上又登出"陈烈女殉夫"事，"陈烈女名宛珍，绍兴县人，三世居上海。年十七，字王远甫之子菁士，菁士于本年三月廿三日病死，年十八岁。陈女闻死耗，即沐浴更衣，潜自仰药。其

---

❶ 《胡适文存》（第一集），卷四，上海亚东图书馆1921年版，第64页。

家人觉察，仓皇施救，已无及。女乃泫然曰：'儿志早决。生虽未获见夫，殁或相从地下……'言讫，遂死，死时距其未婚夫之死仅三时而已。"❶ 这里提到的烈女，在未婚夫死后三小时即以身殉，不必像前面说的那位俞氏再等三年了。

既然是真正的烈女，便要受到官府的褒扬，上海县知事除给陈烈女先送了一块"贞烈可风"的匾额外，马上呈文江苏省省长请求"按例褒扬"。根据当时的《褒扬条例》，第一条第二款便是"妇女烈节贞操可以风世者"，应该褒扬。

在封建的道德规范下，无数女子带着"青史上留名"的美梦被葬送了青春，乃至生命。进入民国，这种悲剧理应结束，却仍不断地重演着，麻木的人仍视其为天经地义，连政府也要用法令予以表扬，鼓励百姓奉为楷模。这一切都引起胡适的愤怒和思考。

针对传统的贞操论，胡适指出"贞操问题之中，第一无道理的，便是这个替未婚夫守节和殉烈的风俗"。在文明国内，男女用自由意志，由高尚的恋爱，订了婚约，有时男的或女的不幸死了，剩下的那一个因为生时爱情太深，故情愿不再婚嫁，这是合情理的事。而在像中国这种婚姻不自由的国家，男女订婚以后，女的还不知男的面长面短，有何情爱可言？而那些陋儒，用"青史上留名的事"鼓励无知女儿做烈女，这实在是"罪等于故意杀人"。另外，中国的贞操论只是对女子单方面的要求，中国的男子要他们的妻子替他们守贞守节，他们自己却公然嫖妓、公然纳妾，公然"吊膀子"；再嫁的妇人在社会上几乎没有社交的资格；再婚的男子、多妻的男子，却丝毫不损失他们的身份，这不是最不平等的事吗？对传统的贞操，政府用法律加以褒扬，更是荒谬的事情。"以近世人道主义的眼光看来，褒扬烈妇烈女杀身殉夫，都是野蛮残忍的法律，在今日没有存在的地位。"❷ 胡适的分析，

---

❶《胡适文存》（第一集），卷四，上海亚东图书馆1921年版，第68页。
❷《胡适文存》（第一集），卷四，上海亚东图书馆1921年版，第77页。

可谓切中肯綮。

传统的贞操观,盲目鼓励、片面要求女子的节烈,即使是对为强暴所污而没有做"烈女"的弱女子,也没有一丝同情,有的只是蔑视,不但她一辈子抬不起头来,与他有关的人也会蒙羞。对于这个问题,胡适在回答萧宜森的提问时曾表示了他的见解,萧宜森叙述的事件和问题是:

> 学生有一最亲密的朋友,他的姐姐在前几年曾被土匪掳去,后来又送还他家,我那朋友常以此事为他家"奇耻大辱",所以他心中常觉不平安;并且因为同学知道此事,他在同学中常像是不好意思似的。学生见这位朋友心中常不平安,也就常将此事放在心中思想。按着中国的旧思想,我这位朋友的姐姐就应当为人轻看,一生受人的侮慢,受人的笑骂。但不知按着新思想,这样的女人应居如何的地位?

胡适的回答是:

> 我们男子夜行,遇着强盗,他用手枪指着你,叫你把银钱戒指拿下来送给他。你手无寸铁,只好依着他吩咐。这不算懦怯。女子被污,平心想来,与此无异。都只是一种"害之中取小"。不过世人不肯平心着想,故妄信"饿死事极小,失节事极大"的谬说。
>
> …………
>
> 平心而论,他损失了什么?不过是生理上、肌体上一点变态罢了;正如我们无意中砍伤了一只手指,或是被毒蛇咬了一口,或是被汽车碰伤了一根骨头。社会上的人应该怜惜他,不应该轻

视他。❶

胡适的回答,道出了一个平实的真理。女子为强暴所污,根本是一个法律问题,没有丝毫理由,让女子自杀以做"烈女",距胡适表达这种见解,快一百年过去了,在我们的现实生活中,对为强暴所污的女子表示轻视,仍然司空见惯,悲剧仍时有所闻。

在封建社会里,家族制度是整个社会结构的基础,为了维护家族制乃至整个封建社会的统治,根源于人们血缘关系的伦理道德"孝"被推上十分重要的地位,其内容也被无限扩大,成为束缚人们特别是年幼者的一张无形的网,弊端甚多。早在留美时期,胡适就认为中国的家族制度、"孝道"是造成人的个性软弱、依赖性强、缺乏责任感的根源。在新文化运动的高潮中,胡适进一步对孝道进行了重估。

胡适特别不赞成把"儿子孝顺父母"列为一种"信条":

> "一个孩子应该爱敬他的父母",是耶教一种信条,但是有时未必适用。即如阿尔文一生纵淫,死于花柳毒,还把遗毒传给他的儿子欧士华,后来欧士华毒发而死。请问欧士华应该孝顺阿尔文吗?若照中国古代的伦理观念自然不成问题,但是在今日可不能不成问题了。假如我染着花柳毒,生下儿子又聋又瞎,终身残废,他应该爱敬我吗?又假如我把我的儿子应得的遗产都拿去赌输了,使他衣食不能完全,教育不能得着,他应该爱敬我吗?又假如我卖国卖主义,做了一国一世的大罪人,他应该爱敬我吗?❷

这里胡适揭示了一个事买:做父母的也是人,也会犯错误,甚至犯罪。因此,行孝是有条件的,而中国传统的孝道常常无视这一点,

---

❶《胡适文存》(第一集),卷四,上海亚东图书馆1921年版,第91~92页。
❷《胡适文存》(第一集),卷四,上海亚东图书馆1921年版,第102页。

只是闭着眼睛喊"天下无不是的父母",只片面要求行孝而不讲道理,"孝道"也就去了生机,成为社会生活中僵化的教条,力行者固然常常要牺牲个人的自我意志,或麻木不知,或虽有觉醒而忍受心灵的痛苦。而一些虚伪之士也打起"孝"的旗号,欺世盗名,"先生又怪我把'孝'字驱逐出境。我要问先生,现在'孝子'两个字究竟还有什么意义?现在的人死了父母都称'孝子'。孝子就是居父母丧的儿子(古书称为"主人"),无论怎样忤逆不孝的人,一穿上麻衣,带上高粱冠,拿着哭丧棒,人家就称他做'孝子'"。❶这正是孝道成为僵化教条的证明。

关于父母和子女的关系,胡适认为在儿女方面不应该是"白吃不还帐"的主顾,在父母方面不可以是"放高利债"的债主。人生有很丰富的内容,并不是一个"孝"字涵盖得了的。

上述传统的贞操、孝道观念主要是由儒家缔造的。在新文化运动时期,胡适没有像陈独秀、吴虞等人那样,对孔子、儒家思想进行系统的分析,但是透过他对贞操、孝道观念的重估,我们已不难看出他对孔教的态度。

在五四时期,吴虞是以反孔而出名的,陈独秀称其为"只手打孔家店的老英雄",胡适也热情地称誉他为"中国思想界的一个清道夫","他站在那望不尽头的长路上,眼睛里,嘴里,鼻子里,头颈里,都是那迷漫扑人的孔渣孔滓的尘土,他自己受不住了,又不忍见那无数行人在那孔渣孔滓的尘雾里撞来撞去,撞的破头折脚。因此,他发愤做一个清道夫,常常挑着一担辛辛苦苦挑来的水,一勺一勺的洒向那孔尘迷漫的大街上。他洒他的水,不但拿不着工钱,还时时被那无数吃惯孔尘的老头子们跳着脚痛骂,怪他不识货,怪他不认得这种孔渣孔滓的美味,怪他挑着水拿着勺子在大路上妨碍行人!他们常常用石头掷他,他们哭求那些吃孔尘羹饭的大人老爷们,禁止他挑水,禁止他

---

❶ 《胡适文存》(第一集),卷四,上海亚东图书馆1921年版,第101页。

清道,但他毫不在意,他仍旧做他清道的事。有时候,他洒的疲乏了,失望了,忽然远远的觑见那望不见尽头的大路的那一头好像也有几个人在那里洒水清道,他的心里又高兴起来了,他的精神又鼓舞起来了。于是他仍旧挑了水来,一勺一勺的洒向那旋洒旋干的长街上去。"❶ 胡适以生动形象的语言充分肯定了吴虞工作的意义。

胡适把握了陈独秀、吴虞非孔的主要论据,即"孔子之道不合现代生活",并肯定了吴虞非孔的方法,"他的非孔文章大体都注重那些根据孔道的种种礼教、法律、制度、风俗。他先证明这些礼法制度都是根据于儒家的基本教条的,然后证明这种种礼法制度都是一些吃人的礼教和一些坑陷人的法律制度。他又从思想史的方面,指出自老子以来也有许多古人不满意于这些欺人吃人的礼制,使我们知道儒教所极力拥护的礼制在千百年前早已受思想家的批判与攻击了,何况在现今这种大变而特变的社会生活之中呢?"❷ 这样,不仅证明了孔子之道不合现代生活,同时也回答了那些想通过区分原始孔教与汉宋儒学来为孔子辩护的守旧人士,对此,胡适由衷地赞同:

"这个道理最明显:何以那种种吃人的礼教制度都不挂别的招牌,偏爱挂孔老先生的招牌呢?正因为二千年吃人的礼教法制都挂着孔丘的招牌,故这块孔丘的招牌——无论是老店,是冒牌——不能不拿下来,捶碎,烧去!❸

五四启蒙思想家的非孔,除了集中论述孔子之道不合现代生活之外,还显示了自由主义追求平等、尊重异端的价值追求。在中国封建

---

❶ 《胡适文存》(第一集),卷四,上海亚东图书馆1921年版,第255~256页。
❷ 《胡适文存》(第一集),卷四,上海亚东图书馆1921年版,第257页。
❸ 《胡适文存》(第一集),卷四,上海亚东图书馆1921年版,第259页。

第四章 胡适：文明的再造

社会里，统治者以儒家为正统，其余各"家"或被认为是"支与流裔"，或被认为是"异端邪说"从而受到压制；即使是在儒家内部，也是以孔子的是非为是非。历代的儒者，为了争正统更是煞费心机，像寓言中摸象的瞎子一样彼此攻击，以真正的代言人自居，这种观念极大地扼制了新思想的出现。打破思想界的专制、独断，是新文化运动的目标之一。胡适在中国哲学史的研究中，废除了正统与非正统的观念，无论哪一家、哪一派的哲学思想都是中国哲学的组成部分，正如蔡元培所指出的："适之先生此编，对于老子以后的诸子，各有各的长处，各有各的短处，都还他一个本来面目，是很平等的。"❶ 这种"平等的眼光"，是五四时期自由主义反传统思潮在学术领域切实的反映，表达了资产阶级知识分子对思想自由的渴望，这或许正是《中国哲学史大纲》在当时受到广泛欢迎的原因之一。哲学家冯友兰当时还是北京大学的学生，他觉得胡适这部书还有一点特别，"在中国封建社会中，哲学家们的哲学思想，无论有没有新的东西，基本上都是用注释古代经典的形式表达出来，所以都把经典的原文作为正文用大字顶格写下来。胡适的这部书，把自己的话作为正文，用大字顶格写下来，而把引用古人的话，用小字低一格写下来。这表明，封建时代的著作，是以古人为主，而五四时期的著作，是以自己为主。这也是五四时代的革命精神在无意中的流露。"❷

透过贞操、孝道、孔教以及其他许多问题的讨论，一个更深刻、根本的问题已是呼之欲出：人们如何对待传统？在《新思潮的意义》一文中，胡适要言不烦地回答了有关新思潮的问题：新思潮的手段是研究问题与输入学理；新思潮的目的是再造文明，其中，特别值得注意的是胡适认为新思潮的根本意义只是一种新态度，即"评判的

---

❶ 胡适：《中国哲学史大纲·蔡序》，商务印书馆1919年版，第3页。
❷ 冯友兰：《三松堂自序》，见《三松堂全集》（第一卷），河南人民出版社2000年第2版，第184页。

态度"。

　　评判的态度，简单说来，只是凡事要重新分别一个好与不好。仔细说来，评判的态度含有几种特别的要求：

　　（1）对于习俗相传下来的制度风俗，要问："这种制度现在还有存在的价值吗？"

　　（2）对于古代遗传下来的圣贤教训，要问："这句话在今日还是不错吗？"

　　（3）对于社会上糊涂公认的行为与信仰，都要问："大家公认的，就不会错了吗？人家这样做，我也该这样做吗？难道没有别样做法比这个更好、更有理、更有益的吗？"

　　尼采说现今时代是一个"重新估定一切价值"（Transvaluation of all Values）的时代。"重新估定一切价值"八个字便是评判的态度的最好解释。从前的人说妇女的脚越小越美。现在我们不但不认小脚为"美"，简直说这是"惨无人道"了。十年前，人家和店家都用鸦片烟敬客，现在鸦片烟变成犯禁品了。二十年前，康有为是洪水猛兽一般的维新党，现在康有为变成老古董了。康有为亦不曾变换，估价的人变了，故他的价值也跟着变了。这叫做"重新估定一切价值"。❶

　　在五四时期，不论是就胡适的主观意图，还是这一口号的客观效果，"评判的态度"主要被应用于对中国传统文化的审视上。习俗相传下来的制度风俗，古代遗传下来的圣贤教训，社会上公认的行为与信仰，都要接受理性的审判，被人们打上深深的疑问，一改过去的盲从而变成可以研究的问题，而研究的结果是，许多东西都有改革的必要。

---

　　❶《胡适文存》（第一集），卷四，上海亚东图书馆1921年版，第153~154页。

第四章 胡适：文明的再造

可以说，在人们感受到传统的僵化、无生机时，评判态度的倡导，进一步鼓舞了人们对传统的反叛。

如果把"评判的态度"只看作面对传统文化的态度，显然是不全面的，甚至可以说还没有把握住它的核心。所谓"评判的态度"的根本意义是叫人们不要盲从任何权威，开动脑筋多问几个"为什么"，养成独立作判断的习惯和能力。1919年，当胡适提出"评判的态度"时，由于与特定目标的联系，其根本意义亦没有充分阐释清楚，后来，胡适对此有进一步的发挥。

> 我要读者学得一点科学精神，一点科学态度，一点科学方法。科学精神在于寻求事实，寻求真理。科学态度在于撇开成见，搁起感情，只认得事实，只跟着证据走。科学方法只是"大胆的假设，小心的求证"十个字。没有证据，只可悬而不断；证据不够，只可假设，不可武断；必须等到证实之后，方才奉为定论。
>
> 少年的朋友们，用这个方法来做学问，可以无大差失；用这种态度来做人处事，可以不至于被人蒙着眼睛，牵着鼻子走。
>
> 从前禅宗和尚曾说："菩提达摩东来，只要寻一个不受人惑的人。"我这里千言万语，也只是要教人一个不受人惑的方法。被孔丘、朱熹牵着鼻子走，固然不算高明；被马克思、列宁、斯大林牵着鼻子走，也算不得好汉。我自己决不想牵着谁的鼻子走。我只希望尽我的微薄的能力，教我的少年朋友们学一点防身的本领，努力做一个不受人惑的人。❶

胡适这一段广为人知的话，曾引起不同主义信奉者的愤怒，传统文化的维护者认为这是对中国"圣人"的不敬，而马克思主义者也拿

---

❶ 《胡适文存》（第四集），卷四，上海亚东图书馆1935年版，第623～624页。

来作为胡适反对马克思主义的铁证——这一点，自然是十分明显的，当30年代胡适说这番话的时候，他信奉、传播的实用主义影响日趋缩小，而马克思主义的传播如火如荼，已成为中国思想界的主潮。胡适感到，较之十几年前批判的"古典主义"，马克思主义是更危险的敌人，于是指责人们对马克思主义的信仰是如同对"古典主义"的盲从一样，而其"被孔丘、朱熹牵着鼻子走，固然不算高明"的话，也只是后面的陪衬。胡适是马克思主义的反对者，这是历史的事实。

不过，对胡适的话，还可进一步的分析。就强调个人的独立思考、判断而言，说不要被孔丘、朱熹牵着鼻子走等，如果理解成对任何思想学说都不要犯教条主义的盲目崇拜的错误，那么本来无可厚非。只是当论到自己时，胡适不应该去谈什么决不想牵着谁的鼻子走，而应该自问：自己是否也被什么人牵着鼻子走？胡适绕过了这个问题，或许胡适自认为不是被谁牵着鼻子走的人，但是，以他回国后的一系列主张：倡导点滴改良，反对暴力革命；……我们不是可以看到杜威的影子吗？如果被马克思、列宁、斯大林牵着鼻子走，算不得好汉，被杜威牵着鼻子走，又岂能算得英雄？

"教学者如扶醉人，扶得东来西又倒"，朱熹的这两句话蕴含着无限深刻的意义。胡适也曾对朱熹的话表示赞赏，保持"评判的态度"可能是治疗这种"东倒西歪"的一帖良药，只是要落实为行动毕竟不是一件容易的事，即使对它的倡导者胡适而言，也是如此。

第二节 "健全的"个人主义

个人与社会的关系是一个古老而又常新的问题。对此，胡适进行过深入的思考。他对中国传统贞操、孝道等观念的批判，他发现了它们致命的弊端：抹杀个人的自由意志。他渴望建立一种新的学说，对于个人与社会关系给以新的处理，从而促进人的思想解放和发展。

第四章　胡适：文明的再造

　　1918年6月，《新青年》杂志刊行了"易卜生号"，刊登了胡适与罗家伦合译的《玩偶之家》、陶孟和译的《人民公敌》，同时还刊载了胡适撰写的导言性的长篇论文《易卜生主义》，在这篇论文中，胡适介绍了易卜生的思想，并借易卜生戏剧中的题材、人物，集中表达了他对个人与社会关系问题的见解，提出了个人主义。胡适在此前后发表的其他一些论文，也都直接或间接地阐述了这一问题。个人主义构成胡适五四时期思想的一个重要组成部分。

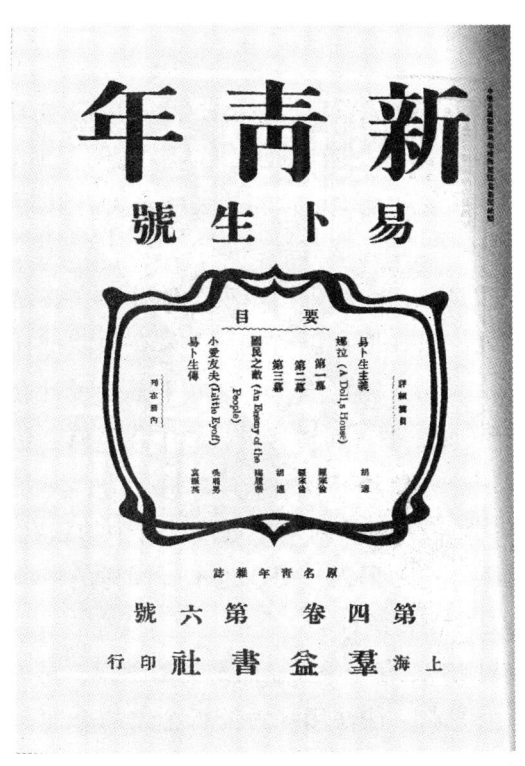

图10　《新青年》"易卜生号"

　　虽然胡适与易卜生所处的社会、所批判的对象有很大区别，易卜生的戏剧旨在揭示资产阶级的保守、腐朽和虚伪，而胡适要攻击的是中国传统社会对人的个性的扼杀，但在胡适看来，这些区别并不重要。易卜生对西方近代社会的批判，具有一般意义，很容易使人联想到中国传统社会的阴暗面进而产生强烈的共鸣。事实也确实如此，"易卜生主义"刺激起知识青年对个人、家庭、婚姻、贞操等问题广泛热烈的讨论，并在青年、妇女中造成一股反抗包办婚姻和夫权的"娜拉热"，鲁迅进一步提出一个客观深刻的问题："娜拉走后怎么办？"推动人们的探索……这种社会效应，奠定了胡适在思想界的名人地位。后来，他宣传的实验主义能够短时间内在思想界产生影响，"易卜生主义"实有开拓之功。

"人生的大病根在于不肯睁开眼睛来看世间的真实状况。明明是男盗女娼的社会，我们偏说是圣贤礼义之邦；明明是赃官污吏的政治，我们偏要歌功颂德；明明是不可救药的大病，我们偏说一点病都没有！却不知道：若要病好，须先认有病；若要政治好，须先认现今的政治实在不好；若要改良政治，须先知道现今的社会实在是男盗女娼的社会！易卜生的长处，只在他肯说老实话，只在他能把社会种种腐败龌龊的实在情形写出来叫大家仔细看。他并不是爱说社会的坏处，他只是不得不说。"❶ 在易卜生、胡适那里，"社会"概念包含十分广泛的内容，制度、风俗、习惯、宗教、法律、道德等，都在社会之列。易卜生正是本着说实话的精神，对西方近代社会中的家庭、法律、宗教、道德等的腐败龌龊进行了揭露，胡适也本着同样的精神进行了批判工作，矛头指向的是中国传统社会。

"易卜生的戏剧中，有一条极显而易见的学说，是说社会与个人互相损害：社会最爱专制，往往用强力摧折个人的个性，压制个人自由独立的精神；等到个人的个性都消灭了，等到自由独立的精神都完了，社会自身也没有生气了，也不会进步了。"❷ 社会对于那些服从社会命

---

❶ 《胡适文存》（第一集），卷四，上海亚东图书馆1921年版，第14~15页。
❷ 《胡适文存》（第一集），卷四，上海亚东图书馆1921年版，第24页。

第四章　胡适：文明的再造

令、维持陈旧迷信、传播腐败思想的人，一个一个都有重赏。有的升官了，有的成名了，有的发财了。而那些不安本分的理想者，处处和社会的风俗习惯反对，是该受重罚的。"大多数人都骂他是'捣乱分子'，都恨他'扰乱治安'，都说他'大逆不道'；所以他们用大多数的专制威权去压制那'捣乱'的理想志士，不许他开口，不许他行动自由；把他关在监牢里，把他赶出境去，把他杀了，把他钉在十字架上活活的钉死，把他捆在柴草上活活的烧死。过了几十年几百年，那少数人的主张渐渐的变成多数人的主张了，于是社会的多数人又把他们从前杀死钉死烧死的那些'捣乱分子'一个一个的新推崇起来，替他们修墓，替他们作传，替他们立庙，替他们铸铜像。却不知道从前那种'新'思想，到了这时候，又早已成了'陈腐的'迷信！当他们替从前那些特立独行的人修墓铸铜像的时候，社会里早已发生了几个新派少数人，又要受他们杀死钉死烧死的刑罚了！"❶ 可以说，胡适把社会摧残个性的把戏揭露得淋漓尽致，透过文字，我们仿佛看到了中国的、西方的、古代的、近代的一幕幕悲剧。在以前的历史上，这些悲剧是被当作正剧一本正经地来演出的，现在，易卜生、胡适都严正地指出："社会最大的罪恶莫过于摧折个人的个性，不使他自由发展。"❷ 在这一点上，胡适是充满力量的。

对于摧折人的个性的社会如何改造呢？易卜生一生的目的只是要社会极力容忍、鼓励斯铎曼医生一流的人物。在这一点上，胡适比他的西方老师也没有前进多少。他试图让人们特别是掌握国家机器的统治阶级明白："社会国家没有自由独立的人格，如同酒里少了酒曲，面包里少了酵，人身上少了脑筋，那种社会国家决没有改良进步的希望。"❸ 为社会的发达起见，人们应鼓励生活的尝试者，至少应有"容

---

❶ 《胡适文存》（第一集），卷四，上海亚东图书馆1921年版，第26~27页。
❷ 《胡适文存》（第一集），卷四，上海亚东图书馆1921年版，第34页。
❸ 《胡适文存》（第一集），卷四，上海亚东图书馆1921年版，第36页。

忍的态度"。不可否认这种呼吁的作用，但这种呼吁的作用又是有限的。

　　社会总是趋向维持已有的制度、规范，当有人试图改革某些制度、规范时，必然要遇到若干阻力。一方面，在大大小小的变革面前，就理想的社会而言，社会固然应该采取一定容忍的态度。另一方面，生活的尝试者则应珍视自己的所见，极力去抗争，特别是当容忍的态度还没有发展出一套现实的制度时，个人要付出的代价必然是巨大的，乃至付出生命。能否抵抗社会的压力，是对一个人个性的考验，在与社会的对抗中，真正个性发展的人，可能被毁灭，而不能被屈服。正是在被毁灭中，他捍卫了自己的自由。

　　"发展个人的个性，须要有两个条件，第一，须使个人有自由意志，第二，须使个人担干系，负责任。"❶胡适提及的发展个性的两个条件，可以被视为社会的提倡或个人通过奋斗所争取到的各种现实权利，可以进一步保障人的个性发展。但是，严格说来，自由意志、个人担责任是个性主义的本质特征，只能是通过个人奋力追求来实现的目标。就这一点来说，杜威对个人主义的说明更准确一些，他认为个人主义有两种：

　　　　假的个人主义——就是为我主义（Egoism）。他的性质是自私自利，只顾自己的利益，不管群众的利益。

　　　　真的个人主义——就是个性主义（Individuality）。他的特性有两种：一是独立思想，不肯把别人的耳朵当耳朵，不肯把别人的眼睛当眼睛，不肯把别人的脑力当自己的脑力；二是个人对于自己思想信仰的结果要负完全责任，不怕权威，不怕监禁杀身，只认得真理，不认得个人的利害。❷

---

❶《胡适文存》（第一集），卷四，上海亚东图书馆1921年版，第35页。
❷《胡适文存》（第一集），卷四，上海亚东图书馆1921年版，第174页。

第四章 胡适：文明的再造

当然，杜威极力反对前一种假的个人主义，主张后一种真的个人主义。

虽然在《易卜生主义》一文中，胡适没有做出如此清楚的说明，但是一般说来，对杜威为个人主义所做的规定，他是赞同的，他在同一时期的其他文章中，涉及了这两个本质特征，在回答有关新思潮的问题时，胡适特别提出，新思潮的根本意义只是一种新态度，即"评判的态度"：评判的态度，简单说来，只是凡事要重新分别一个好与不好。"评判的态度"的倡导，即是旨在鼓舞人们运用理性，独立地思考。

对于个人要负责任，胡适也有积极的阐发，他结合中国"三不朽"说，提出"社会的不朽论"，根本意义是说，个人不是孤立存在的。从历史上看，他承受前人古人的遗产和影响，他自己又会给后人留下某种遗产和影响。个人对历史具有某种责任，有"承"，有"传"，承什么，传什么，对历史的发展不是毫无影响的，这影响会直接或间接传至久远。再从社会上看，社会上其他的人、团体、势力、风习和思潮等，即所谓"个人造成社会，社会造成个人"。由此，个人对社会也负有某种责任，拥护什么，反对什么，做什么，不做什么，对社会不是不起作用的。他把社会人类与个人的关系形象地比喻为"大我"与"小我"，二者是不可分离的，"小我"构成了"大我"，"小我"是会消灭的，而"大我"是不朽的，"大我"的不朽，要求"小我"对自己的行为要有高度的责任感。值得注意的是，胡适扩大视野，他不仅承认英雄人物的作用，而且看到了社会下层的劳动人民，承认他们的辛勤劳动也是不朽的，"社会是有机的组织，那英雄伟人可以不朽，那挑水的、烧饭的、甚至于浴堂里替你擦背的，甚至于每天替你家掏粪倒马桶的，也永远不朽。"这体现了五四时期道德的平民化趋势。

"我这个现在的'小我'，对于那永远不朽的'大我'的无穷过去，须负重大的责任；对于那永远不朽的'大我'的无穷未来，也须负重大的责任。我须要时时想着，我应该如何努力利用现在的'小我'，方才可以不辜负了那'大我'的无穷过去，方才可以不遗害那'大我'的无穷未来？"❶ 明白了"社会不朽"的道理，一个人便当好自为之，力求为社会做有益的贡献，贡献无论大小多少，终究会发生一点有益的影响，反之，一个人若不知向善，不但害了自己，还会贻害子孙，贻害他人和社会。只讲无条件的、绝对放任的个人自由，不讲对自己的行为负责，就会流于极端的利己主义。

胡适提出的"社会不朽论"，要人树立一种理性的信仰和高尚的社会责任感。要人不迷信宗教，不靠父母尊长的权威，能够自我树立，自我裁制。在积极方面为社会多做贡献；在消极方面，能够谨慎戒惧，不敢为恶。胡适自谓，这种"社会不朽论"就是他的信仰、他的宗教。

胡适痛恨社会扼杀人的个性，呼吁社会对于生活的尝试者采取容忍的态度，鼓励人们发展个性，这些都具有积极的社会意义。但是，在《易卜生主义》一文中，他并没有清楚地划定个人主义与为我主义的界限，这使他的发展个性观点时而笼罩着为我主义、退避消极的色彩。易卜生曾说："我所最期望于你的是一种真正纯粹的为我主义。要使你有时觉得天下只有关于我的事最要紧，其余的都算不得什么。……你要想有益于社会，最好的法子莫如把你自己这块材料铸造成器。……有的时候我真觉得全世界都像海上撞沉了船，最要紧的还是救出自己。"❷ 胡适对此深表赞同。一个人要想有益于社会，确应把自己铸造成器，但是个人的铸造成器不应脱离社会，而且个人是否能铸造成器，最终要以其在参与社会事务中所起的作用来衡量。

不过，在随后发表的一些文章中，胡适多少修正了上述观点，胡适曾表示赞同杜威对假的个人主义与真的个人主义的区分，而主张真的个人主义。所谓假的个人主义就是为我主义，它的性质是自私自利，

---

❶ 《胡适文存》（第一集），卷四，上海亚东图书馆1921年版，第118页。
❷ 《胡适文存》（第一集），卷四，上海亚东图书馆1921年版，第32页。

第四章 胡适：文明的再造

只顾自己的利益，不管群众的利益。同时，在如何发展人的个性问题上，胡适也曾著文反对"独善的个人主义"，"独善的个人主义"在五四时期的典型代表即是"新村主义"。

"新村主义"源于19~20世纪在欧美流行的新生活社区运动，传到日本后，由武者小路实笃等人推动实践，注入东方式田园意境，强调艺术与劳动结合，1918年创建了日本第一个新村，经周作人等人的介绍，一度在北京等地造成一时风气，在青年中展开过宣传和实践活动。❶ 胡适指出，新村主义主张"完全发展自己的个性"，故是种个人主义，但其想跳出现实社会去发展自己的个性，故是一种独善的个人主义，其根本观念是"改造社会，还要从改造个人做起"，"这个观念的根本错误在于把个人看作一个可以提到社会外去改造的东西"。而实际上个人无法脱离社会，个人是社会上种种势力的结果。"古代的社会哲学和政治哲学只为要妄想凭空改造个人，故主张正心、诚意、独善其身的办法。这种办法其实是没有办法，因为没有下手的地方。近代的人生哲学渐渐变了。渐渐打破了这种迷梦，渐渐觉悟，改造社会的下手方法在于改良那些造成社会的种种势力——制度、习惯、思想、教育等等。那些势力改良了，人也改良了。"❷ 应该说，胡适对"新村主义"的批评也包含对自己从前观念的一定程度的更正。

对于包含在个人主义下的这些观念，胡适并没有给予彻底的清算。在五四以后的日子里，胡适仍高举着发展个性的旗帜，但在他的头脑里，个人主义与为我主义的界限有时是模糊的。一个突出的例证是：胡适对于学生反抗专制黑暗的运动几乎无例外地表示反对，这其中固然包含复杂的意义，但是与他的为我主义有着一定的关系。他在反对

---

❶ 周昌龙：《新思潮与传统》第八章"中国近代新村运动及其与日本的关系"，百花洲文艺出版社2004年版。
❷ 《胡适文存》（第一集），卷四，上海亚东图书馆1921年版，第182~183页。

学生运动时所提出的理由无非是要想有益社会，最好的办法是把自己铸造成器。一个人脱离社会，关起门来只想把自己铸造成器，离"独善的个人主义"还有多远呢？正因为如此，五四以后胡适的实用主义言论在广大青年中也就失去了五四时期那样广泛的影响力。❶

第三节　"科学的人生观"的追求

当陈独秀、胡适等人满怀信心鼓动向西方学习的运动时，西方近代文化却笼罩着阴影，第一次世界大战的爆发，使一些欧洲人对西方文化产生了危机感，他们开始反思自己的文化，特别是近代以来的思想文化传统，并试图到东方寻找克服文化弊病的良药，西方社会发生的一切以及思想界中悲观主义的出现，逐渐在中国引起了回响，这种回响在1920年前后达到了一个小高潮，构成此一时期中国各派文化选择的新背景。

1919年年初，以梁启超为首的一行人赴巴黎参加巴黎和会——后来科学与人生观论战中玄学派的主将张君劢也在其中，随后，他们往欧洲各大都城进行了旋风般的旅行。10月中旬，他们疲倦地回到巴黎，

---

❶ 贺麟指出，胡适等所提倡的实用主义"在'五四'运动前后十年支配整个中国思想界。尤其是当时的青年思想，直接间接都受此思想的影响，而所谓新文化运动，更是这个思想的高潮"。辩证唯物论"思潮开始传播于一九二四年孙中山实行三大政策，北伐，大革命之初，盛行于'九一八'事变时政府采取不抵抗态度，国共分裂后很长一段时间"。参见：贺麟：《五十年来的中国哲学》，辽宁教育出版社1989年版，第63页。另外，孙道升"现代中国哲学界之解剖"（载《国闻周报》第12卷第45期，1935年11月）一文对实用主义的兴盛期有相似的描述。作为一象征，胡适在北大的课堂由最大的礼堂一步一步变到较小教室。邓广铭在《我与胡适》一文中讲："从他到北大任教，直到20年代，胡先生是在北大最大的三院大礼堂上课，30年代就改在稍小点的二院礼堂上课，而到抗战前夕，则改在更小的红楼大教室上课。"（《邓广铭全集》（第十卷），河北教育出版社2005年版，第30页。）

第四章 胡适：文明的再造

在近郊的一幢小公寓住了下来，此时虽只是初冬季节，室内已充满寒意，院内堆满了枯枝败叶，弥漫着肃杀之气，"一片片的枯叶，蝉联飘堕，层层堆叠，差不多把我们院子变成黄沙荒碛。还有些树上的叶，虽然还赖在那里挣他残命，却都带一种沉忧凄断之色，向风中战抖抖的作响，诉说他魂惊望绝，到后来索性连枝带梗滚掉下来。象也知道该让出自己所占的位置，叫后来的好别谋再造……"❶ 就在这种环境中，梁启超梳理着他的旅欧观感。

战后的欧洲，国民生计的困窘、思想界的混乱自不用说，梁启超更关心的是西方战祸及其他社会危机的根源。他认为西方自由主义固然推动了政制的革新和生产的发达，但社会上的祸根，也就从兹而起，他进一步追根穷源，把这一切都归结为"科学万能"论的影响，近代人因科学发达，生出工业革命，外部生活变迁急剧，内部生活随之动摇。科学昌明以后，宗教及旧的哲学失去了权威，"哲学家简直是投降到科学家的旗下了"，"这些唯物派的哲学家，托庇科学宇下建立一种纯物质的纯机械的人生观，把一切内部生活外部生活，都归到物质运动的'必然法则'之下。这种法则，其实可以叫做一种变相的运命前定说，不过旧派的前定说，说运命是由八字里带来或是由上帝注定，这新派的前定说，说运命是由科学的法则完全支配，所凭借的论据虽然不同，结论却是一样。不惟如此，他们把心理和精神看成一物，根据实验心理学，硬说人类精神，也不过是一种物质，一样受'必然法则'所支配，于是人类的自由意志，不得不否认了。意志既不能自由，还有什么善恶的责任？我为善不过那'必然法则'的轮子推着我动，我为恶，也不过那'必然法则'的轮子推着我动，和我什么相干？如此说来，这不是道德标准应如何变迁的问题，真是道德这件东西能否

---

❶ 葛懋春、蒋俊编选：《梁启超哲学思想论文选》，北京大学出版社1984年版，第251页。

存在的问题了。现今思想界最大的危机,就在这一点。"❶ 梁启超认为,否认了人类的自由意志,意志既不能自由,也就没有善恶可言,什么乐利主义、强权主义等都建立在这种人生观的基础上,第一次世界大战便是一个报应。"当时讴歌科学万能的人,满望着科学成功,黄金世界便指日出现,如今功总算成了,一百年物质的进步,比从前三千年所得还加几倍,我们人类不惟没有得着幸福,倒反带来许多灾难。好象沙漠中失路的旅人,远远望见个大黑影,拼命往前赶,以为可以靠他向导;那知赶上几程,影子却不见了,因此无限凄惶失望。影子是谁?就是这位'科学先生'。欧洲人做了一场科学万能的大梦,到如今却叫起科学破产来。这便是最近思潮变迁的一个大关键了。"❷ 由西方社会危机的根源,梁启超想到了西方文明的未来,他所见到的西方人对西方文化的怀疑以及对东方文化的期望,都给他以鼓舞,使他相信,东方文化可以救济西方文化的弊端,他以格外庄严的笔调写道:"我们人数居全世界人口四分之一,我们对于人类全体的幸福,该负四分之一的责任。不尽这责任,就是对不起祖宗,对不起同时的人类,其实是对不起自己。我们可爱的青年呵!立正!开步走!大海对面那边有好几万万人,愁着物质文明破产,哀哀欲绝的喊救命,等着你来超拔他哩。我们在天的祖宗三大圣和许多前辈,眼巴巴盼望你完成他的事业,正在拿他的精神来加佑你哩。"❸

　　自然,梁启超的旅欧观感是不系统的,但是他回国后发表的评论实为一个重要的标志,标志着文化保守主义的崛起,而且他是一位曾热烈介绍过西方文化的人,此时的言论自然更加引人注目。他所提出

---

❶ 葛懋春、蒋俊编选:《梁启超哲学思想论文选》,北京大学出版社 1984 年版,第 260~261 页。

❷ 葛懋春、蒋俊编选:《梁启超哲学思想论文选》,北京大学出版社 1984 年版,第 262 页。

❸ 葛懋春、蒋俊编选:《梁启超哲学思想论文选》,北京大学出版社 1984 年版,第 286~287 页。

第四章 胡适：文明的再造

的观点不久即被年青的思想家张君劢、梁漱溟等进一步发挥了。

在梁启超的论著里，不难发现这样一个主题，西方战祸及种种社会危机均导源于西方的人生观，而中国传统文化的优越，孔子哲学的价值也正在于人生观，因此，1923年2月当张君劢以"人生观"为题向清华大学理工科学生发表演讲时，可以说，把这一问题再一次突出出来。张君劢首先提醒他的听众："诸君久读教科书，必以为天下事皆有公例，皆为因果律所支配，实则使诸君闭目一思，则知大多数之问题，必不若是之明确。而此类问题，并非哲学上高尚之学理，而即在于人生日用之中。甲一说，乙一说，漫无是非真伪之标准，此何物与？曰，是为人生。"❶ 接着，张君劢具体比较了科学与人生观，指出人生观的特点在于主观、直觉、综合、意志自由、单一性；而科学的特征在于它的客观性、逻辑方法、分析方法、对因果律的相信，以及自然界变化现象的统一性，两者在许多方面都截然相反，所以"科学无论如何发达，而人生观问题之解决，决非科学所能为力，惟赖诸人类之自身而已"。❷ 从这一点看西方的人生观，如以机械主义解释人生问题，无疑是不通了。同梁启超、梁漱溟一样，张君劢对西方的人生观表示了轻视，而倾心于中国古代的"精神文明"。

理论上的问题是"人生观问题之解决，决非科学所能为力"，在这一问题的背后，还有一个现实问题，"科学专注于向外……其结果为物质文明。欧战终后，有结算二三百年之总帐者，对于物质文明，厌恶之论已屡见矣。"科学及其结果——物质文明——不只是"已成大疑问"的东西，并且是在欧洲已被"厌恶"的，青年人应该回到那些"侧重内心生活之修养"的孔孟以及宋元明理学家的立场。张君劢对西方的人生观表示了轻视，而倾心于中国古代的"精神文明"，坚决反对功利主义，他认为，国家主义、工商政策、科学教育三者是欧洲文明

---

❶ 《科学与人生观》，上海亚东图书馆1926年版，第1页。
❷ 《科学与人生观》，上海亚东图书馆1926年版，第9页。

为人类设置的"三重网罗","实为人类前途莫大之危险",只有竭力提倡"内生活修养之说",破除功利主义,回到"均而安"的农业社会,人类才可以摆脱"阶级战争"和"社会革命"的痛苦,破除"种族(民族)之分立",达到"德化之大同"。

"玄学真是个无赖鬼——在欧洲鬼混了二千多年,到近来渐渐没有地方混饭吃,忽然装起假幌子,挂起新招牌,大摇大摆的跑到中国来招摇撞骗。你要不相信,请你看看张君劢的《人生观》。"❶

以上文字,出自丁文江之手,它是在张君劢的清华大学演讲几个星期后写下的,标志着科学派学者反击的开始,在以后几个月的激烈论战中,丁文江一直是科学派的主要发言人之一,像赫胥黎为达尔文的学说辩护一样,他充满激情地捍卫科学。

科学能否解决人生观?张君劢提出的问题主宰了早期的论战,而他的否定性回答也首先充当了丁文江等人的攻击靶子,丁文江认为人生观无法同科学分家,他对那种认为人生观能离开科学的观点说道:"人生观现在没有统一是一件事,永久不能统一又是一件事。"❷ 丁文江认为,除非有实际的证据证明人生观决不能统一,否则,力求人生观的统一就是人类的责任,而人类只有依靠科学方法才能达到这一目的。丁文江指出,张君劢所说的物质科学同精神科学的区别是不能成立的,张君劢的错误在于认为"人生为活的,故不如死物质之易以一律相绳也"。

针对科学引起世界大战的观点,丁文江写道:"欧洲文化纵然是破产(目前并无此事),科学绝对不负这种责任,因为破产的大原因是国际战争,对于战争最应该负责的人是政治家同教育家,这两种人多数仍然是不科学的……他们这班人的心理,很象我们的张之洞,要以玄学为体,科学为用。他们不敢扫除科学,因为工业要利用他,但是天

---

❶ 《科学与人生观》,上海亚东图书馆 1926 年版,第 1 页。
❷ 《科学与人生观》,上海亚东图书馆 1926 年版,第 3 页。

第四章 胡适：文明的再造

天在那里防范科学，不要侵入他们的饭碗界里来。所以欧美的工业虽然是利用科学的发明，他们的政治社会却绝对的缺乏科学精神。……欧洲的国家果然都因为战争破了产了，然而一班应负责任的玄学家、教育家、政治家却丝毫不肯悔过，反要把物质文明的罪名加到纯洁高尚的科学身上，说他是'务外逐物'，岂不可怜！"❶

丁文江还论述了科学对树立人生观的积极作用，他深信"真正科学的精神"是最好的"处事立身"的教育，是最高尚的人生观，"科学不但无所谓向外，而且是教育同修养最好的工具，因为天天求真理，时时想破除成见，不但使学科学的人有求真理的能力，而且有爱真理的诚心，无论遇见甚么事，都能平心静气去分析研究，从复杂中求单简，从紊乱中求秩序；拿论理来训练他的意想，而意想力愈增；用经验来指示他的直觉，而直觉力愈活，了然于宇宙生物心理种种的关系，才能确真知道生活的乐趣。这种'活泼泼地'心境，只有拿望远镜仰察过天空的虚漠，用显微镜俯视过生物的幽微的人，方能参领得透彻，又岂是枯坐谈禅，妄言玄理的人所能梦见。"❷

当论战只限于张君劢、丁文江之间的辩驳时，梁启超站在"局外中立"的立场，为这场论战制定了两条"战时国际公法"，其中之一就是希望把问题集中一点，"针锋相对，剪除枝叶"。梁启超的希望并未实现，随着论战的展开，论战的问题变得日益枝蔓纷繁，由科学能否解决人生观而涉及科学的分类、科学方法的定义、知识论、历史观等问题。

当论战接近尾声时，胡适在为论战文章的结集出版所做的序言中，首先批评了梁启超"欧洲科学破产"论，认为这种论调助长了国内那

---

❶ 丁文江："玄学与科学"，见《科学与人生观》，上海亚东图书馆1926年版，第22~26页。

❷ 丁文江："玄学与科学"，见《科学与人生观》，上海亚东图书馆1926年版，第20~21页。

些反科学势力的威风,同时更恰当地点出了问题:张君劢的要点是"人生观问题之解决,决非科学所能为力",我们要答复他,似乎应该先说明科学应用到人生观问题上去,曾产生什么样子的人生观;这就是说,我们应该先叙述"科学的人生观"是什么,然后讨论这种人生观是否可以成立,是否可以解决人生观的问题,是否像梁启超所说的那样贻祸欧洲,流毒人类。"我总观二十五万字的讨论,终觉得这一次为科学作战的人——除了吴稚晖先生——都有一个共同的错误,就是不曾具体地说明科学的人生观是什么,却去抽象地力争科学可以解决人生观的问题。"❶ 根据这一认识,胡适总括了吴稚晖所提出的"漆黑一团的宇宙观""人欲横流的人生观",再加上他的一点扩充和补充,提出了所谓"科学的人生观"或"自然主义的人生观",其要义为:

(1) 根据于天文学和物理学的知识,叫人知道空间的无穷之大。

(2) 根据于地质学及古生物学的知识,叫人知道时间的无穷之长。

(3) 根据于一切科学,叫人知道宇宙及其中万物的运行变迁皆是自然的,——自己如此的,——正用不着什么超自然的主宰或造物者。

(4) 根据于生物的科学的知识,叫人知道生物界的生存竞争的浪费与惨酷——因此,叫人更可以明白那"有好生之德"的主宰的假设是不能成立的。

(5) 根据于生物学、生理学、心理学的知识,叫人知道人不过是动物的一种,他和别种动物只有程度的差异,并无种类的区别。

---

❶ 胡适:"《科学与人生观》序",见《科学与人生观》,上海亚东图书馆1926年版,第9~10页。

(6) 根据于生物的科学及人类学、人种学、社会学的知识，叫人知道生物及人类社会演进的历史和演进的原因。

(7) 根据于生物的及心理的科学，叫人知道一切心理的现象都是有因的。

(8) 根据于生物学及社会学的知识，叫人知道道德礼教是变迁的，而变迁的原因都是可以用科学方法寻求出来的。

(9) 根据于新的物理化学的知识，叫人知道物质不是死的，是活的；不是静的，是动的。

最后，胡适在其新人生观的第十项阐述了生命的终极信仰："根据于生物学及社会学的知识，叫人知道个人——'小我'——是要死灭的，而人类——'大我'——是不死的，不朽的；叫人知道'为全种万世而生活'就是宗教，就是最高的宗教；而那些替个人谋死后的'天堂''净土'的宗教，乃是自私自利的宗教。"生性乐观的胡适，坚信他的人生观已经建构了一个全体性的意义世界，"这个自然主义的人生观里，未尝没有美，未尝没有诗意，未尝没有道德的责任，未尝没有充分运用'创造的智慧'的机会。"❶

虽然胡适一开始就许诺要提供一个"科学的人生观"，但是他列举的上述内容，与其视为科学的人生观，还不如说是为科学影响人生观提供了具体的例证。

在科玄论战中，丁文江、胡适、任鸿隽等指出科学不能为欧洲大战承担罪名，科学对人生观有积极的影响，都是充满力量的。就后一点而言，这种影响并不局限于科学家本人，从更广泛的范围来说，是要实现人生观的"理智化"与"人化"，在中国自由主义者看来，西方科学的发展推翻了旧的宗教、道德，在旧的废墟上，建立起的是人

---

❶ 胡适："《科学与人生观》序"，见《科学与人生观》，上海亚东图书馆1926年版，第25~29页。

的尊严,"我独自奋斗,胜败我独自承当,我用不着谁来放我自由,我用不着什么耶稣基督,妄想他能替我赎罪替我死"。他们渴望通过科学的洗礼来实现中国人生观的"理智化"与"人化"。

科学的发展于人生观有很大的影响,这是思想史上的事实,但是无论如何,科学不能包办所有的人生观问题。事实上,科玄论战一开始,科学派丁文江等人即抹灭自然界与人生社会的区别,表达了科学主义的信念,所谓科学主义,据郭颖颐(D. W. Y. Kork)的界定:"一般地说,科学主义是把科学的有限原则予以普遍应用,使它成为文化定理的一个信念;严格地说,科学主义应界定为把自然的常则视为其他社会科学的常则,社会科学的知识,唯有经由科学方法而后得之。"❶ 在科学主义信念的驱使下,科学派多数人否认了人的自由意志,并拒斥形而上学(玄学),在丁文江、胡适等人的用词中,"玄学"是含有贬义的,只是用来表示张君劢等人沉溺于虚幻的玄思冥想。西方近代自由主义的基本假定是个人具有尊严的人格与理智的能力,康德说,每一个人都是自身的目的,而不是达到任何身外目的的工具,这一思想充分地表示了对个人人格尊严的肯定。在中国,高举自由主义旗帜的人竟然否认了意志自由,不能不说这是中国自由主义者在理论上的重大缺陷。

第四节 重视物质文明差距的东西文化观

确定中国文化的出路,在一定意义上,是以对中西文化的认识评判为前提的。近代以来曾有过形形色色的说法:西方是动的文明,东方是静的文明;中国是情的文明,西方是理的文明;西方是物的文明,东方是人的文明;中国是享乐的文明,西方是权力的文明;……其中

---

❶ D. W. Y. Kork: *Scientism in Chinese Thought* 1900~1950, Yale University Press, 1965, p21.

第四章 胡适：文明的再造

影响最大、在近代文化论战中不断出现的则是所谓"东方精神文明，西方物质文明"的观点。张君劢明确地说："自孔孟以至宋元明之理学家，侧重内心生活之修养，其结果为精神文明。三百年来之欧洲，侧重以人力支配自然界，故其结果为物质文明。"❶ 梁漱溟认为西方文化的成就是在解决人与自然的关系问题上，中国文化的成就则在解决人与人的关系问题。由此他们认为，中国文明在根本上高于西方文明，我们缺少的是物质文明，所以西方的物质文明是应当仿效的，但在精神文明方面，中国则胜过西方，对于我们的精神文明，要特别去保存和发扬。

作为一个西化论者，胡适对有碍于西化的理论观点当然要给予反驳，胡适十分鄙视这种西方文明是"物质文明"，东方文明是"精神文明"的见解，正是在批判中，胡适比较集中地阐述了他的东西文化观。

他以文化学的理论为依据，无可辩驳地指出了这种见解在理论上的荒谬和浅薄，"文明（Civilization）是一个民族应付他的环境的总成绩。""文化（Culture）是一种文明所形成的生活的方式。"❷ 这里胡适为文化下的定义不同于文化的流行含义，不过，在胡适有关文化的文章里，文明、文化有时也是混用的。针对东方文化派的观点，胡适强调了如下思想："凡一种文明的造成，必有两个因子：一是物质的（Material），包括种种自然界的势力与质料；一是精神的（Spiritual），包括一个民族的聪明才智、感情和理想。凡文明都是人的心思智力运用自然界的质与力的作品；没有一种文明是精神的，也没有一种文明单是物质的。"❸

胡适很形象地说：一只瓦盆和一只铁铸的大蒸汽炉，一部单轮小

---

❶ 张君劢："人生观"，初刊于《清华周刊》第 272 期，后收入上海泰东书局 1923 年印行的《人生观之论战》一书和上海亚东图书馆 1923 年印行的《科学与人生观》一书。

❷❸ 《胡适文存》（第三集），卷一，亚东图书馆 1930 年版，第 4 页。

车和一辆电力街车,都是人的智慧利用自然界的质力创造出来的文明,同有物质的基础,同有人类的心思才智,"这里面只有个精粗巧拙的程度上的差异,却没有根本上的不同。蒸汽铁炉固然不必笑瓦盆的幼稚,单轮小车上的人也更不配自夸他的精神的文明,而轻视电车上人的物质的文明。"❶

应该说,胡适关于文明包含两种因素的观点是正确的。另外的西化论者陈序经、林语堂等在批判东方文化派的观点时,也着意申明了这一点。

不仅如此,胡适还进一步强调了物质文明在文明中的基础作用,"精神的文明必须建筑在物质的基础之上。提高人类物质上的享受,增加人类物质上的便利与安逸,这都是朝着解放人类的能力的方向走,使人们不至于把精力心思全抛在仅仅生存之上,使他们可以有余力去满足他们的精神上的要求。"❷物质文明的进步更为精神的进一步发展奠定基础,是不可小觑的。

从上述观点出发,胡适在比较东西文明时,突出了物质文明的比较,把物质文明看作比较东西文明的一个客观标准,"一个民族的文化,可说是他们适应环境胜利的总和。适应环境之成败,要看他们发明器具的智力如何。文化之进步就基于器具之进步。所谓石器时代、铜器时代、钢铁时代、机电时代等,都是说明文化发展之各时期。各文化之地域的发展也与历史的发展差不多。东西文化之区别,就在于所用的器具不同。……东方文明是建筑在人力上面的,而西方文明是建筑在机械力上面的。"❸ 1926 年,在去欧洲旅行的途中,胡适在哈尔滨做了短暂的逗留,哈尔滨曾是俄国的租借地,此时,已不再受治外

---

❶ 《胡适文存》(第三集),卷一,亚东图书馆 1930 年版,第 5 页。
❷ 《胡适文存》(第三集),卷一,亚东图书馆 1930 年版,第 6 页。
❸ 胡适:"东西文化之比较",此文是胡适根据《我们对于西洋近代文明的态度》一文改写的英文稿,此处据于熙俭译文,载水牛出版社出版的《胡适与中西文化》一书。

第四章 胡适：文明的再造

法权的限制，但以前的一些法规仍在起作用，例如禁止租界内使用人力车，只见电车和汽车，而界外的街道上都是人力车，看到界内界外的区别，胡适很是感慨："东西洋文明的界限只是人力车文明与摩托车文明的界线——这是我的一大发现。……人力车代表的文明就是那用人作牛马的文明。摩托车代表的文明就是用人的心思才智制作出机械来代替人力的文明。"❶ 近代中国在物质方面的落后，到五四时期即使是顽固的复古派也无法否认。但是，物质方面的先进或落后意味着什么，不少人缺乏正确的认识，胡适则由物质文明的差距揭示了东方文化的落后，并推及精神方面，强调了物质差距所暗含的精神方面的差异。他说，把人作牛马看待，无论如何，够不上叫作精神文明，用人的智慧造出机械来，减少人类的苦痛，增加人类的幸福，这种文明倒是含有不少的理想主义。

胡适进一步分析了造成东西方物质文明差距的原因，他把着眼点集中在思想观念上。他认为，西方近代文明的特色是充分承认物质享受的重要，西方近代文明是建立在三个基本观念上的：第一，人生的目的是求幸福；第二，贫穷是一桩罪恶；第三，衰病是一桩罪恶。因为充分承认物质享受的合理性，所以西方人在生产方面要开发富源，奖励生产，改良制造，扩张商业。在生活方面，则提倡卫生，讲求体育，改善人种的遗传，经营安适的起居、便利的交通、洁净的城市，有了这些，西方人才进一步去追求优美的艺术、安全的社会、清明的政治，相反，东方人走的却是"轻蔑人类的基本欲望"的路——"乐天""安命""知足""安贫"，这就"必至于养成懒惰的社会，多数人不肯努力以求人生基本欲望的满足，也就不肯进一步以求心灵上与精神上的发展了"❷。

为了揭穿"东方精神文明，西方物质文明"观点的荒谬，胡适对

---

❶ 《胡适文存》（第三集），卷一，亚东图书馆1930年版，第52页。
❷ 《胡适文存》（第三集），卷一，亚东图书馆1930年版，第7页。

东西方的理智、情感、道德和宗教等精神方面进行了比较，揭示出东西方精神文明的特色。从理智方面来说，"西洋近代文明的精神方面的第一特色是科学。科学的根本精神在于求真理。"❶ 追求真理、认识真理使西方人获得了自由和力量，增长了才智，从而打破环境的束缚，天不怕、地不怕、堂堂正正地做人。但是，东方人对于人类的求知这一精神要求，要么根本不想满足它，总想制裁它、断绝它，要么就想出稀奇古怪的办法，走上与科学背离的道路。东方的圣人总是劝人要"无知"，要"绝圣弃智"，要"断思维"，要"不识不知，顺帝之则"。"这是畏难，这是懒惰。这种文明，还能自夸可以满足心灵上的要求吗？"❷ 另有一班圣人，则要人静坐澄心，不思不虑，幻想物来顺应，真理是深藏在事物之中的，不去寻求探讨，它绝不会露面，于是，不思不虑的懒人只好永远做愚昧的人，永远不能走进真理的大门。由上述比较，胡适确定了东西精神文明的一个根本区别：一边是自暴自弃地不思不虑，一边是继续不断地寻求真理。

再从道德和宗教方面来看，西方近代在科学巨大进步的基础上，道德宗教明显地呈现出"理智化""人化""社会化"的趋向。中国的道德宗教不仅在"理智化""人化"方面不能与西方相比，在"社会化"方面更是远远落后于西方。中国的道德强调个人、向内的修养，只在那不可捉摸的心性上玩把戏，而没有能力应付现实中的实际问题。"即如中国八百年的理学工夫居然看不见二万万妇女缠足的惨无人道！明心见性，何补于人道的苦痛困穷！坐禅主敬，不过造成许多'四体不勤，五谷不分'的废物！"❸ 虽然东方也曾有主张博爱的宗教，也曾有公田均产的思想，但这些只是纸上的东西，不曾在实际生活中发生影响，西方则不同，"自由、平等、博爱"是西方18世纪的宗教和道

---

❶ 《胡适文存》（第三集），卷一，亚东图书馆1930年版，第8页。
❷ 《胡适文存》（第三集），卷一，亚东图书馆1930年版，第9页。
❸ 《胡适文存》（第三集），卷一，亚东图书馆1930年版，第15页。

第四章　胡适：文明的再造

德，它成了影响西方实际生活的绝大势力，旧阶级的打倒、专制政体的推翻，法律之下人人平等观念的传播，普及教育的实施，妇女的解放等都发生了。19世纪有远识的人，知道自由竞争的经济制度不能达到真正"自由、平等、博爱"的目的，向资本家要求公道的待遇，无异于与虎谋皮，于是各种社会主义的理论和运动不断发生，而且已经做出成绩，这个社会主义的大运动现在还正在进行，但它的成绩已经很可观。上述这些不仅仅是纸上的文章，而且成了近代文明的重要部分。"这里又正是东西文化的一个根本不同之点。一边是安分，安命，安贫，乐天，不争，认吃亏；一边是不安分，不安贫，不肯吃亏，努力奋斗，继续改善现成的境地。东方人见人富贵，说他是'前世修来的'；自己贫，也说是'前世不曾修'，说是'命该如此'。西方人便不然；他说，'贫富的不平等，痛苦的待遇，都是制度的不良的结果，制度是可以改良的'。他们不是争权夺利，他们是争自由，争平等，争公道；他们争的不仅仅是个人的私利，他们奋斗的结果是人类绝大多数人的福利。最大多数人的最大幸福，不是袖手念佛号可以得来的，是必须奋斗力争的。"❶

指出东西文化的某些区别，并不是太困难的事，甚至也不构成胡适与东方文化派的主要分歧，重要的是对这些区别给予怎样的评价和说明。胡适从反对西方文明是"唯物文明"的观点入手，对西方文明做了充分的肯定，对东方文明做了彻底的否定。"东方的文明的最大特色是知足，西洋的近代文明的最大特色是不知足。知足的东方人自安于简陋的生活，故不求物质享受的提高；自安于愚昧，自安于'不识不知'，故不注意真理的发见与技艺器械的发明；自安于现成的环境与命运，故不想征服自然，只求乐天安命，不想改革制度，只图安分守己，不想革命，只做顺民。这样受物质环境的拘束与支配，不能跳出来，不能运用人的心思智力来改造环境改良现状的文明，是懒惰不长

---

❶ 《胡适文存》（第三集），卷一，亚东图书馆1930年版，第19页。

进的民族的文明，是真正唯物的文明。这种文明只可以遏抑而决不能满足人类精神上的要求。"❶ "这样充分运用人的聪明智慧来寻求真理以解放人的心灵，来制服天行以供人用，来改造物质的坏境，来改革社会政治的制度，来谋人类最大多数的最大幸福，——这样的文明应该能满足人类精神上的要求；这样的文明是精神的文明，是真正理想主义的（Idealistic）文明，决不是唯物的文明。"❷ 本来，作为反驳东方文化派观点的理论前提，胡适认为一种文明不可能单是精神的，或单是物质的，认为"唯物的文明"不包含贬义，不赞成用精神文明和物质文明来区分东西文明，现在他又做出与东方文化派相反的论断，把"唯物的文明"加在东方文化上，虽然意在讥讽东方文化的落后，但在思想上未免有些混乱。

　　胡适的朋友潘光旦1927年5月1日在《时事新报》发表了一篇题为《科学与新宗教新道德》的文章，评论胡适的观点。他说，胡适把西方文明看得太高了，而对东方的圣人和圣人的言论大不赞成，几乎出之以诅咒。他反对这种看法。他说，东方的圣人懒惰得很，常作无可奈何之辞，这是无可讳言的，但不可一笔抹杀。接着他以进化论的观点对东方文明里的，如乐天、安命、知足、守分等观念进行了分析，说明这些思想是适应社会而生，绝不是向壁虚构凭空捏造出来的。这一层道理胡适就没有注意到。责备过严，便成了不问背景，以今论古，为有识者所不乱发。于是他说："我对于适之先生所称的新宗教新道德实在不敢恭维。"潘光旦的文章触及胡适文化观的一些问题。二十年后，马克思主义者胡绳也评论道："就其指出'西洋近代文明'是远超过所谓'东方文明'这一点上说，是完全对的。我们也认为，'西洋近代文明'之所以超过东方文明，决不只是在于物质生活的改进上。如胡先生所指出来的科学与民主这二者，的确是所谓'西方近代的精神

---

　　❶ 《胡适文存》（第三集），卷一，亚东图书馆1930年版，第20页。
　　❷ 《胡适文存》（第三集），卷一，亚东图书馆1930年版，第21页。

第四章　胡适：文明的再造

文明'的特长，二者贯彻在所谓'物质文明'之中，又以那种社会物质生活为基础。这种精神文明确是东方民族从来不曾有过的。但是对于胡先生的那些话，我们又不能完全同意。因为他只是看到'西洋近代文明'高过'东方文明'这方面，却没有看到'西洋近代文明'本身所包含着的破绽、矛盾，以至腐败堕落的倾向……"❶

毫无疑问，胡适不赞成东方文化派的文化主张，但是，在某些根本问题上，例如东西文化差异本质问题，有时又表达了与东方文化派类似的思想，这也许是胡适自己没有意识到的。这里，我们有必要先叙述胡适在更早些时候发表的一篇文章中表达的观点，然后再与前面胡适表达的观点进行对比，以证明上面的判断。

1923年，胡适发表了《读梁漱溟先生的〈东西文化及其哲学〉》一文，在这篇文章中，他着重反驳了梁漱溟的文化三路向说，强调了文化的同一性。胡适认为，梁漱溟把西方文化、中国文化、印度文化的性质，归结成迥异的三条路，是笼统的"闭眼瞎说"。事实上，印度人也很有奋斗的精神，欧洲文化、印度文化也都有"调和持中"一类的精神，可见这不是中国文化的特性。至于"要求物质享受"的事例，在中国历史上更是随处可见，绝非西方文化所独有。胡适认为梁漱溟把三种文化的差异归结为一偏于理智，一偏于直觉，一偏于现量（感觉），更是把任何民族在历史发展过程中表现出来的差异，说成不同民族之间根本不同的特征。中国人绝不是只靠直觉，而无理智、无感情，欧洲人不会没有感情，印度人也不会不讲理智。胡适认为，梁漱溟是把复杂的文化问题装入了简单公式里去。他说，不能把人类文化分作各种不同路向的文化，"文化是民族生活的样法，而民族生活的样法是根本大同小异的。为什么呢？因为生活只是生物对环境的适应，而人类的生理的构造根本上大致相同，故在大同小异的问题之下，解决的方法，也不出那大同小异的几种。这个道理叫做'有限的可能说'

---

❶《胡绳全书》（第一卷），人民出版社2003年版，第237页。

(The principle of limited possibilities)。例如饥饿的问题，只有'吃'的解决。而吃的东西或是饭，或是面包，或是棒子面……而总不出植物与动物两种，决不会吃石头……"❶ 至于各民族文化表现出来的不同特征，不过是因为环境与时间的关系所形成的历史现象，"我们承认那'有限的可能说'，所以对于各民族的文化不敢下笼统的公式。我们承认各民族在某一个时代的文化所表现的特征，不过是环境与时间的关系，所以我们不敢拿'理智''直觉'等等简单地抽象名词来概括某种文化，我们拿历史眼光去观察文化，只看见各种民族都在那'生活本来的路'上走，不过因环境有难易，问题有缓急，所以走的路有迟速的不同，到的时候有先后的不同。"❷ 胡适在反驳梁漱溟的过程中，把自己的主张表达得很清楚，他不承认各民族文化间有什么本质性的差别，各民族的文化走的是一条道，由于种种原因，欧洲走到前头去了。东西文化的差异是时代的差异。中国和印度只有急起直追，也走这条路。"现在全世界大通了，当初鞭策欧洲人的环境和问题现在又来鞭策我们了。将来中国和印度的科学化与民治化，是无可疑的。"这时，胡适与梁漱溟在思想上的区别是比较清楚的，胡适的基本观点是正确的。

但是，胡适并没有自始至终地坚持上述观点。从前面他所列举的东西文明的种种差别——东方人鄙视物质享受、西方人追求物质享受；东方人懒于求知，西方人热心探求真理；……我们可以得出这样的结论：胡适并没有同梁漱溟的观点划清界限。难怪当时就有人指出，胡适的若干提法"很容易使人误解他所谓东西文明仍然有'根本不同之点'"。❸ 只是胡适对这些"根本不同之点"的取舍不同罢了。

---

❶ 《胡适文存》（第二集），卷二，上海亚东图书馆1924年版，第78~79页。
❷ 《胡适文存》（第二集），卷二，上海亚东图书馆1924年版，第82~83页。
❸ 常燕生："东西文化问题质胡适之先生"，载《现代评论》第4卷，第90~91期。

第四章 胡适：文明的再造

为什么声称以历史发展眼光看待文化的胡适，在反驳了梁漱溟文化三路向学说之后，自己又不自觉地附和梁漱溟的观点呢？梁漱溟无视文化的多样传统，从而把西方、中国、印度的文化装入简单的公式，视为根本性质的不同。尽管胡适在反驳梁漱溟的观点时，在平静的学术研究中，对一文化中有多种传统存在这一事实有一定认识，但是并没有提升到理论上，所以当他以历史发展眼光看待文化时，避免了像梁漱溟那样一开始就抽象地划定出文化的路向，但是他又把文化的地层或阶段的界限绝对化了。世界文化的发展是呈现若干阶段的，古代、中古、近世……愚昧、贫穷是中古文明的特征，科学、自由则是近代文明的特征。西方文明已步入近代，而中国、印度文明仍停滞于中古，所以它们的区别是中古与近代的区别，套用胡适批评梁漱溟的话来说，胡适为了文化阶段的整齐划一，其他的传统只好舍去不论了。另外，胡适没有区分文化的地域和时代这两种划分，这也促使他接近梁漱溟的观点。任何社会，占主导地位的思想都是统治阶级的思想，胡适所揭示的东方文化的特色，正是统治阶级所倡导和维护的。胡适还不能说明一定传统形成的经济、政治原因，在这两方面的作用下，胡适的思想中便出现了上述怪圈，一方面明确主张东西文化是古今之别，一方面又重犯别人的错误。

人类文化的发展呈现为若干阶段，即使就一民族文化本身不同阶段的区别而言，也只是程度上的区别，而不是性质的区别。一只瓦盆和一只铁铸的大蒸汽炉、一部单轮小车和一辆电力街车，"这里面只有个精粗巧拙的程度上的差异，却没有根本上的不同。"前面胡适所举的形象的例子以及引出的结论，同样可以借用来论证上面的道理，只有认识并坚持上面的观点，才能避免胡适在东西文化差异本质上曾陷入的混乱。

第五节 "充分世界化"的主张

留学归国后,胡适奋斗的目标很明确:推进中国的现代化运动,在"古老"的中国"再造"西方近代文明。为此他和所谓"古典主义""新典主义"发生了若干冲突,可以说,胡适在捍卫自己的目标方面是坚定的。但是,就他和守旧派的论战来看,在他回国后的一段时间内,很难说他是激进的。例如,他提出文学改良主张时的温和态度,在《中国哲学史大纲》中流露的关于中西哲学需要融合的思想,等等。相比之下,吴稚晖、钱玄同、毛子水等人发表的言论要激烈得多,毛子水在论到整理国故的目的或意义时说:"中国的学术史,就重要的方面讲起来,不要说比不上欧洲近世的学术史,还比不上希腊罗马的。讲数学名学等历史的人,必定首先讲到希腊诸学者;讲到民法的人,亦必研究罗马法。这样的例,在我们的学术史里面,实在寻不出来。还有一层,因为我们的中国民族,从前没有什么重要的事业;对于世界的文明,没有重大的贡献;所以我们的历史,亦就不见得有什么重要。有这些缘故,所以国故在今日世界学术上,占不了什么重要的位置。"❶ 钱玄同曾断言,"二千年来用汉字写的书籍,无论那一部,打开一看,不到半页,必有发昏做梦的话"。❷ 因此,主张废除汉字,以彻底消除传统文化的影响。在抨击传统文化方面,他们比胡适表现得更激进。正因为胡适经常表示出比较温和的态度,钱玄同在谈到胡适时曾说:"对于千年积腐的旧社会,未免太同他周旋了。"

但是,随着时间的推移,胡适也逐渐变得激进起来,用他自己的话说就是"很不客气地指摘我们的东方文明"。这使他不仅在一般意义上,而且在激进的意义上,都成为全盘西化的著名代表。

---

❶ 毛子水:"国故和科学的精神",载《新潮》第1卷第5号。
❷ 钱玄同:"中国今后之文字问题",载《新青年》第4卷第4号。

第四章 胡适：文明的再造

胡适与"全盘西化"论的关系是有争议的问题之一。论者或曰：胡适是"全盘西化"论的"始作俑者"；或曰：胡适既不是"全盘西化"论的"始作俑者"，也不是"全盘西化"的挂帅人物，真正的"全盘西化"论者是陈序经等人，澄清这一问题，对于评价胡适的文化思想，乃至"全盘西化"思潮都是有益的。

笔者认为，要澄清这一问题，必须注意以下两点：首先要界说何谓"全盘西化"论；其次，要注意一个思想家思想的复杂性。

在中国近代思想史上，自由主义西化论是颇有影响的思潮，它与马克思主义、现代新儒家可谓鼎足而三。就文化选择而言，自由主义西化论的根本主张是要走西方工业文明即英美等西方资本主义国家的发展道路。"全盘西化"论是隶属于西化论中的一种学说，它接受西化论的根本主张，但在理论上表现得较为偏激。在若干具体的问题上，表现出不同于一般西化论的特征，如在对中国传统文化的评价上，"全盘西化"论持彻底否定的态度；在吸取资本主义文化方面，"全盘西化"论者主张全面照搬，等等。"全盘西化"论的萌芽可以追溯到19世纪末，❶ 但它形成较系统的理论并引起学界的激烈讨论，是在20世纪二三十年代，此后，这种思想则时喧时歇，余波荡漾。

1929年，胡适曾把自己的主张标为"全盘西化"。这一年，他为英文《基督教年鉴》写了一篇文章：《中国今日的文化冲突》。他在文章中指出，中国人对于这个问题，曾有三派的主张：一是抵抗西洋文

---

❶ 王尔敏教授曾指出，关于"全盘西化"论，自是20世纪二三十年代的思想，反映了当时若干知识分子的意愿，并引起热烈讨论。但此观念之萌芽，实以两位湖南学者为鼻祖：一位是樊锥，另一位是易鼐。如后者光绪二十四年在《湘报》发表"中国宜以弱为强说"，他的议论之一就是："若欲毅然自立于五洲之间，使敦槃之会以平等待我，则必改正朔易服色，一切制度，悉从泰西。入万国公会，遵万国公法。庶各国知我励精图治，斩然一新，一引我为友邦。是欲入万国公会，断自改正朔易服色始。"（《湘报类纂》（甲集），卷上，第4页）自此以后，断断续续表达者时有其人，直至"全盘西化"本辞之提出。参见：王尔敏：《中国近代思想史论》，中国社会科学出版社2003年版，第449~450页。

图11　1919年杜威访问中国参观上海申报馆合影
前排左起：史量才，杜威夫人，杜威；后排左起：胡适，蒋梦麟，陶行知，张作平

化，二是选择折中，三是充分西化。他认为，抗拒西化的主张已经没有人坚持了，但所谓"选择折中"的议论，看上去似乎非常有理，其实骨子里只是一种变相的保守论，所以他主张全盘西化。在这篇英文稿里，胡适同时使用了两个词来表达他的西化主张，一个词是Wholesale Westernization，一个词是Wholehearted Modernization，前者可译为"全盘西化"，后者可译为"一心一意的现代化"或"充分的现代化"。此书出版后，引起社会学家潘光旦的注意，他在《中国评论周报》上发表了一篇书评，指出胡适所用的两个英文词含义是不同的，并表示他赞同充分地现代化，而不赞成全盘西化。这是"全盘西化"一词的由来。

　　胡适的文章没有引起更多的注意和讨论，他自己在随后一段时间发表的有关东西文化问题的文章里，也没有再使用"全盘西化"的用语，但是，在这些文章里，胡适以揭示中国文化的落后为核心，对

第四章 胡适：文明的再造

"全盘西化"的主张进行了论证，也为后来的"全盘西化"论者确立了基本的思路。

中国文化尤其是近代文化落后于西方文化，这是近代许多启蒙思想家阐述过的观点，曾激励中国人向西方寻求富国的真理。这本来也是胡适已经阐述过的观点，现在，胡适则把这一观点推向极端。"我们必须承认我们自己百事不如人，不但物质机械上不如人，不但政治制度不如人，并且道德不如人，知识不如人，文学不如人，音乐不如人，艺术不如人，身体不如人。"❶ 不仅现代文化是这样，即使从历史上来说，中国文化也没有多少值得骄傲的，"我们且谈谈老远的过去时代罢。我们的周秦时代当然可以和希腊罗马相提比论，然而我们如果平心研究希腊罗马的文学、雕刻、科学、政治，单是这四项就不能不使我们感觉我们的文化的贫乏了。尤其是造形美术与算学的两方面，我们真不能不低头愧汗。我们试想想，'几何原本'的作者欧几里得（Euclid）正和孟子先后同时；在那么早的时代，在二千多年前，我们在科学上早已太落后了！（少年爱国的人何不试拿《墨子·经上篇》里的三五条几何学界说来比较"几何原本"？）从此以后，我们所有的，欧洲也都有；我们所没有的，人家所独有的，人家都比我们强。"❷ 在胡适看来，中国"所独有的宝贝"只是"骈文、律诗、八股、小脚、太监、姨太太，五世同居的大家庭，贞节牌坊，地狱活现的监狱，廷杖、板子夹棍的法庭……虽然'丰富'，虽然'在这世界无不足以单独成一系统'，究竟都是使我们抬不起头来的文物制度。"❸ 中国文化既然如此落后，"全盘西化"自然也就势所必须。

不论是在当时的争论中还是到后来，胡适的上述言论都常常被目为虚无主义而受到指责，单就上述言论来说，胡适的思想是偏激、片

---

❶ 《胡适论学近著》（第一集），商务印书馆1935年版，第639~640页。
❷ 《胡适论学近著》（第一集），商务印书馆1935年版，第483页。
❸ 《胡适论学近著》（第一集），商务印书馆1935年版，第484页。

面的，对这一点不需要做更多的讨论。需要指出的是，胡适是针对国粹派的若干言论——"固有文化太丰富了""中国本来是一个由美德筑成的黄金世界"等发表自己观点的。在盲目自大心理还盛行的状况下，应该说，胡适的上述言论是有一定进步意义的。同在美国"为宗国讳"相反，这时胡适表现的是另一极端。

认真说来，"百事不如人"并不代表胡适对中国文化的真正评价，为了说明这一点，不难举出一些例证：早在美国留学时期，胡适就认识到要吸收现代文明，就必须在本国找到合适的土壤，并具体探讨了中国古代哲学方法与近代西方哲学方法的相似性，对墨家和清代朴学表示了一定的赞赏。回国之后，胡适一直从事这一工作，当胡适倡导的以白话文代替文言文的主张变成现实，白话文广泛流行之后，胡适仍计划写一本关于白话文学史方面的著作，其中便包含为正在进行的文化变革寻找历史根据的意义。不论胡适的观点是否符合实际，至少它说明胡适承认传统中包含有价值的成分。当胡适对传统文化转为激烈抨击的时候，他也没有否认从前的观点。这样，在胡适的思想中就形成一个矛盾：一面全面抨击传统文化，一面又赞扬传统文化的某些方面。如果前者可以支持他的全盘西化主张，从后者却不能引出要全盘西化的结论。胡适对自己思想的矛盾并不是一无所知，但是，他没有真正解决这一矛盾，只是随着场合、时期的不同，强调不同的方面，从而使他在论战中对中国文化所做的估价，以至"全盘西化"的主张都有了某种"策略"的意义。

关于这一点，当他从文化学上对"全盘西化"主张进行论证时，表现得就更加明显。在新文化运动时期，胡适反对什么古今中外的调和，他认为调和是社会的一种天然趋势，人类社会有一种守旧的惰性，少数人只管趋向极端的革新，大多数人至多只能跟你走半程路，这就是调和。调和是人类懒病的天然趋势，用不着我们提倡。革新家的责任只是认定"是"的一个方向走去，不要回头讲调和，社会上自然有

第四章 胡适：文明的再造

无数懒人懦夫出来调和。

1935年1月，上海的王新命、何炳松、萨孟武、陶希圣等十名教授在《文化建设》月刊上发表《中国本位的文化建设宣言》，在这篇宣言里，他们认为，自"五四"新文化运动以来，受西方文化思潮的影响，中国在文化的领域中是消失了的，为了挽救这一局面，"宣言"提出要反对两种倾向：一是反对复古，二是反对模仿英美及苏俄。他们主张建设中国的本位文化，指出必须把过去的一切，加以检讨，存其所当存，去其所当去。"吸收欧美的文化是必要而且应该的，但须吸收其所当吸收，而不应以全盘承受的态度，连渣滓都吸收过来。"同时称中国本位的文化建设是创造，是迎头赶上的创造，他们提出文化建设的纲领是：不守旧；不盲从；根据中国本位，采取批评态度，应用科学方法来检讨过去，把握现在，创造将来。"不守旧，是淘汰旧文化，去其渣滓，存其精英，努力开拓出新的道路。不盲从，是取长舍短，择善而从，在从善如流之中，仍不昧其自我的认识。根据中国本位，采取批判态度，应用科学方法来检讨过去，把握现在，创造将来，是要清算从前的错误，供给目前的需要，确定将来的方针，用文化的手段产生有光有热的中国，使中国在文化的领域中能恢复过去的光荣，重新占着重要的位置，成为促进世界大同的一支最劲最强的生力军。"这个宣言的特点是借"复兴中国文化"与"创造文化"等堂皇的词句来反对一切外来文化，其中包括马列主义在中国的传播，宣言发表后，全国各大报刊纷纷发文参与了讨论，中国文化问题一时又成为热门题目。

论战中，胡适发表了《试评所谓"中国本位的文化建设"》一文，指出，王新命等十教授的"中国本位的文化建设"的主张，正是过去"中学为体，西学为用"在新形势下的翻版，话语是变了，但精神还是那位劝学篇作者的精神。其根本的错误在于没有认识文化变动的性质。他认为，文化本身是保守的，当两种文化接触时表现为优胜劣败，"在这个优胜劣败的文化变动的历程之中，没有一种完全可靠的标准可以用来指导整个文化的各方面的选择去取。十教授所梦想的'科学方法'，在这种巨大的文化变动上，完全无所施其技。至多不过是某一部分的主观成见而美其名为'科学方法'而已。……政府无论如何圣明，终是不配做文化的裁判官的，因为文化的淘汰选择是没有'科学方法'能做标准的。"❶ 因此，他奉劝十教授不应该焦虑那个中国本位文化的动摇，而应该焦虑那固有文化的惰性太大；这是过去多次革命运动如戊戌变法、辛亥革命等所证明的，胡适说：

> 我的愚见是这样的：中国的旧文化的惰性实在大的可怕，我们正可以不必替"中国本位"担忧。我们肯往前看的人们，应该虚心接受这个科学工艺的世界文化和它背后的精神文明，让那个世界文化充分和我们的老文化自由接触，自由切磋琢磨，借它的朝气锐气来打掉一点我们的老文化的惰性和暮气。将来文化大变动的结晶品，当然是一个中国本位的文化，那是毫无可疑的。如果我们的老文化里真有无价之宝，禁得起外来势力的洗涤冲击的，那一部分不可磨灭的文化将来自然会因这一番科学文化的淘洗而格外发辉光大的。
>
> 总之，在这个我们还只仅仅接受了这个世界文化的一点皮毛的时候，侈谈"创造"固是大言不惭，而妄谈折中也是适足为顽固势力添一种时髦的烟幕弹。❷

在这篇文章里，胡适揭露了这个宣言的实质，指出它是中体西用论的复活。同时，按照这里的思想来理解，"全盘西化"就不是可以实现的目标，而只是意在抵抗文化惰性而号召采取的极端行动。这确实

---

❶ 《胡适论学近著》（第一集），商务印书馆1935年版，第555页。
❷ 《胡适论学近著》（第一集），商务印书馆1935年版，第556~557页。

表现了胡适的"韬略"。也许胡适对此颇为得意,但是,这给分析胡适的思想带来一些困难,以至不论是在当时还是到后来,胡适是不是一个"全盘西化"论者,都成了一个有疑问的问题。

在论战中,主张"全盘西化"的陈序经与一些反对"全盘西化"论的人在谈到胡适时,都认为胡适够不上"全盘西化"论者,而是与十教授同调的折中论者,胡适先是表示他完全赞同陈序经的"全盘西化"论,后来又建议用"充分世界化"代替"全盘西化",探讨一下胡适与陈序经思想的异同,会帮助我们更好地把握胡适的"全盘西化"论。

《中国文化的出路》一书是陈序经讨论中西文化问题的代表作。在这部著作中,陈序经依据他所认定的文化学原理,批判了"欧洲文化是物质文化,东方文化是精神文化""中体西用"等折中派和复古派的主张,论证了"全盘西化"的必要性。同胡适一样,陈序经也格外强调了中国文化的落后,陈序经指出,欧洲近代文化比中国进步得多。从当时中西文化的成分比较来看,中国人不论是衣食住行,还是农工商,都和西洋人有天渊之别。"我们若和西洋比较科学吗?交通吗?出版物吗?哲学吗?其实连了所谓礼教之邦的中国道德,一和西洋道德比较起来,也只有愧色。"❶ 在陈序经看来,西洋文化在今日就是世界文化,我们不在这个世界上生活则已,否则,除了去适应这种趋势外,别无选择,"我们的结论是,救治目前中国的危亡,我们不得不要全盘西洋化。"❷

可见,在主张"全盘西化"的根本理由方面,胡适、陈序经是一致的。然而,透过关于"全盘西化"这一口号是否可以继续使用的争论,我们可以发现胡适、陈序经在理论上的某些分歧。在同"本位文化派"论战的高潮中,胡适提议用"充分世界化"代替"全盘西化",

---

❶ 陈序经:《中国文化的出路》,商务印书馆1934年,第101页。
❷ 陈序经:《中国文化的出路》,商务印书馆1934年,第123页。

他认为"全盘西化"之所以受到不少人的批评，恐怕是因为这个名词有一点语病，因为严格说来，"全盘"含有百分之百的意义，而百分之九十九还算不得"全盘"，他之所以赞成"全盘西化"，只是因为这个口号最近于他的"充分世界化"的主张，认为用"充分世界化"代替"全盘西化"，就可以免除一切琐碎的争论，可以容易得着同情和赞助。另外，数量上的严格"全盘西化"是不容易成立的，因为"全盘"含有百分之百的意思，而百分之九十九还算不得"全盘"，因此，与其说"全盘西化"不如说"充分世界化"为好。同时，"充分"在数量上就是"尽量"的意思，在精神上既是"用全力"的意思。文化是有惰性的，文化的惰性自然会把人们拖向折中调和上去的。陈序经反对胡适的观点，他认为，在没有全盘接受西洋文化之前，却先怕人家的批评和反对，想以退让博得同情，恐怕仍是一种变相的折中调和论调，陈序经也承认文化是有惰性的，但是，他认为像胡适所说的那种折中调和状态并不是无法摆脱的，它只是东西文化接触过程中一种畸形的现象，它的存在在时间上也许很久，总的趋势却是在全盘的路上，"全盘西化论，在积极方面是要使中国的文化能和西洋各国的文化立于平等的地位，而'继续在这世上生存'；消极方面，就要除去中国文化的惰性。所以若能全盘西化，则惰性自然会消灭。"❶可见，胡适在根本上是把"全盘西化"当作一种"取法乎上，仅得其中"的策略，陈序经却坚信"全盘西化"可以实现，而且把它当作一条较为完善较少危险的文化出路。两人至少在主张和实行这种理论的彻底程度上是有区别的。但是，这种区别应当视为"全盘西化"论者内部的区别，我们不应无限夸大这些差异而忘记他们之间更基本的共同点。

胡适的提议并没有被别人接受，不但当时的陈序经表示反对，而且后来人们仍视胡适为西化论者或"全盘西化"论者，"全盘西化"既然已经被人们沿用，我们今天也没必要把它取消，换个别的名称，

---

❶ 陈序经：《再谈'全盘西化'》，载《独立评论》第147号。

第四章 胡适：文明的再造

只是在使用"全盘西化"这一用语时，要对它加以说明，规定其内涵，以免滥用。我们说胡适是"全盘西化"论者时，是就其思想发展过程中的某一阶段而言。

"全盘西化"和"充分世界化"，都只是笼统的宣传口号，仅从数量上来规定，不论是"充分"还是"百分之百"，都不得要领。用"充分世界化"代替"全盘西化"，并不表示胡适的根本立场改变了多少，只是显示了胡适缓和自己与本位文化派之间分歧的努力。胡适以为，这样一来，"在'充分世界化'的原则之下，吴景超、潘光旦、张佛泉、梁实秋、沈昌晔……诸先生当然都是我们的同志，而不是论敌了。"甚至"就是那发表'总答复'的十教授"，也可以"做我们的同志了。"❶ 这又表示了胡适的无原则性。

由于"全盘西化"论观点的片面、偏激，"全盘西化"论也受到彻底的"否定"："民族虚无主义""买办主义"……因此，不难理解，论证胡适不是"全盘西化"论者，多少也包含为胡适的文化思想争取一点历史进步作用的意思。事实上，这是两个不同的问题。承认胡适是"全盘西化"论者（这是要经过限定的），并不意味着完全否定他的文化变革的实践以及文化思想，应该承认，"全盘西化"论者指出的资本主义文化比封建主义文化先进，任何一种文化都包含物质和精神的因素等观点是正确的，即使是他们那些偏激、片面的言论，我们也应分析产生的社会文化背景。总之，对于在中国近代思想史上曾产生一定影响的"全盘西化"思潮，我们要给予深入全面的分析，总结其中的理论教训，在解决现代化过程中的东西文化关系问题上，避免极端化倾向。

西方近代文化在中国的历史不简单地是在中国的传播复制，中国自由主义者遇到许多不同于西方的独特问题，其中突出的一个便是，如何处理自由主义与中国传统文化的关系。新文化运动时期的思想家

---

❶ 《胡适论学近著》（第一集），商务印书馆 1935 年版，第 560 页。

多将其看作截然对立的关系，断言欲发展西方的自由、民主、科学，就必须彻底抛弃中国传统文化，对于中国传统文化这一复杂的思想资源分析吸收不够。由于社会上存在的复古倾向，更刺激加强了自由主义者的上述意识，使新文化运动时期曾显示一定温和立场的胡适等人也日渐激进起来，直至提出"百事不如人""全盘西化"的主张。自由主义要在中国有所发展，就必须创造性地解决与传统文化的关系问题，克服已有的片面性，无疑，这需要一个过程。

第五章　文化变革的歧路与新抉择

鸦片战争后开始的中国现代化运动艰难曲折地向前推进。对于这一历程，学界专家从文化结构或层次（物质、制度、文化观念）的角度做了阐述，与之对应，现代化历程展现为洋务运动、戊戌维新和辛亥革命、五四新文化运动。对此，人们已是耳熟能详。需要指出的是，这一理论框架并不是当代学者的发明，它在梁启超、陈独秀等人那里已具备雏形。在很多人的观念中，中国现代化运动在20世纪80年代重新起步之时，又在新的历史条件下，急速地重演了上述历程。❶

应该说，这种描述大致不谬，揭示了中国现代化运动逐渐深化的过程，但是，我们也要看到，过于胶柱于此也会遗漏历史真实进程中的一些内容，同时在对各个历史运动的评价上也容易出现简单化之弊。

历史的真实进程有更丰富的内容。以被定位于制度层面的戊戌维新运动而言，实不仅关涉政治制度，如果说以康有为为代表的维新派人士主要着眼于政治制度的改革，以严复为代表则已注重思想启蒙的文化变革。维新运动失败后，梁启超等人迅即转向思想文化宣传工作，从而共同影响了后来从事五四新文化运动的那一代人。那么，与之相类，辛亥革命、五四新文化运动等是否也有多方面的诉求呢？

我们无意完全推翻上述分析框架，透过历史进程中的复杂内容，

---

❶　庞朴："文化结构与近代中国"，载《中国社会科学》1986年第5期。

可以发现一个值得探讨的现象：文化变革的歧路❶。康有为、严复的不同关注已具有文化变革歧路的意义。随着中国现代化的进行，这一问题也由弱到强地展示出来，到20世纪更是异见纷呈，日趋复杂，影响着中国不同时期的选择转折。

总结五四时期乃至20世纪中国思想文化历程，思潮、人物、专题……都是可以展开研究的角度，文化变革的歧路也不失为一个独特重要的角度。由此，我们将获得有益的教训、启示。

第一节　五四后期思想界的不同探索

文化变革的歧路典型地存在于社会的转折时期。面对社会的问题，若干主张经过论战交锋，其中的某种理论、主张影响大众时，便推动着社会的发展或转折，其间伴随着个体不同的选择、转变或困惑。

在20世纪的中国，这一情形曾典型地发生在五四时期。

新文化运动是高举思想启蒙、文化变革的旗帜开始的，这一思想的形成，直接的推动力来自先进知识分子辛亥革命后从满怀希望到失望的思想历程，以及对近代以来东西文化冲突的反思，可以说，新文化运动的领袖人物陈独秀、李大钊、鲁迅、胡适等，均经历了一个反思的过程，甚至上一代知识分子的不少人物，也通过大致相同的途径，在一般重视文化思想工作的意义上，接近年青一代的结论。因此，1915年9月，《青年杂志》一创刊，陈独秀便坚定地号召人们，特别是青年，"发挥人间固有之智能，抉择人间种种之思想，——孰为新鲜活泼而适于今世之争存，孰为陈腐朽败而不容留置于脑里，——利刃断铁，快刀理麻，决不作牵就依违之想，自度度人，社会庶几其有清宁

---

❶ 本书使用这一概念主要着眼于思想文化的层次。种种主张当然与理论主义有密切关系，但所论集中在前者。

第五章　文化变革的歧路与新抉择

之日也。青年乎！其有以此自任者乎？"❶ 这一认识表达了先进知识分子的共同心声，由此，内容丰富的新文化运动开展起来。短短几年便造成巨大的声势，并在文学、教育等领域，取得一定的实绩。

分歧发生在五四后期。由于国内外形势的变化，特别是中国政治问题、民族危机的加剧，新文化运动阵营开始逐渐分化，直至分道扬镳，走上不同的道路。

最明显昭示当时分歧的莫过于频繁发生的思想论战、争论：关于《新青年》办刊方针、问题与主义论战、社会主义问题论战……透过这些论战，我们可以听到三种不同的声音，显示了那个时期文化变革上的歧路。

（1）以胡适为代表，面对新文化运动的变化，试图坚持长期进行思想启蒙的方针。1918年12月，为了适应国内政治形势的需要，陈独秀、李大钊在《新青年》之外，又创办了《每周评论》，侧重发表讨论现实政治问题的文章，胡适对此没有兴趣，在《每周评论》上发表的文字多是译稿，不涉及政治问题。次年6月陈独秀在散发传单时被反动当局逮捕，胡适接办《每周评论》，发表了《多研究些问题，少谈些主义》等文，提出政治改良主义的主张，引发了人们熟知的"问题"与"主义"的论战。五四运动以后，《新青年》的内容进一步政治化。1920年9月，《新青年》移到工人运动的中心上海出版，为了配合各地共产主义小组的筹建，《新青年》更集中地介绍和宣传马克思主义以及俄国的十月革命，胡适对此极为不满，他多次写信给陈独秀等人，反对《新青年》的政治色彩过于鲜明，认为这个杂志"差不多成了Soviet Russia的汉译本"了，❷ 要求立即改变这种情况。他提出三条办法：一条是由胡适等人在《新青年》之外，另创办一个哲学文学的杂志；一

---

❶ 《陈独秀著作选》（一），上海人民出版社1993年版，第130页。
❷ 张静庐编：《中国现代出版史料》（甲编），中华书局1954年版，第10页。

条是将《新青年》移回北京编辑,由胡适等人公开宣言不谈政治;第三条是停办。

新文化运动统一战线分裂后,胡适于1922年创办了《努力周刊》,专门讨论政治问题。在促使胡适思想的转变中,丁文江是一位重要人物,据后来胡适回忆:

> 他常责备我们不应该放弃干预政治的责任。他特别责备我在《新青年》杂志时期主张"二十年不干政治,二十年不谈政治"的话,他说:"你的主张是一种妄想:你们的文学革命,思想改革,文化建设,都禁不起腐败政治的摧残。良好的政治是一切和平的社会改善的必要条件"。
>
> ……在朋友谈话中,他常说的是"不要上胡适之的当,说改良政治要先从思想文艺入手!"❶

胡适的转变,引起了一定的反响。梅光迪、孙伏庐、常乃德分别致信胡适,表达了不同的意见,梅、常两位赞赏胡适谈论政治,而孙伏庐反对胡适去谈政治,"我总有一种偏见,以为文化比政治尤其重要,从大多数没有智识的人,决不能产生什么好政治"。

针对这些不同的意见,胡适发表了《我的歧路》一文,说明自己是一个注重政治的人,留学读书的时候,选过政治方面的课,也参加过政治活动,后来他在中国哲学史的研究上找到终生的事业,被一班讨论文学的朋友逼上文学革命的道路。留学回国后看到张勋的复辟,以及出版教育界的孤陋沉寂,感觉政治不可为,才打定20年不谈政治的主意,要在思想文艺上为中国政治建筑一个革新的基础。对于这次的谈政治,胡适特别赋予其思想文化的意义,"我现在的谈政治,只是实行我那'多研究问题,少谈主义'的主张。""我的朋友们,我不曾

---

❶ 胡适:《丁文江传》,海南出版社1993年版,第53~54页。

第五章　文化变革的歧路与新抉择

'变节'：我的态度是如故的，只是我的材料与实例变了"。

对于孙伏庐的意见，胡适解释说："没有不在政治史上发生影响的文化；如果把政治划出文化之外，那就又成了躲懒的，出世的，非人生的文化了。"❶ 新文化运动前期，胡适关于思想启蒙的观点，就推进自由民主理想而言，无疑是过于狭隘化了。思想启蒙包含政治观念的启蒙——《我的歧路》一文的解释接近于这种认识，代表了他对从前思想的一定程度上的修正。

胡适在解释自己的行为时，也不忘重申思想启蒙第一的观点：

> 我们至今还认定思想文艺的重要。现在国中最大的病根，并不是军阀与恶官僚，乃是懒惰的心理，浅薄的思想，靠天吃饭的迷信，隔岸观火的态度。这些东西是我们的真仇敌！他们是政治的祖宗父母。我们现在因为他们的小孙子——恶政治——太坏了，忍不住先打击他。但我们决不可忘记这二千年思想文艺造成的恶果。
>
> 打倒今日之恶政治，固然要大家努力；然而打倒恶政治的祖宗父母——二千年思想文艺里的"群鬼"更要大家努力！❷

可见，尽管胡适已经谈论政治，而期待的则是通过思想观念的转变来造成政治的更新，当胡适的改良主张不能收到什么实效时，更加

---

❶ 《胡适文存》（第二集），卷三，亚东图书馆1924年版，第100页。
❷ 《胡适文存》（第二集），卷三，亚东图书馆1924年版，第108页。

确信思想观念转变的根本性。❶

丁文江对胡适思想启蒙第一观点的尖锐批评、胡适的转变及其不同的反响，都显示了自由主义阵营在如何推进其理想问题上一定的混乱，这种混乱并没有因胡适的解释而得到明确的解决或澄清，即使是胡适本人也不例外，不时陷入困惑，只能随着历史的进程而左右摇摆罢了。

我们丝毫不怀疑胡适强调思想启蒙重要的真诚，但问题的关键不完全在这里。在政治革命与思想启蒙选择上的分歧，间接地反映了胡适与李大钊、陈独秀文化选择上的不同趋向，以马克思主义还是以实用主义为指导改造中国？以英美为师还是以俄为师？对前一问题的回答，既显示了他们不同的文化选择，也决定了他们对思想启蒙的估价。李大钊、陈独秀等人依据唯物史观观察中国社会问题，得出"经济问题的解决是根本解决"的结论，从而积极投身政治革命。从胡适对《新青年》快要变成"Soviet Russia 的汉译本"的抱怨，到问题与主义的论战，不难发现他反对马克思主义的态度。对此，胡适后来曾有比较明确的说明："国内的'新'分子闭口不谈具体的政治问题，却高谈

---

❶ 鲁迅与胡适的思想固然有若干差异，但在重视思想启蒙上有相近的认识，改造社会，寄希望于"思想革命"。如1925年鲁迅在"通讯"中写道：

看看报章上的论坛，"反改革"的空气浓厚透顶了，满车的"祖传"，"老例"，"国粹"等等，都想来堆在道路上，将所有的人家完全活埋下去。"强聒不舍"，也许是一个药方罢，但据我所见，则有些人们——甚至于竟是青年——的论调，简直和"戊戌政变"时候的反对改革者的论调一模一样。你想，二十七年了，还是这样，岂不可怕。大约国民如此，是决不会有好的政府的；好的政府，或者反而容易倒。也不会有好议员的；现在常有人骂议员，说他们收贿，无特操，趋炎附势，自私自利，但大多数的国民，岂非正是如此的么？这类的议员，其实确是国民的代表。

我想，现在的办法，首先还得用那几年以前《新青年》上已经说过的"思想革命"。还是这一句话，虽然未免可悲，但我以为除此没有别的法。而且还是准备"思想革命"的战士，和目下的社会无关。待到战士养成了，于是再决胜负。我这种迂远而且渺茫的意见，自己也觉得是可叹的，但我希望于《猛进》的，也终于还是"思想革命"。[见《鲁迅全集》(第三卷)，人民文学出版社1981年版，第21～22页。]

什么无政府主义与马克思主义。我看不过了，忍不住了，——因为我是一个实验主义的信徒，——于是发愤要想谈政治。"❶ "实验主义自然也是一种主义，但实验主义只是一个方法，只是一个研究问题的方法。他的方法是：细心搜求事实，大胆提出假设，再细心求实证。一切主义，一切学理，都只是参考的材料，暗示的材料，待证的假设，绝不是天经地义的信条。实验主义注重在具体的事实与问题，故不承认根本的解决。他只承认那一点一滴做到的进步，——步步有智慧的指导，步步有自动的实验，——才是真进化。"❷ 这是胡适改良主义的理论依据。在历史观方面，胡适反对一元的历史观，特别是唯物史观。他坚持多元的历史观或"秃头的历史观"，"欧洲大战之有经济的原因，那是稍有世界知识的人都承认的。……不过我们治史学的人，知道历史事实的原因往往是多方面的，所以我们虽然极欢迎'经济史观'来做一种重要的史学工具，同时我们也不能不承认思想知识等事也都是'客观的原因'，也可以'变动社会，解释历史，支配人生观。'"❸ 第一次世界大战后，李大钊等人从美、法等国在解决中国问题上的表演，认识到资本主义文明的"堕落"，把希望寄托在新兴的社会主义国家苏联，胡适虽然也曾对苏联的政治表示过好感，称赞其是一个"有理想、有计划、有方法的大政治试验"，❹ 但是，他最推崇的还是美国、法国的资本主义文明，根本主张还是要"往西去"。

　　胡适的文化选择使他在二三十年代扮演了一个特殊的角色。一方面，他激烈地反对国粹派、东方文化派，强调中国要向西方学习；同时，面对接受马克思主义的知识分子，他又强调中国学习的目标应当是西方的资本主义。

---

❶ 《胡适文存》（第二集），卷三，亚东图书馆1924年版，第96页。
❷ 《胡适文存》（第二集），卷三，亚东图书馆1924年版，第99页。
❸ 《胡适文存》（第二集），卷二，亚东图书馆1924年版，第43页。
❹ 《胡适文存》（第三集），卷一，亚东图书馆1930年版，第76页。

（2）李大钊、陈独秀等一批知识分子逐步接受马克思主义，并尝试以之探索改造中国的一系列问题，对思想启蒙作用途径等问题新的认识便是其中之一，李大钊明确提出为了建造"少年中国"，必须要进行两种文化运动。李大钊特别强调，精神改造要与物质改造同步，经济组织不改变，精神改造很难成功。这些观点与初期的"借思想文化以解决问题"有了很大的差异，并趋向以经济变革、政治革命为核心的根本解决。关于改造社会的途径，李大钊在"问题与主义"论战中以历史唯物主义为理论依据，阐述了为什么要"根本解决"，"依马克思的唯物史观，社会上法律、政治、伦理等精神的构造，都是表面的构造。他的下面，有经济的构造作他们一切的基础。经济组织一有变动，他们都跟着变动，换一句话说，就是经济问题的解决，是根本解决。经济问题一旦解决，什么政治问题、法律问题、家族制度问题、女子解放问题、工人解放问题，都可以解决。"❶ 怎样才能使经济组织变动呢？李大钊指出，必须开展阶级斗争，进行社会革命，他说："专取这唯物史观（又称历史的唯物主义）的第一说，只信这经济的变动是必然的，是不能免的，而于他的第二说，就是阶级竞争说，了不注意，丝毫不去用这个学理作工具，为工人联合的实际运动，那经济的革命，恐怕永远不能实现，就能实现，也不知迟了多少时期。有许多马克思派的社会主义者，很吃了这个观念的亏。……我们应该承认：遇着时机，因着情形，或须取一个根本解决的方法，而在根本解决以前，还须有相当的准备活动才是。"❷ 李大钊指出了经济变革在社会革命中的基础作用，同时更强调了政治斗争对经济变革的推进作用，后一点使中国马克思主义者区别于当时实业救国等改良主义的思想。

（3）1920年11月，张东荪发表了一篇短短的时评，题目为"由内地旅行而得之又一教训"。文章讲他陪同罗素在长沙讲学期间，听到罗素

---

❶ 《李大钊文集》（下），人民出版社1984年版，第37页。
❷ 《李大钊文集》（下），人民出版社1984年版，第37~38页。

的议论,看到内地经济的落后、官吏的横行等而对中国问题产生的新认识。张东荪认为"中国的唯一病症就是贫乏,中国真穷到极点了","中国人大多数都未经历过人的生活之滋味",这样,中国所要努力的方向,自然"当在另一个地方",即应该是"使中国人从来未过过人的生活的,都得着人的生活,而不是欧美现成的甚么社会主义、甚么国家主义、甚么无政府主义、甚么多数派主义等等"。文章引述了罗素等人对中国问题的意见和感想后,说出了自己的看法,"救中国只有一条路,一言以蔽之,就是增加富力。而增加富力就是开发实业,因为中国唯一病症就是贫乏"。[1] 这是张东荪由内地旅行而得到的教训,他劝告那些宣传社会主义的人不要好高骛远,应该把重心放在实际上。这篇文章触发了五四后期社会主义大辩论,辩论中,张东荪、梁启超等人的观点当然有更系统的表述,但上述言论也道出了核心,救中国的道路不是"空谈主义",而是继续走资本主义道路,"开发实业","增加富力"。

在五四时期的几种主张中,早期马克思主义者的影响力逐渐增强,推动了社会思潮的转变。20年代后期,在国内外种种因素的作用下,社会思潮最激动人心的主旋律无疑是革命、战争、政治运动、阶级斗争……直到20世纪80年代,经过短暂的徘徊、调整,否定了以阶级斗争为纲,确立以经济建设为中心,发展经济上升到首要位置,发展是硬道理,贫穷不是社会主义,金钱不再是讳言的东西,贫穷也不再是光荣的政治资本,社会风气迅速改变……

第二节 历史回顾中渗透的实践态度

文化变革的歧路问题,既直接体现在面对社会问题的种种主张,也间接地渗透在人们对某一历史时期或运动事件的评价回顾之中。

对五四新文化运动重视思想启蒙的主张,即有种种不同的评价。

---

[1] 《时事新报》1920年11月6日。

胡适本人后来多次谈到这个问题，对新文化运动的转向表示深深的遗憾，"《新青年》的使命在于文学革命与思想革命。这个使命不幸中断了，直到今日。倘使《新青年》继续至今，六年不断的作文学思想革命的事业，影响定然不小了。我想，我们今后的事业，在于扩充《努力》使他直接《新青年》三年前未竟的使命，再下二十年不绝的努力，在思想文艺上给中国政治建筑一个可靠的基础"。❶ 在以后的岁月里，胡适的观点不乏响应者。余英时明确地说："文化、思想能够开创政治，而不是政治力量可以宰制文化和思想……胡适认为'五四'以后，新文化运动歧入政治的轨道，是一个不幸的发展，这是极有见地的看法，可是今天很少人能懂得这一论断的意义了。"❷ 20世纪80年代李泽厚提出五四运动后救亡压倒启蒙之说，❸ 为启蒙运动的短暂而惋惜，其观点曾引起热烈的争论。

当然也有另外不同方向的声音。1938年，冯友兰撰写了《新事论》，适逢北京大学成立四十周年，他不仅提出自己的新见解，而且批评清末民初的思想，特别对于与北大有直接关系的五四时代的思想做了一个新的估价。冯友兰提出要从文化类型观点来看西洋文化和中国文化，他认为，无论中国文化还是西洋文化，都是五光十色的全牛，只有从类型的观点来看，才能明辨其中哪些是主要的性质，哪些是偶然的性质，于是才不会笼统地把西洋东西搬运回来，也不会含糊地把中国旧的东西保存下来。他就清末人（指洋务运动时期的洋务派）与民初人（指新文化运动中的陈独秀、胡适等人）的比较，对新文化运动明确地提出了批评，"民初人对于所谓西洋，所知较多，知道所谓'中学为体，西学为用'之说，是讲不通底。他们以为，这种说法，是

---

❶ 《胡适文存》（第二集），卷三，亚东图书馆1924年版，第108页。
❷ 余英时：《钱穆与中国文化》，上海远东出版社1994年版，第286页。
❸ 李泽厚："启蒙与救亡的双重变奏"，见《中国现代思想史论》，东方出版社1987年版。

所谓'体用两橛'。他们以为,我们如果要用'西学'之用,如实用科学,机器,工业等,先必须有'西学'之体,即西洋底纯粹科学,哲学,文学,艺术等。他们以为,清末人只知所谓西洋的'物质文明',而不知其'精神文明'。民初人于是大谈其所谓西洋的'精神文明',对于实用科学,机器,工业等,不知不觉地起了一种鄙视,至少亦可说是一种轻视。清末人所要推行底产业革命,不知不觉地迟延下来。"冯友兰把产业革命的迟延一定程度上归咎于新文化运动,无疑是过于简单化,找错了原因。"清末人以为,我们只要有机器、实业等,其余可以'依然故我'。这种见解,固然是不对底。而民初人不知只要有了机器、实业等,其余方面自然会跟着来,跟着变。这亦是他们底无知。如果清末人的见解,是'体用两橛';民初人的见解,可以说是'体用倒置'。从学术底观点说,纯粹科学等是体,实用科学,技艺等是用。但自社会改革之观点说,则用机器,兴实业等是体,社会之别方面底改革是用。这两部分人的见解,都是错误底,不过清末人若照着他们的办法办下去,他们可以得到他们所意想不到底结果;民初人若照着他们的想法想下去,或照着他们的说法说下去,他们所希望底结果,却很难得到。"❶ 冯友兰的评价让人自然想起张东荪"开发实业""增加富力"的主张,与他此一时期接受唯物史观有一定关系,间接地指出了经济发展的重要基础性。

对冯友兰《新事论》的思想,青年马克思主义者胡绳有深刻的分析,他特别指出,冯友兰在论述东西文化的过程中,把生产方法看作只是生产技术,从而把从一种生产方法向另一生产方法的转变,一种社会制度向另一种社会制度的转变,看作只是改进生产技术的事情,而用到现实中,就会把"中国到自由之路"看作只是生产技术的不断改进,认为中国脱离半殖民地半封建的方法就只是运用机器,建设工

---

❶ 冯友兰:"新事论",见《三松堂全集》(第四卷),河南人民出版社1986年版,第226页。

业,"问题被单纯化了,而问题就解决不了"。

因此,《新事论》的著者轻视思想意识的改造在改造中国过程中的作用——于是他抹煞了"五四"运动(事实上,"五四"运动还不但是思想意识的改造的运动,这里且不深论,就照本书所说明范围来讲)。他又轻视政治改革的作用——于是他低估了辛亥革命的意义。他所了解的中国到自由之路就是只来一次"产业革命",而其内容就只是用机器,建工业,于是他引清末的洋务运动者为同调,而加以称赞。

同时,针对冯友兰前面那些话,胡绳又有细密的说理分析:

这里每一句话都是一半对的,一半不对的。"自社会改革之观点来看,则用机器兴实业等是体,社会别方面底改革是用",这句话里有一半是对的,因为从社会的整个发展过程来看,当然没有相当程度的物质基础——就是相当程度的机器发展,则政治与文化上的民主改革是不可能的;但是这句话另一半是不对的,因为把社会的一般的发展过程和社会的改革过程混同起来是不对的。机器实业的发展是渐进的,这渐进过程到一定程度不能不引起巨大的彻底的社会改革,这种改革虽有先行于它的经济变革做基础,但作为这种改革的中心问题的却是政治上的变革。这正是因为政治是经济的集中表现,与旧的生产力相结合的旧生产关系是以旧的政治作为保障而成为僵化的存在,阻碍着新的生产力。所谓社会的改革正是改变旧的政治,从而改变旧的生产关系,从而使新的生产力顺遂地发展起来。由这意义上,无宁说,自社会改革的观点看,政治的变革是体而社会的别方面改革却是用。❶

---

❶ 胡绳:"评冯友兰著《新事论》",见《胡绳全书》第一卷(上),人民出版社 2003 年版,第 167~168 页。

胡绳当年的批评文章，冯友兰看到并思考过吗？目前的研究还没有直接的材料说明。但有意味的是，冯友兰在晚年，对洋务运动尤其是后期的弊端有了新的认识，不再以为照清末人的路走下去，可以得到意想不到的结果，对五四新文化运动也有了新的认识。❶

所有这些，既可以看作对历史事件的不同评论，同时评论者也间接表达了自己对中国社会发展的认识。

当一种主张在全社会占主导地位的时期，也不是全无别样的声音。即如在"文化大革命"进行得如火如荼的时候，在中国共产党内和社会上，仍有倡导发展生产力等的声音，或隐晦曲折，或直接地表达着对推进中国前进的不同认识。20世纪80年代后也是如此。这一切都显示了文化变革歧路问题的持久性。

第三节 新时代的文化抉择

回望20世纪中国的历程，我们可以看出如下大的脉络：政治——文化——政治——经济。每一主张的兴起并影响大众乃至被另一主张所取代，都有复杂的原因或依据，探讨其间的起承转合，应是一个大课题。这里着眼于这种演进的教训或局限，略述一二。

中国的现代化运动是后发的，当中国在内忧外患之中踏上现代化的道路时，推动者面对丛生的问题都有一种时间的紧迫感。一万年太久，只争朝夕。王小航曾讲述往事：戊戌年，余与老康（有为）讲论，即言"……我看止有尽力多立学堂，渐渐扩充，风气一天一天的改变，再行一切新政。"老康说："列强瓜分就在眼前，你这条道如何来的及？"❷ 联系后来社会的发展，来得及、来不及，是不贴题的话。类似的争论1905年也发生在孙中山与严复之间……

---

❶ 参见冯友兰：《中国哲学史新编》第六册、第七册。
❷ 转见《胡适论学近著》，商务印书馆1935年版，第470页。

不仅如此，中国的改革者、革命家还有强烈的赶超意识，在20世纪相当长的时期，不少人认为赶超在短时间内可以完成，孙中山曾乐观地认为，"日本维新之初，人口不及我十分之一，其土地则不及我四川一省之大，其当时之知识学问尚远不如我之今日也。然能翻然觉悟，知锁国之非计，立变攘夷为师夷，聘用各国人才，采取欧美良法，力图改革。美国需百馀年而达于强盛之地位者，日本不过五十年，直三分之一时间耳。准此以推，中国欲达于富强之地位，不过十年已足矣。"❶ 到20世纪五六十年代，"赶英超美"更是激励过亿万国人，欲以政治运动推动经济和文化学术的发展跃进。❷

这种赶超意识固然可贵，但是对于现代化需要的条件知之不深，对所面临的阻力估计不足，在行动上又流于不顾客观规律和条件的急

---

❶《孙中山全集》（第6卷），中华书局1985年版，第202页。按：孙中山晚年不再把革命看作很容易的事，要准备长时期的努力，所以他在遗嘱中特别提出他致力革命已四十年，但尚未成功。

❷ 文化学术界除了为工农业生产领域的"大跃进"摇旗呐喊、提供理论依据外，也有自己的跃进。冯友兰回忆，"一九五八年大跃进开始了。各种刊物上都引马克思的话：社会主义国家一天的进步，要等于资本主义国家二十年的进步。各单位都开大会，规定自己的指标，各单位之间互相竞赛，看谁的指标定得高。高指标叫'放卫星'。科学院的各个研究所在一块开会，每个所都报告自己的指标，指标是以字数计算。一个单位说，我们的指标是一年出一千万字。另一个单位就说，我们一年出一千二百万字。那个单位又一合计，说我们再加二百万字，共一千四百万字！这样步步高升，好象打擂台一样……真是你追我赶，可惜所追赶的并不是实际上的产品，而是纸面上的数字。有些研究所报的指标，也还有些依据……可是有些指标，完全没有依据，既没有积存的旧稿，也没有在计划中的新稿，只是随便报数字，以多为贵。反正无论报多少，并不要当场兑现。""有一个研究所报告说，他们的翻译人员，产量最高，每人每天能翻译八万字。大家心里怀疑，要求当面表演。话已经说出来了，只得定期表演。结果证实，无论怎么样也翻译不出八万字，就是抄写八万字也是不可能的。"（冯友兰：《三松堂自序》，生活·读书·新知三联书店1984年版，第166~167页。）冯友兰没有讲自己当时的情况，哲学家金岳霖那时已在中国科学院哲学研究所工作，根据总路线的要求，脑力劳动者也要"多快好省"地写作，他的指标是每小时500字。后来他说，"当时神经上十分紧张"。

第五章 文化变革的歧路与新抉择

于求成,在文化变革上往往选择捷径。漠视规律,土法炼钢,得到的是一堆堆废渣;亩产过万斤,用不多久等人们饿肚子时,才猛醒那是虚幻的想象和造假……原本是希望通过这种运动的方式,实现中国经济、社会的跃进式发展,赶超发达国家,结果事与愿违,非但没有达到目的,反而付出震惊人寰的代价,延宕了中国现代化的发展,留下了血的深刻教训。这些往事过去几十年了,但仍然可以作为一面镜子,和现实生活中的一些现象结合起来看,就更耐人寻味。

我们当然要推动现代化的大发展,不断跃上新的台阶,但一定要认识现代化发展的规律,尊重常识,循之而行,才会避免大的曲折,达到我们希望的结果。

在种种复杂意识的驱使下,一代又一代知识分子探讨推进中国现代化运动的方案,发展经济实业救国、思想启蒙、政治变革……这些再与不同主义结合在一起的方案,可以并存交锋于一时,可以是一种方案对另一种的替代,从而影响社会大众的行动。客观地说,每一主张都所见、有一定合理性,但当把一个方面强调到极端,或脱离一定的历史条件,便也显示了片面性,乃至给社会、人民大众的生活带来危害;也使得中国现代化战略缺乏连续性、系统性,这方面的教训是十分沉痛的。以重视政治变革或革命为例,"在一般知识分子的观念中,似乎存在着一种过分重视政治的倾向,这可以说是中国近代思想史上的一大盲点,即认为中国一切问题的解决最后必须诉诸政治。从历史源流上看,这种看法是和近百年来的政治改革或革命运动紧密相连的,自然也有相当坚强的根据。不过如果政治意识过度突出,以至与生活整体之间失去均衡,则其后果也可以是极其严重的。中国大陆上的'文革',在一定的意义上,正是这种思想的必然产物。当时最著名的口号便是所谓'政治挂帅',就是'政治工作是一切工作的生命线'。"[1]

---

[1] 余英时:《钱穆与中国文化》,上海远东出版社1994年版,第278页。

中国近代以来现代化的历程验证了一个重要论断：把现代化的动力完全放到一个领域（经济、政治制度、思想观念），强调到极端，都是不明智的行为，到头来只会拖延问题的解决，阻碍现代化的发展。人有两条腿，为什么偏要单足跳行呢？

21世纪，中国要全面实现现代化，中华民族的伟大复兴，任务是艰巨的。从文化变革层次角度看当今的中国，仍令人有歧路之感，这是面对中国现实所不难看到的。

就经济而言，经过40年的努力，中国实现了从封闭型经济弱国向开放型全球经济大国的转变。综合国力有了很大提高，已跨上了一个新的台阶，成为全球第二大经济体。中国GDP占世界经济比重从1978年不足2%，增长到2016年的15%左右，稳居世界第二位。可以说，当今中国是一个名副其实的全球性经济大国。从社会民生看，实现了从温饱向小康的整体性转变。但是，与发达国家进行比较，差距还是明显的，一些数字仍然是令人震惊的。由于新的技术革命主要是在先进国家发生，一些发达国家的增长速度正在加快。虽然中国GDP总量快速增长是不争的事实，但从GDP的质量及人均GDP这两个指标来看，中国和欧美发达国家仍然有很大的差距。根据世界银行的统计，以购买力平价计算，中国内地2011年人均GDP为10 057美元，全球排名第99位，而美国人均GDP则是49 782美元，全球排名第12位。在这个意义上，继续发展经济，提高国家的综合国力，改善人民生活，无疑仍然是我们切实而紧迫的目标，一些工作在某种意义上也要通过经济的发展来衡量、检验，这是避免各种空谈的一个可靠支点。

但是，发展经济并不是孤立的，又与文化观念、政治制度密切相关，十几年前有识之士在回顾中国改革开放历程时就指出："现在中国的大问题是知识落后于要求。最近二十多年的发展比较顺利，有些人就以为一切都很容易，认为生产力上来了就行了，没有重视精神的方面。实际上，我们与西方比，缺了'文艺复兴'的一段，缺乏个人对

第五章　文化变革的歧路与新抉择

理性的重视。这个方面，我们也需要补课。这决定着人的素质。现代化的发展速度很快，没有很好的素质，就无法适应现代化的发展要求。这是个文化问题，要更深一层去看。"❶ 这一问题仍然尖锐地存在。由于历史和现实的各种原因，消极乃至腐朽的人生观还有不少的市场，权力崇拜、拜金主义、享乐主义等被一些人奉为人生信条，奉持这种观念的人，为攫取权力、金钱，常常无所畏惧，乃至不择手段，走上违法犯罪的道路，给社会带来巨大的危害。人要生存，自然有世俗物质的一面，但是，不应忘记，通过多种形式的学习体悟，不断扩大自己的视野，提升人生的境界，其中重要的环节就是从功利境界到道德境界的跨越，这是人的神圣使命。政府社会更应创造条件，鼓励引导人们朝此方向努力。面对当今社会道德严重滑坡的种种现象，不能不说，这是全民族一项十分紧迫艰巨的任务。

经济、社会的发展也要求改变旧的体制，建立与之适应的合理、高效的制度。早在1980年8月，在改革开放事业刚刚起步时，邓小平在《党和国家领导制度的改革》讲话中，总结了我国民主政治建设的经验教训，尤其是"文化大革命"破坏社会主义民主和法制的教训，深刻地指出：为了适应社会主义现代化建设的需要，为了适应党和国家政治生活民主化的需要，为了兴利除弊，必须改革党和国家的领导制度以及其他制度。他强调要从制度方面解决问题，健全社会主义民主和法制。他说，我们过去发生的各种错误，固然与某些领导人的思想、作风有关，但是组织制度、工作制度方面的问题更重要。不是说个人没有责任，而是说领导制度、组织制度问题更带有根本性、全局性、稳定性和长期性。只有积极推进政治体制改革，使社会主义民主制度化和法律化，才能保证国家的长治久安和稳定发展，才能充分发

---

❶ 费孝通："经济全球化和中国'三级两跳'中的文化思考"，载《光明日报》2000年11月7日。

挥社会主义制度的优越性。❶

邓小平进一步强调政治体制改革在整个改革大业中的重要性，指出政治体制改革同经济体制改革应该相互依赖、相互配合。不改革政治体制，就不能保障经济体制改革的成果，不能使经济体制改革继续前进。他强调指出："我们提出改革时，就包括政治体制改革。现在经济体制改革每前进一步，都深深感到政治体制改革的必要性。不改革政治体制，就不能保障经济体制改革的成果，不能使经济体制改革继续前进，就会阻碍生产力的发展，阻碍四个现代化的实现。""不搞政治体制改革，经济体制改革难于贯彻。"❷ 邓小平讲话三十多年过去了，不能不说，由于各种原因，政治体制改革是严重滞后的。以近些年揭露的若干贪腐案件为例，贪腐的程度一次又一次让国人震惊，追溯这些贪腐的根源，除了理想信念的丧失，缺乏有效的监督制约当是更重要的原因，在这种环境下，掌握权力的人面对金钱享乐的诱惑，极易滑向腐败的泥潭。借鉴发达国家的经验，大力推进权力监督制约的制度建设，可谓当今迫切的重要任务。

问题是交织复杂的，从20世纪中国的历程看，将其中的一个方面强调到极端，忽略或轻视其他方面，都是不恰当甚至是有害的。新时代中国的改革开放应该展示新的风貌，努力寻求经济、政治、文化的和谐发展或良性互动。

为了达到这一目标，我们需要广泛汲取智慧。

第一，要借鉴现代化国家的成功经验。

没有人能否认教育在日本现代化过程的重要作用。江户时代日本已是当时世界上（包括农村）的全国平民教育最为普及的国家，当时农村的自耕农都具备了日常生活所必要的读写能力和计算能力，明治

---

❶ 《邓小平文选》（第二卷），人民出版社1983年版，第280~294页。

❷ 邓小平："关于政治体制改革问题"，见《邓小平文选》（第三卷），人民出版社1993年版，第176~177页。

维新后，为了大量吸收西方近代先进的科学技术和民主主义思想，日本出台了具有法律强制性的义务教育法，1900年，日本男女儿童的入学率已达到90%以上。"二战"后，日本丧失了大部分的产业，这个时期最先提出的课题是"文化国家的建设"，日本人认为只有教育才是使日本复兴的根本，作为战后五大改革措施的教育改革，日本政府将过去的六年义务教育制改为九年义务教育制。明治维新以来日本历届政府对教育的重视、高投入以及全民兴办教育的风气造就了日本人的高素质。教育是使日本在战争后重新崛起的极为重要的人文因素。再如，观察发达国家的民主追求道路，可以看到民主的建立离不开文化基础。18世纪末叶，美国和法国的民主革命都植根于启蒙时代的文化，包括英国和法国两支思潮，《独立宣言》所揭示的三大人权——生命、自由、幸福——鲜明地反映了当时欧洲的宗教思想和政治思想。对于"理性"的普遍崇拜更与17世纪以来的科学革命有密切关系。所以，西方近代民主的兴起在文化上早有深厚的新文化为其基础，所谓"民主革命"不过是自然生长中所发生的一个结构上的改变，是文化状态决定了政治结构。

第二，汲取中国传统思想资源的有益成分。

相较今日，古代社会的发展是缓慢的，但类似的问题在古代也存在，中国古代政治家、思想家有丰富的言论。关于注重经济的话："衣食足而后礼义兴"（管子），"足食足兵，民信之矣"（孔子）。关于注重道德的话："礼义廉耻，国之四维，四维不张，国乃灭亡。"（管子）"无恒产而有恒心者，惟士为能"（孟子）……简言之，他们共同认为道德为目的，经济为工具，道德为立国之本，经济为治国之用。经济的富足与否可以影响一般国民道德的良窳，少数有道德修养之士其操守却不受经济的影响。中国古代思想家的有些思想可以支持我们今天的选择，有些则可以校正我们的偏失。视道德或教化为立国之本的思想将日益显示其价值。

第三，继承和发展20世纪中国智慧的思想。

20世纪中国在文化变革歧路的选择上，固然表现过严重的片面、化约倾向，但是也有智慧的思想。例如，李大钊在推进新文化运动发展时所云，邓小平对经济体制改革与政治体制改革关系的阐述。再如与时俱进的孙中山，如果说早年当他与严复辩论时，因革命的急迫等原因使自己的思想包含一定的片面性，而在此后的革命实践和思想中，则不断丰富完善。当新文化运动迅猛展开时，孙中山给予了高度评价，"此种新文化运动，在我国今日，诚思想界空前之大变动。……倘能继长增高，其将来收效之伟大且久远者，可无疑也，吾党欲收革命之成功，必有赖于思想之变化，兵法'攻心'，语曰'革心'，皆此之故。故此种新文化运动，实为最有价值之事。"❶ 孙中山对新文化运动给予了高度评价，总结历史，孙中山也看到了国民党开展思想工作的必要性，这可谓新文化运动对孙中山的积极影响。然而，我们不能无限夸大这一影响，我们有理由相信，孙中山对新文化运动的认同是有保留的。

孙中山并未参加新文化运动阵营内的讨论，但比较他此一时期的言论，仍是有意义的。1919年10月，孙中山在上海青年会发表演说时明确提出改造中国第一步的方法只有革命，如果不挖掉"地底的陈土"即官僚、武人、政客，要想从教育、实业与地方自治着手改造中国，是不可能的。❷ 这一思想与李大钊、陈独秀等人的观点更为接近。

通观孙中山一生，自其立志革命以后一直与时俱进。在革命实践和思想中，越来越显示了整合的智慧，这可以其《建国方略》《三民主义》为代表。以《建国方略》而言，孙中山提出了一个包括交通、农业、矿业等在内的庞大的实业发展计划，论及了世界范围内中国经济发展的战略；同时，孙中山把国家的富强又同人权和民权直接联系起

---

❶ 《孙中山选集》，人民出版社1981年第2版，第482页。
❷ 《孙中山选集》，人民出版社1981年第2版，第473页。

来，号召人民致力于真正民主共和国的建设。无疑，这是中国近代化运动第一、第二阶段的总结和继续。不仅如此，孙中山在第一部分"孙文学说"中也涉及了思想观念变革的问题。他认为，民国成立以后，革命建设之所以无成，国事之所以日非，其中原因固多端，而革命党人于革命宗旨、革命方略信仰不笃、奉行不力不能不是一个重要原因。而对革命宗旨和革命方略信仰不笃、奉行不力，归根结底又是由思想问题造成的。此思想问题是什么呢？这就是几千年来的传统说法——"知之非艰，行之维艰"思想在心中作祟。因此，孙中山千方百计要破除的就是"知易行难"说这一心理障碍，他要树立的是与之相对立的另一种思想与观念——行易知难。在论证中，孙中山集中宣传了他的科学启蒙和理性启蒙思想。因为有这一基础，孙中山可以顺理成章地称赞新文化运动；同时，由于他有宏大综合的规划，使他拒绝新青年们的"借思想文化以解决问题的途径"。孙中山在他那个时代所显示的整合智慧仍然值得我们珍视。20世纪中国这类合理的思想理应得到继承和发扬。

回顾近代以来中国的历程，毫无疑问，经过几代中国人的浴血奋斗，我们已取得很大的成就，积累了丰富的经验和教训。这场广泛而深刻的社会变革仍在继续，我们迫切需要加深对人类文明大道的认识，找准前进的方向，经济、政治制度、文化观念沿着这一方向互相支撑、促进。当然，这不意味着我们不可以在不同的时期根据各种条件有不同的侧重点、突破口。

晚年的胡绳，在与"从五四运动到人民共和国成立"课题组成员谈话时讲，"单搞工业，虽然是资本主义性质的工业，并不等于就是搞资本主义化，关键是同时还要进行相应的从政治到思想一整套改革。冯友兰说过这样的意思：如果让洋务派搞工业一直搞下去，中国就会整个地改变，实现现代化。这似乎是唯物史观。其实，事情不是这样简单。当然，不搞工业，不发展经济，以为只靠变革思想、政治，就能实现现代化,也是不行的。这是民国初年包括五四运动时的思想,很幼稚。"❶ 细细体味,这番话透过对历史事件和思想的扼要评论,显示了整合的智慧,有待进一步阐发。至于在具体的实践中个体怎样选择,是做思想启蒙工作、还是从事制度变革、实业建设工作,可取决于个体的主客观条件。

五四新文化运动时期曾在中国讲学观察的罗素,讲过一段意味深长的话:"中国的人口占到全世界的四分之一,所发生的问题即使对中国以外的任何人没有影响,本身也具有深远的重要性,事实上,在未来的两个世纪里,无论中国朝好的方向发展,还是朝坏的地方发展,都将对世界的局势产生决定性的影响。因此,对中国问题应该有明智的了解,这一点对欧美、对亚洲都同样重要,尽管目前还无法给出明确的答案。"❷ 当年如果它对无视中国的西方人是善意的提醒,对当代中国人来说,仍是沉甸甸的责任。实现现代化,完成中华民族的伟大复兴,重回亚洲乃至世界的文化大国地位,可以说是中华民族奋斗目标的不同说明。这一目标追求实现的过程,也是近代以来因文化冲突、文化变革歧路等而引发的问题得到消解的过程,在这一过程中,中国对人类的贡献必将日益增强。

---

❶ "从五四运动到人民共和国成立"课题组著:《胡绳论"从五四运动到人民共和国成立"》,社会科学文献出版社2001年版,第10页。

❷ 罗素:《中国问题》,学林出版社1996年版,第1页。

附　　录

20世纪中国思想文化成就的宏观估价[*]

内容提要：总结研究20世纪中国思想文化是一项意义重大的课题。如何估价20世纪中国思想文化成就，是颇有争议或缺乏深入研究的问题。我们应立足于古今中西比较，揭示20世纪中国思想文化的独特贡献。面对20世纪中国的复杂历程，研究者要采取理智清醒的态度，以更开阔的视野，拓展研究工作：兼顾文化的不同领域，挖掘民间的精神产品……以展示20世纪中国思想文化真实、丰富的风貌。

20世纪即将落下帷幕，新世纪、新千年就要到来，总结过去、展望未来是一项意义重大的课题。事实上，人类的此种回顾展望工作不一定要到世纪临界点方才进行，而是随时可为，只是在世纪临界点会变得更自觉、更集中罢了。

具体谈到中国20世纪思想文化历程的回顾，也是如此。早在1948年，冯友兰回顾中国哲学四十多年的发展，明确断言，"本世纪初以来，中国的社会、政治局面尽管看来混乱，可是中国的精神生活，特别是哲学思维，却有了伟大的进步。这并不出人意料。中国的混乱，

---

[*] 本文写于2000年10月，载《中国哲学史》2001年第1期。收入本书时，文字略有修改。

是中国社会性质由中世纪向现代转变的一个方面。在这场转变中，造成了新旧生活方式的真空，传统的生活方式已经古老废弃，新的生活方式仍然有待于接受。这样的真空，十分不便于实际日常生活。但是很有利于哲学，哲学总是繁荣于没有教条或成规约束的人类精神自由运动的时代。"冯先生进一步指出，处于此时的哲学家们特别幸运，因为他们重新审查、估价的对象，不仅有他们自己的过去的观念、理想，而且有西方的过去和现在的观念、理想，"在这种形势下，如果当代中国思想竟无伟大的变革，倒是非常可怪了。"❶ 冯友兰充分肯定了20世纪以来中国哲学的伟大进步，同时对其未来发展充满信心。在以后的各个时期，也不断有学者总结评论各个时期哲学文化的发展情况。

进入90年代，回顾总结20世纪中国思想文化历程的呼声日益强烈，"绵亘近一个世纪的文化论争，其表现形态是中西古今新旧文化价值的评判之争，是中国现代化道路的选择和探寻，而贯穿、蕴涵其中的乃是一系列哲学问题。既有哲学认识论、方法论问题的种种分歧，更有哲学本体论问题的艰苦曲折的探索。这是一个极为复杂的思想历程，给人们留下了极为宝贵的文化选择和理论研讨的历史经验教训。毫无疑义，20世纪中国哲学思潮，既与世界哲学思潮声息互通，又与中国传统哲学血脉相因，对中华未来腾飞自有其文化酵母作用，因而是值得充分重视的研究课题。"❷ 哲学如此，文学、史学、经济学、艺术等文化领域也不例外。

与呼吁相伴随，已有一些切实的研究工作，哲学、文学、史学等领域都着手百年回顾总结的工作。随着研究工作的开展，在若干问题上也出现了分歧，20世纪中国思想文化的成就总体上如何估价？便是

---

❶ 冯友兰："中国哲学与未来世界哲学"，1948年，英文，汉译载《哲学研究》1987年第6期。

❷ 萧萐父："《20世纪中国哲学本体论问题》序"，见《20世纪中国哲学本体论问题》，湖南教育出版社1991年版，第5~6页。

颇为重要的一个。

有充分的肯定:"20世纪在中国历史上是一个风云激荡、具有重要历史转折意义的世纪……。可以说,20世纪改变了整个中国的面貌,不论政治、经济、文化等各方面,都发生了巨大的变化。这个变化有着非常丰富的历史内涵,中国哲学也是一样。可以说,20世纪的中国哲学是整个中国哲学史中最重要、最精彩的篇章,无论哲学形态之丰富多样,哲学斗争之尖锐复杂,思想内涵之广泛深刻,都是过去任何时代所不可比拟的。"❶ 也有低调的评论:"我们不得不承认,20世纪,中国的传统文化还没有因为能够得到外来文化刺激而起死回生,更进一步,发扬光大,影响世界。余英时教授说,中国20世纪的文化成就不高,回顾历史,这恐怕不是偶然的。"❷ 上述观点应该说是较有代表性的,而后一观点有的形诸文字,更多的是流布于私下言谈,有一定的影响力,初闻有些道理,实则尚可推敲。

如果说"20世纪中国哲学""20世纪中国文学"等是近十几年出现的论题,而对20世纪中国各领域的重要人物一直有不同程度的研究,近十几年这些人物更是集中地受到关注和研究。包括曾长时间被冷落、埋没的人物,他们的人生经历、学术历程、成就造诣都是其中的重要论题。翻看这些书籍,可以看到,在思想学术成就等方面,一些人得到的评价常常是很高的。余英时是接近现代新儒学流派的学人,我们且来看对这一流派代表人物的评价。

1968年,熊十力在上海逝世,其弟子徐复观撰文悼念云:"熊先生的体系哲学,应以他的《新唯识论》作代表。陶铸百家,钳锤中外,以形成他创造性的哲学系统。此一哲学系统,我们可以赞成,也可以不赞成。但此一系统的成立,乃由他深刻地体会与严密地思辨,交相

---

❶ 方克立:《现代新儒学与中国现代化》,天津人民出版社1997年版,第542页。

❷ 白先勇:"世纪末的文化观察",载《东华时报》1999年5月27日。

运用，将宇宙人生的根本问题，分析到极其精微而无深不入，综合到极其广大而无远不包，结构谨严，条理密察，使其表达之形式，能与其内容，融合无间。拟之于康德，则康德析而为三者，先生乃能贯之以一。拟之于黑格尔，则黑格尔拘于普鲁士之私者，先生乃扩而为人类之公。儒家致广大而尽精微之义蕴，固由先生而发煌；而其思辨组织之功，融会贯通之力，乃三千年中之特出。由内容到形式，皆不愧为一伟大之体系哲学著作。在我国三千年中，除了《新唯识论》外，谁还能举得出第二部？"❶

1995 年，现代新儒学第二代中坚牟宗三逝世，在悼念文字中，有人推之为"中国哲学宇宙的巨人"，❷ 蔡仁厚介绍牟宗三的学术贡献，许以"一生著作，古今无两"，"'古今无两'，谈何容易！……先生（1）对'儒、道、佛'三教之义理系统，分别以专书作全盘之表述，实乃古今第一人。（2）其外王三书，是真能贯彻'顾、黄、王'三大儒之心愿遗志，而开出外王事功之新途径者。自古迄今，也不作第二人想。（3）以一人之力，全译康德三大批判，又自撰专书分别消化康德批判书所讲之'真善美'之问题。即此三点，已迥然超绝。'古今无两'，岂虚言哉！"❸

上面的言论从古今中西比较角度对熊十力、牟宗三给予了很高的评价。类此的言论还可以列举下去，而中国马克思主义、自由主义等流派也可以推出自己的卓越人物，❹ 这样来看，我们的大师、巨匠并不少，成就并不低。仅就现代新儒学而言，如果上述评价成立，20 世纪

---

❶ 徐复观：《中国人文精神之阐扬》，中国广播电视出版社 1996 年版，第 338~339 页。

❷ 与此相类，牟宗三曾称唐君毅"文化意识宇宙中的巨人"。

❸ 蔡仁厚："牟宗三先生的学术贡献"，载《联合报》1995 年 4 月 19 日。

❹ 如张岱年论金岳霖："金先生在 40 年代又写成认识论专著《知识论》。其中论述之精、分析之细，不仅超越古人，而且在当代西方哲学中也是罕见的。"见张岱年：《回忆清华哲学系》一文。

中国文化成就不高之说是否需要有所修正呢？文化之事不能以数量多少论，即使各个领域有一二人真能为"古今第一"，中国20世纪在文化上也足够闪亮了，需要修正的该是哪一方面的论断呢？当然，这可能不是余英时等个人所有的论断上的矛盾，但就整个中国学术界的声音而言，就颇令人寻味了。学术之事，特别是一个问题的研究初始阶段，必然也应该允许有不同的声音，但也要注意，不应相去太远，甚至是自相矛盾。

类此冲突矛盾的论断提醒我们，要衡定一个思想家、20世纪中国思想文化成就远不是简单容易的事。一切都有待于进一步研究，现有的论断都要接受时间的考验，乃至得到修正。

问题是复杂的，但我们有大的方向可循，那就是立足于古今中西的比较，提示出思想家、20世纪中国思想文化上的贡献，如对原有问题的推进、提出的新问题，其中也包括总结20世纪中国思想文化发展中的若干教训。回顾我们的研究工作，可能在古今对比上得心应手，做得多些，而在东、西方的对比上，由于研究者知识结构的限制等原因，做得还太少，甚至是远远不够。这样20世纪中国思想文化上的独特贡献还不能很充分地讲出来。因此，研究20世纪中国思想文化，需要有历史眼光，在目前更需要有世界眼光，把20世纪中国思想文化的独特贡献和局限讲出来，这应是很重要的任务；有了此种眼光或魄力，在评论一些思想家、学者的地位或贡献时，也就更清醒、更准确，而不只是笼统地"广矣深矣"的感叹。如熊十力的《新唯识论》，自发表之日起就有很高的评价，在英语世界已有一点影响，但其思想的独特贡献、对世界文化发展的意义，恐仍有待阐述。对整个世界有意义的问题和思想还有哪些？不能不说，这是一件艰巨的工作，对我们的研究者也提出了更高的要求和挑战。

对20世纪中国知识分子来说，文化评论一直是不断进行的工作，如今这一工作也成为评论反思的对象。简单回顾这一历程，有一颇有趣味的现象,值得引起我们的注意。

五四新文化运动是20世纪中国文化评论的第一次高峰。它指示的方向及倡导的种种观念,深深影响了中国20世纪的历程。然而从一开始,它就受到质疑,五六十年代,这种质疑在我国港台地区为一些学者顽强地坚持和发展着,进入八九十年代,经过反思、对话,越来越多的知识分子接受如下的观点:"五四"有很多遗产需要继承,并继续去发展,但"五四"对传统文化确有偏激倾向;另外,当时有一种西方文化中心论,以西方作为唯一的衡量世界的标准,西方有的就可以存在,西方没有的就不应该存在,西方认为好的就是好的,西方认为不好的就是不好的。这两种观点结合,自然轻视中国文化的价值。典型的例证如,胡适在新文化运动背景下进行中国哲学史研究,其成果一出版便风行一时。稍后又提出"整理国故",其原则精神是"只是要人们明白这些东西原来'也不过如此'!本来'不过如此',我所以还他一个'不过如此'。这叫做'化神奇为臭腐,化玄妙为平常。'"❶中国哲学文化中有陈腐过时的东西,但胡适对中国文化的轻视态度也是明显的,这种轻视的态度,遮蔽了他的双眼,难以看到中国哲学文化的光辉。胡适的研究受到后人的严厉批评,冯友兰指出,胡适的《中国哲学史大纲》"实际上是一本批判中国哲学的书,而不是一本中国哲学的历史书","我们在读胡适的书时,不能不感到他认为中国文化的全部观点是完全错误的。"❷

通过反思,我们认识到,一个民族要珍视自己的文化传统。应该说,对待传统文化,我们现在的态度理智慎重多了,对老子、孔子、孟子等古代圣哲,不仅肯定其历史价值,而且努力发掘对中国乃至世界现代生活的意义,研究者把老子、孔子、孟子等与古希腊的苏格拉底、柏拉图、亚里士多德相提并论,找相通、判别异,衡定他们的思

---

❶ 《胡适文存》(第三集),二卷,亚东图书馆1930年版,第212页。
❷ 冯友兰:《三松堂学术文集》,北京大学出版社1984年版,第287页。

想,国人都认为是很正常的,少有异议,对中国传统文化失去的自信正逐渐地恢复。

我们为这种理智清醒的态度而欢呼,但是如何对待中国近代以来的文化传统或20世纪的文化传统,是否也需要理智清醒的态度呢?回答当然是肯定的。当我们历经曲折,从对传统文化偏激态度、西方文化中心主义中走出来后,真不该让近现代文化传统又去经历中国古代文化传统曾经历过的偏激风暴,这是耐人寻味的问题,也是需要我们警惕的倾向!一个民族的自信不能仅仅建立在古代文化的辉煌,也需要近代乃至当代的文化成就去巩固和加强。当然这些成就是经过一定检验,而不是盲目吹嘘出来的。

说到要警惕的倾向,自然是现实生活中已存在的种种现象。2000年春季,我在日本进行访问研究,一次在一所大学与研究中国文化的学者、学生座谈,一学生问:我们知道中国古代有很著名的思想家,近代以来有没有大思想家呢?日本学生有此疑问,并不奇怪,因为日本的汉学重视古代,在哲学领域轻视近现代。我按自己的理解进行了回答。我知道,简短的回答不能完全解除学生的疑问,这个问题时常闪过我的脑海;在书店里,我翻看加藤尚武著的《20世纪的思想》,全书共有七章,前六章介绍西方各流派思想,最后一章介绍日本西田几多郎、丸山真男的思想。这里看不到中国、印度等国思想家的名字,这对20世纪中国哲学是一件不公正的事情,当然可以说,这是作者知识结构的限制,但既然没有涉猎,何不加以限制,标为"20世纪西方和日本的思想"。不能说这是个别现象,即使是国内也有轻视20世纪中国哲学的倾向,而西方当代的思想家、文学家、画家等,介绍进来就是"大师""巨匠",代表当今世界文化趋向……这些都说明我们对自己、对世界还缺乏深刻、清醒的认识,对20世纪以来中国在文化上的贡献,更缺乏研究和宣传。

产生上述倾向,也有20世纪中国思想文化发展道路本身容易引出某种结论的问题，而某些论断又多是略嫌简单地据此而立。

20世纪中国有相当长的时期处于贫困、战乱、内讧、文化封闭、社会转型……一些很有潜力，或已很有成就的知识分子因种种人为的原因，转为沉默乃至凋零，未能充分地尽展其才。历史如此，文化又岂能有大的成就？循此而论，如果没有动乱，那么中国思想文化的成就……这恐怕是很多人容易有的想法，应该说有一定道理。但从另一方面看，又不尽然，对从事思想工作的人来说，很难遇到这么一个时代，那么复杂、那么多的问题要你去思考，要你去探索解决，无论有多好的天赋、多大的才能都能用得上。至于文化的外在机缘如社会动乱、思想专制当然给文化带来种种破坏、甚至是毁灭，同时也可能激发异彩，此所谓"智慧之鸟的猫头鹰，只有在文明的暮色中才开始起飞"。三四十年代的中国贫穷、战乱，但也就是在辗转西南的艰苦岁月中，冯友兰、金岳霖、钱穆、熊十力等完成了自己一生的代表作；在延安的窑洞里，毛泽东、刘少奇等写下中国马克思主义的经典著作；……在他们的著作中无不跃动着因国家危亡而生发出的使命感，这也是他们著书立说的不可阻抑的动力，这种动力推动着他们达到了思想和学术的高峰，这又是在衣食无忧、品茶挥笔的书斋生活中难以孕育的。类似的情形在中外文化史上都不乏例证，如明清易代之际，是一个大动乱的时代，知识分子很难应付得当，非死即降，但也就在这一腥风血雨的时期。思想、绘画等领域出现了高峰，产生了王夫之、黄宗羲、石涛等大家，他们的文化创造工作显然不是在平静的岁月中进行的。

面对20世纪中国文化的复杂历程，我们的研究者需要更开阔的视野，除了前面言及的加强古今中西的比较研究外，要总论20世纪中国文化的成就，还要注意：不能只看一个自己熟悉的文化领域，也要兼顾其他领域。文化领域间有相互渗透影响关系，同时也可能存在发展的不平衡，可能同一时期某个领域缺少重大进展，而另一领域却有大的突破。例如我们暂且设想20世纪中国哲学成就不高，缺乏对世界的影响力，那么绘画、文学、戏剧、中医学等领域呢？这些领域在20世纪可是流派林立，大师辈出的……不宜孤立地只看一个时期、地区，而要把全中国、整个20世纪综合起来审视，某些时期如"文化大革命"十年只是历史长河中的曲折；不能仅看一定时期正式印刷的书刊，也要注意民间的精神产品。就后一点来说，中国当代文学研究已形成较明确的意识，"通常流行的观点是：一部整个20世纪文学，30年代辉煌，80年代繁华，而1949至1978年这一段文学比较单调。实际上，这些观点是以公开发表的作品为标准进行衡量的，因为我们一向认为公开发表的作品才是文学史研究的对象。其实每个时代的精神都是丰富的，50年代以来斗争的残酷，使很多语言被掩盖了，比如那些已经创作出来的、没有公开发表的作品，像沈从文1949年以来所写的大量札记，写他与那个时代的隔离而产生的想法，内涵丰富，非常漂亮。还有另外一些老作家、胡风分子、右派、'文革'后老、中、青几代人包括食指他们的没有公开发表的作品，如果把这些人都放进文学史，那是非常丰富而优秀的。"❶不可否认，哲学思想史等领域也有类似的情况，挖掘新材料的潜力十分巨大。有意思的是，近几年宣传颇多的顾准，在一些新近出版的当代哲学史、思想史的著述中尚未给予一定的位置，是顾准的思想学术成就不够，还是研究者过于因循守旧？耐人寻味。

只有以更开阔的眼界扎实地工作，20世纪中国思想文化的面貌才能真实、丰富起来。可以说，我们还有许多工作可做。

20世纪中国思想文化无疑是异常曲折复杂的，有自豪的成就，也有惨痛的教训。它在某些方面、一定时期鼓动了中国社会的前进变化，同时又受到社会和时代的制约，它是几千年中国文化发展的继续和变

---

❶ 陈思和语，见"当代学者、评论家谈中国当代文学"，载《中华读书报》1999年9月29日。

迁，是西方某些观念的试验场，是中国人民或对或错的选择、创造。如今这一切都呈现给世人，任人评说！

20世纪中国思想文化的成就究竟如何？我们还是先不要一语论断吧。因为还有待深入研究。但只要人们想到，这是在有几千年文化历史、世界上人口最多而且仍在进行民族复兴探求的国家中产生的，都会承认，这是一份宝贵的财富。只要我们的研究有正确的方向、态度和方法，便终可取得为世人所接受的结论，有益于新世纪的中国和世界。那将是另一种意义上的贡献。

20世纪中国文化成就不高、中国人的文化创造力是否在下降？……类此的言论或疑惑，是否将激发我们在新世纪进行更多、更卓越的创造，从而达到新的文化高峰呢？

附 录

中国传统道德与当代价值观重建[*]

内容提要：在建设有中国特色社会主义的事业中，有一项十分重要的工作，就是要努力建设新时代的新道德，提高人民的思想觉悟、道德水平。社会主义思想道德体系可以从浩瀚广博的中国传统道德中继承哪些思想和规范？批判继承的原则是什么？……类此的问题都有待我们深入地探讨。中华民族传统美德应不断丰富、发展其内涵，进行综合创新，更好地体现社会主义思想道德建设的要求。当代价值观将为推进有中国特色的社会主义现代化建设发挥重要的作用。

在当前建设有中国特色社会主义的事业中，有一项十分重要的工作，就是努力建设新时代的新道德，提高人民的思想觉悟、道德水平。中国共产党的十六大报告曾指出："要建立与社会主义市场经济相适应、与社会主义法律规范相协调、与中华民族传统美德相承接的社会主义思想道德体系。"指明了社会主义思想道德建设的丰富内涵和战略目标。中国共产党十九大报告进一步指出："深入挖掘中华优秀传统文化蕴含的思想观念、人文精神、道德规范，结合时代要求继承创新，让中华文化展现出永久魅力和时代风采。""人民有信仰，国家有力量，民族有希望。要提高人民思想觉悟、道德水平、文明素养，提高全社会文明程度。"

提出社会主义思想道德体系与中华民族传统美德相承接的理论依据、必要性或重要意义是什么？社会主义思想道德体系可以从浩瀚广博的中国传统道德中继承哪些思想和规范？如何结合时代要求继承创

---

[*] 本文主体完成于 2004 年秋，是参加一项集体课题独自完成的成果，未公开发表。文章所论结合现实，与近代以来的东西文化、道德变迁等问题，实有密切关系。2018 年年底，重新润色定稿。

新?批判继承的原则是什么?应防止哪些错误的倾向……类此的问题都有待我们深入地探讨。本文仅是初步的尝试。

一

关于建设社会主义文化,列宁曾提出非常鲜明的见解,"应当明确地认识到,只有确切地了解人类全部发展过程所创造的文化,只有对这种文化加以改造,才能建设无产阶级的文化,没有这样的认识,我们就不能完成这项任务。无产阶级文化并不是从天上掉下来的,也不是那些自命为无产阶级文化专家的人杜撰出来的,如果认为是这样,那完全是胡说。无产阶级文化应当是人类在资本主义社会、地主社会和官僚社会压迫下创造出来的全部知识合乎规律的发展。所有这些大大小小的途径,无论过去、现在或将来,都通向无产阶级文化……""只有用人类创造的全部知识财富来丰富自己的头脑,才能成为共产主义者。"❶ 列宁的话非常明确地指明了社会主义文化建设的道路。近代西方文化主要是资本主义社会的文化,而中国传统文化则主要是封建主义社会的文化,对于这些文化都要加以改造,才能建设社会主义的文化。总体说来,资本主义文化要比封建主义文化先进,而社会主义文化是比资本主义文化更高一级的文化。只有确切地了解人类全部发展过程所创造的文化并加以改造,才能建设社会主义的新文化。文化建设不能从零开始,对传统文化的批判继承是社会主义文化建设的题中应有之义,也是中华民族文化进步和发展的重要条件。

正确把握社会主义思想道德体系与中华传统美德相承接,首先要了解道德的时代性与连续性、阶级性与普遍性等重大理论问题。

道德因时代不同而不同,但是也有一些道德规范不仅适用于一个时代而具有较长时期的适宜性,虽然不是永恒的原则,但是长时期内必须遵循的准则。列宁曾谈到公共生活规则,他说:"只有在共产主义

---

❶《列宁选集》(第四卷),人民出版社1972年版,第348页。

社会中……人们既然摆脱了资本主义奴隶制，摆脱了资本主义剥削制所造成的无数残暴、野蛮、荒谬和卑鄙的现象，也就会逐渐**习惯于**遵守数百年来人们就知道的、数千年来在一切处世格言上反复谈到的、起码的公共生活规则，自动地遵守这些规则，而不需要暴力，不需要强制，不需要服从，**不需要**所谓国家这种实行强制的**特殊机构**。"❶ 所谓公共生活规则就是长时期内人们必须遵循的基本道德准则。

中华民族素有"文明古国"和"礼仪之邦"之称，具有悠久而厚重的道德传统，这种传统深刻地影响着民族性格、民族心理和民族精神，影响着广大人民群众的生活方式和精神追求，其中有宝贵的精神财富即中华民族传统美德。建构社会主义思想道德体系，必须继承中华民族优秀传统文化和传统美德，发挥党领导人民在革命、建设和改革实践中形成的优良道德，把这些优秀传统美德和革命精神推广到全体人民中去，变成人们的精神支柱，使社会主义思想道德体系既体现时代特点又具有鲜明的民族特色。

中华民族的传统道德思想具有十分丰富的内容，中华民族"自强不息"的人生哲学；"富贵不能淫、贫贱不能移、威武不能屈"的高风亮节；"天下为公"的大同思想，"先天下之忧而忧，后天下之乐而乐"的立身情操；"天下兴亡，匹夫有责"的爱国精神……对中华民族的形成、繁衍、统一、稳定和自立于世界民族之林都起到了巨大作用。在长达数千年之久的历史长河中，中华民族依靠伟大的民族精神，无所畏惧地战胜了一个又一个的困难，克服一个又一个的障碍，谱写了一曲又一曲高亢激越的民族颂歌。历史的发展表明，中华民族的优良道德传统，对于中华民族的团结、和谐与发展产生过非常重要的作用。

进入近代以后，伴随着近代化、现代化浪潮，在处理新道德与旧道德的关系上，中国走过了曲折复杂的道路，有成功的经验，也有不少深刻的教训。

---

❶ 《列宁选集》（第三卷），人民出版社1972年第2版，第247页。

中国几千年来的传统道德导源于殷周时代，到春秋战国时期，经过诸子百家的讨论与宣扬，逐渐成熟，到汉代基本确立下来，其本质是封建社会地主阶级的道德。这种道德，在历史上虽也有人提出过不同意见，直到"五四"新文化运动才受到比较深刻的批判。陈独秀、李大钊、鲁迅等以彻底的不妥协精神向封建旧文化挑战，陈独秀旗帜鲜明地主张接受近代西洋文明来全盘否定中国传统文化，他写道："吾人倘以新输入之欧化为是，则不得不以旧有之孔教为非。倘以旧有之孔教为是，则不得不以新输入之欧化为非。新旧之间，绝无调和两存之余地。"❶ 陈独秀所说的"欧化"集中到一点，就是拥护科学与民主，"西洋人因为拥护德、赛两先生，闹了多少事，流了多少血，德、赛两先生才渐渐从黑暗中把他们救出，引到光明世界。我们现在认定只有这两位先生，可以救治中国政治上、道德上、学术上、思想上一切的黑暗。若因为拥护这两位先生，一切政府的压迫，社会的攻击笑骂，就是断头流血，都不推辞。"❷ 新文化运动人士的思想在思想界和社会上产生广泛的影响。

事实上，旧道德破坏了，新道德却未确立起来，这是因为，"五四"时期所提倡的新道德主要是资产阶级道德，而资本主义在中国并没有发展起来。"五四"时期，马克思主义传入中国，得到了一定的传播，1938年毛泽东在党的六届六中全会上说，"我们这个民族有数千年的历史，有它的特点，有它的许多珍贵品。对于这些，我们还是小学生。今天的中国是历史的中国的一个发展，我们是马克思主义的历史主义者，我们不应当割断历史。从孔夫子到孙中山，我们应当给以总结，承继这一份珍贵的遗产。这对于指导当前的伟大的运动，是有重

---

❶ 陈独秀："答佩剑青年（孔教）"，载《陈独秀著作选》（第一卷），上海人民出版社1993年版，第281页。

❷ 陈独秀："《新青年》罪案之答辩书"，载《陈独秀著作选》（第一卷），上海人民出版社1993年版，第443页。

要的帮助的。"并为此而强调"使马克思主义在中国具体化,使之在其每一表现中带着必须有的中国的特性,即是说,按照中国的特点去应用它,成为全党亟待了解并亟须解决的问题。"❶ 在这以后,将马克思主义哲学与中国哲学的优良传统相结合,成为马克思主义哲学中国化的一个明确方向。在批判总结传统伦理思想方面,马克思主义者除了批判儒家伦理思想的封建性、唯心主义本质之外,还注意吸取儒家伦理思想的合理因素,使之与马克思主义相结合,毛泽东《纪念白求恩》《为人民服务》、刘少奇《论共产党员的修养》等便是这方面的代表作。以"为人民服务"思想的提出为例,1939 年,毛泽东在张闻天写的关于孔子哲学思想文章里面作了一些重要的批语,在谈到孔子的智、仁、勇的时候,毛泽东提出,孔子尽管讲仁爱、讲勇敢,但他是在唯心史观基础上来讲的,是为少数人服务的,为统治阶级服务的,为剥削阶级服务的。我们的道德观是为人民服务的。可见,为人民服务是毛泽东运用唯物史观,在批判孔子的道德思想时候提出来的,以后,又在《纪念白求恩》《为人民服务》等著作中进一步地阐发。1949 年中华人民共和国成立,提倡共产主义道德,50 年代初期,曾取得良好的效果,社会道德有很大提高,"为人民服务"的新道德原则通过共产党的干部和军队在全社会推广开来,受到人们的赞扬和遵从。但是到了 50 年代末期,极"左"思潮流行起来,关于道德的讨论也受到一定影响,到 1966 年"文化大革命"开始,以"破四旧"的名义,对传统文化进行全面否定,到 70 年代初,又进行了所谓"批儒评法"运动,对传统哲学进行了肆意地歪曲,社会道德遭到空前的破坏。继而出现所谓"理想危机""信仰危机",很多人失去了精神寄托,一时间,理想成了欺骗的代名词,成了乌托邦的同义语。邓小平曾经不止一次讲过,"文化大革命"直接造成了中国人道德风气的恶化,影响了一代人。

可以说,中华人民共和国成立以后很长一段时间内,在继承和弘

---

❶ 《毛泽东选集》(合订一卷本),人民出版社 1964 年版,第 499~500 页。

扬优良传统道德问题上，由于受到"左"和右的思想的严重干扰，人们未能正确地对待中国传统道德，使社会主义思想道德建设在继承和弘扬中国优良传统道德方面，受到严重的影响。要避免历史悲剧的重演，就必须真诚地面对历史，从反省与自我批判中吸取历史的教训。

可以说，应该继承和弘扬中国优良传统道德，是反思中国近代思想发展道路得出的一个重要结论。同时从目前的社会环境和奋斗目标来看，提出这一点也是十分必要的。

应该承认，从当前所处的社会环境来看，改革开放以来我国的社会环境是中华人民共和国成立以来最好的历史时期，国力不断增强，人民生活水平不断提高，社会稳定。同时也要看到，在实行改革开放政策和发展社会主义市场经济的今天，国内外的各种腐朽没落的思潮通过各种媒介不断传播，在社会政治、经济和思想文化领域出现种种不健康现象，如众所周知的拜金主义、享乐主义和个人利己主义，特别是以权谋利、贪污腐败、走私贩毒、假冒伪劣和坑蒙拐骗等丑恶现象，屡见不鲜。这些现象对我国社会主义现代化建设造成很大危害，这些问题如果得不到及时有效的解决，不仅影响我国社会主义精神文明建设，而且会危害我国改革开放、社会主义现代化建设的大局。面对我国当前的道德形势，我们应充分认识社会主义道德建设的重要性和紧迫性，努力建立社会主义思想道德体系，这已成为我国当前一项十分紧迫的任务。中华民族的优良道德传统是建立社会主义思想道德体系的必不可少的思想资源。

道德素质滑坡原因是复杂的、多方面的。要遏止和消除这些社会的不文明、不道德现象，除采取加强法制、端正党风、严肃纪律等措施外，还必须开展中华民族传统美德教育，即用中华民族传统美德对社会公民进行"中华根"的教育，使中华民族优秀传统文化和美德传统内化为人们的气质、品格与美德。继承和弘扬传统美德是当前提高中华民族素质的内在需要。

在 21 世纪，中国共产党要团结和领导全国人民，把中国特色社会主义建设事业全面推向前进，实现国家富强、人民幸福和民族振兴。一个着眼于未来，大力进行现代化建设的国家和民族，必然不会忘记自己的历史，更不会抛弃本民族的优良道德传统。事实上，西方发达国家都重视本国的优秀传统，如英、法、德、美、意各国，莫不重视弘扬其本国的民族传统和民族精神。传统人文思想经过创造性的转化，可以而且也必然成为中国现代化的重要思想资源。

中国的现代化是社会主义的现代化，是为实现共产主义的最终目的而进行的现代化，保持和发扬中华民族优良传统道德，具有更特殊的意义。在建设社会主义新文化、思想道德体系过程中，继承和弘扬中国哲学的优良思想传统和传统美德，可以使中华民族为人类文化的发展做出更大的贡献。

从世界文化道德发展的大趋势看，中国伦理道德不仅具有民族意义，而且具有一定的世界意义。千百年来，东方传统伦理道德在塑造东方民族性格，培养民族精神，发展与各个国家友好关系等方面都起到了重要促进作用。

探寻东亚伦理道德的形成、发展无不以孔子为代表的儒家伦理道德学说为源头。中国周边国家尤其是日本、东亚四小龙的经济腾飞有力地说明了中华民族传统美德的现实价值和世界意义。美国学者吉伯列在《设计的奇迹》中指出：日本经济的成功是以日本方式改造过的儒家传统道德与美国经济民主主义相结合的结果，故可以称它为"新儒教资本主义"。

新加坡在政府领导下，有组织有计划地向全社会推行儒家伦理道德。儒学伦理道德与新加坡精神已融为一体。1986 年新加坡《联合晚报》发表了时任副总理王鼎昌以《借东风发扬东方文明》为题的讲话。王鼎昌说："东方的人文科学，道德伦理，处世哲学以及东方世界人们的精神状态，都是有许多值得我们学习的，只有实事求是地结合我们的实际,都能够转化为积极的力量。所以,如果希望我们的文化社会经济能继续蓬勃发展,我们就要向东方和西方吸取精华。"

当前,随着经济技术的高速发展,经济全球化正在加速发展,在给各个国家或地区带来不同机遇的同时,也带来了一系列挑战。在强调个人自由的同时,如何保证人际平等?在承认西方现代社会文明的先行地位的同时,如何尊重和保护不同民族、国家各自独特的文化传统,促进它们之间的平等对话和理解,保证人类文化的丰富多彩?在确认人类的自我目的性地位的同时,如何避免人类中心主义的极端发展,重造人与自然的和谐……人们在思考、探讨这些问题时发现,中国哲学已为此提供了富有启发性的智慧,这就是"天人合一""和而不同"等思想智慧。中国古代思想家思考如何解决人与自然的关系、人与人之间的关系、不同国家、民族、文化之间的关系问题,提出了各种不同的理论,在中国哲学中主张多元文化和谐共存的"和而不同"论,主张人与自然协调发展的"天人合一"论,始终占主导地位。在解决当今人类面对的文化冲突、生态破坏等问题时,中国古老的思想智慧对现代人仍富有启发意义。

在中国近现代思想史上,对于中国传统道德的认识,经历了一个复杂、曲折的过程。建设社会主义文化,一定要继承和弘扬包括传统美德在内的优良文化传统,越来越成为人们的共识。在建立社会主义思想道德体系过程中,要注意反对和防止两种错误的倾向:一是复古主义、"儒学复兴"论;二是民族虚无主义、"全盘西化"论。

近代以来,在如何对待中国传统伦理道德的问题上,一直有国粹论或形形色色的"中体西用"论,即"东方精神文明,西方物质文明","物质上可以开新,道德上要复古"。当代新儒家学派认为儒学精神与现代化并不是互相排斥的,因为东亚日本、韩国、中国台湾地区、中国香港、新加坡五地区的道路,正是一条"儒家资本主义"道路,这条道路的特点是把儒家伦理色彩糅进资本主义的经营管理,把西方重个人才能、胆略和气魄,改变为行政工程、心理调节和人际关系调节,善于发挥群体的聪明智慧。他们提出,要重新估价中国的文化传统,反省五四文化激进主义的片面性。应该承认,现代新儒家在文化问题上提出了一些合理的见解,他们反对现代化只有西方一种模式的观点,反对把儒家文化与现代化截然对立起来,反对全盘西化,这些都应当说是正确的。但是,他们的核心观点是在当代社会"复兴儒家",他们不是批判吸取儒学等传统文化的精华来为社会主义现代化事业服务,而是主张用儒学取代马克思主义理论,认为民族的复兴还要依靠儒学。儒家作为百家争鸣中的一家一派,可以在中国和世界的思想舞台上发挥影响、参与争鸣,但是儒学在中国占据主导地位的时代已经一去不复返了。尽管儒家学说中的优良传统和精华部分,经过批判性改造可以为我们的现代化服务,但它不能成为指导社会主义现代化的理论基础,绝不能取代社会主义思想道德体系。社会主义、集体主义和爱国主义是我国社会文化思想的主旋律,我们对包括儒家伦理道德在内的传统文化,既不能全盘否定,也不能全盘肯定。

民族虚无主义是一种不加分析地全盘否定一个民族文化、思想的错误理论。全盘西化思想是对中国传统文化持民族虚无主义态度的典型表现,有人认为,中国的民族文化遗产完全是文化垃圾,是前进的包袱,"早该后继无人",这是极端错误的偏颇之论,是民族自卑的奴性思想的表现。"全盘西化"论的文化学根据是一种庸俗的单线的文化进化论,事实上,欧洲中心主义,现在连西方人自己也收起不大讲了,单线的进化论也已成为历史的陈迹。今天,如还有人捡起"全盘西化"的旗号,在学术思想上就未免太肤浅、落伍了。鼓吹"全盘西化"的人有时把"全盘西化"当成一个与"全方位开放"同义的口号加以肯定,主张全方位引进西方文化,用以冲击中国现有的一切,冲击过后,剩下什么算什么。讲全方位开放是对的,但任由西方文化冲击我们现有的一切就不对了。我们应当在坚持民族主体性、独立性的前提下,按照我们实现现代化的要求引进西方文化，就像鲁迅在《拿来主义》一文中所讲，"我们要运用脑髓，放出眼光，自己来拿"，坚决抵制其腐朽、落后的思想。

全盘西化和民族虚无主义的思想是极端有害的。它会给社会主义精神文明建设，特别是给以提高民族自尊心、自豪感为目的之一的爱国主义教育，带来极为不良的影响。改革开放后，一些人在享乐主义、拜金主义、极端个人主义等思想影响下，思想观念和行为方式发生若干变化，这些人对祖国历史和文化极端无知，看不起祖宗，盲目崇洋媚外。

一个健全的民族文化体系，必须表现民族的主体性。一个民族如果丧失了主体性，就会沦为别国的文化殖民地，势必丧失民族的独立性。匍匐于古人之下是奴性，拜倒在外人脚下也是奴性。我们既反对"全盘西化"论，也反对儒学复兴论，建立社会主义思想道德体系就是要以马克思主义的普遍真理为指导，综合中国传统伦理思想和西方伦理思想中合理、符合现时代的思想，同时，当代人也要发挥创造性的思维，在马克思主义的指导下，面对新的问题而有新的创造。

二

建立社会主义思想道德体系的大方向是明确的，这就是根据社会主义经济、政治和文化的要求，在价值导向上以马克思主义为指导，以为人民服务为核心，以集体主义为原则，以爱祖国、爱劳动、爱科学、爱社会主义为基本要求。在基本道德原则的指导之下，还应有一系列具体的道德规范。适合社会主义原则的思想道德体系有哪些具体条目？传统道德规范有哪些可以经过批判继承而纳入社会主义思想道德体系？这是需要深入研究的问题。

所谓中华民族传统美德，就是指中国历史流传下来，具有影响，可以继承，有益于下一代的优秀道德遗产。它是一种特殊的社会意识形态，其内涵包罗极为广泛。从内容上来概括，中华民族传统美德是中华优秀民族品质、优良民族精神、崇高民族气节、高尚民族情感、良好民族礼仪的总和。中华民族几千年来所形成的传统道德含有复杂的内容，其中既有不利于社会发展的封建道德，也有有利于社会发展的传统美德。它是一个不断批判继承、不断改革创新的动态的传统伦理道德体系，展示着中华民族的"形"与"魂"。从历史长河流淌轨迹来看，她不仅包含古代传统美德，而且包含近现代革命传统美德。中国传统道德，为今人留下了大量可资借鉴的宝贵经验，其中有些东西一旦赋予新意，便可成为社会主义精神文明的组成部分。所以，必须首先对传统道德进行筛选、重释，对合理成分和积极因素，赋予新时期的内容和要求，使之体现时代性，以适应社会主义道德建设的需要。

中国传统道德起源于原始社会末期，到舜的时代，"五教"的思想被提出来，"五教"是指"父义、母慈、兄友、弟共（恭）、子孝。"到周代，统治阶级十分重视孝、友等道德规范，同时倡导"六德"，即知、仁、圣、义、忠、和。在当时，对国家的忠诚，成为统治者的政治要求。

春秋战国时期，是封建地主阶级伦理思想的形成时期。在这个时期，关于道德规范的概括得到不断丰富和发展。随着新兴地主阶级的崛起，新兴地主阶级的道德思想逐步形成，出现许多著名的伦理思想家，形成诸子百家的繁荣局面。其中儒、墨、道、法四家的伦理道德思想具有代表性。先秦伦理哲学确立了中国伦理思想和道德规范的基础和方向。

人不是孤立的存在，每个人都处在一定的社会关系之中，也与一定的自然环境发生联系。怎样做人，实际要处理四组基本关系：人与自我的关系、个人与他人的关系、个人与民族和国家的关系、人与自然的关系。与西方哲学相比较，中国哲学讲究整体和谐，注重把人和宇宙万物作为一个整体加以思考、对待，既注重人与自然的和谐关系，又注重人与人的协同关系。例如，对群己关系问题，古代思想家尤其是儒家学者提倡以"和"为贵，孔子说："君子和而不同，小人同而不和"（《论语·子路》）；孔子弟子有若说："礼之用，和为贵"（《论语·学而》）。孟子说："天时不如地利，地利不如人和。"（《孟子·公孙丑下》）孔子宣扬"和而不同"，即重视不同事物、不同意见的调谐、综合，孟子的"人和"即人际关系的和谐，缓和人与人之间的矛盾以达到团结合作。儒家以和为贵的思想，表达了社会发展的一项基本原则。中国传统伦理思想和道德规范的构成与特色，是和中国长于辩证思维分不开的。古代先哲的整体观点、变易观点、相对观点和中庸观点等辩证思维方式，在阐发伦理思想中发挥了重要作用。

人产生于宇宙万物之中，超异于自然万物之上，从其诞生之日起，便遇到和思考一系列的重要问题：宇宙、人生、万物是怎样产生的？人生命的本质、活着的意义？人为什么优异于万物群生而成为与天地并列而为"三才"的伟大崇高者？中国早期的生命本体论、人生起源论，是和宇宙生成论联系在一起的。中国古代哲学家多把"气""元气"作为宇宙本体，认为人和万物都是由"气""元气"化生的，人高于一般生物动物之上，在自然界中有重要的作用。

孔子区别了人与鸟兽，他说："鸟兽不可与同群，吾非斯人之徒与而谁与？"（《论语·微子》）他把人与鸟兽对置起来，人只能与人合群，设法改善人群的生活。人之可贵，在于人是有独立意志的，他说："三军可夺帅也，匹夫不可夺志也。"（《论语·子罕》）匹夫即普通平民，孔子肯定一般的平民具有独立的意志。孔子认为人生最重要的事就是提高道德觉悟。孟子宣称"人人有贵于己者"，他认为人生而具有"仁义忠信"的道德意识，因而具有内在的价值。这种内在价值是天赋的，是不以社会地位而转移的。孟子更提出"大丈夫"的人格标准——"富贵不能淫，贫贱不能移，威武不能屈"。这是伟大的独立人格的宣示。孟子肯定人有与其他动物不同的特点，又认为这特点不易保持。他说："人之所以异于禽兽者几希，庶民去之，君子存之。"（《孟子·离娄下》）于是强调君子与野人的区别，这样，孟子一方面肯定人与人是同类，另一方面又把人区分为"劳心"与"劳力"两大部分，借分工的必要来论证剥削的合理。荀子论人之为贵说："水火有气而无生，草木有生而无知，禽兽有知而无义。人有气有生有知亦且有义，故最为无下贵也。"（《荀子·王制》）人是最贵的，因为人有义，即有道德规范。董仲舒论人之为贵说："人受命于天，固超然异于群生。入有父子兄弟之亲，出有君臣上下之谊，会聚相遇，则有耆老长幼之施；粲然有文以相接，欢然有恩以相爱，此人之所以贵也。"（《举贤良对策》）这都是讲人所以贵于他物，在于人有其他物类所没有的特性，即人具有道德的自觉性。人认识为人之道，就要践行人道，扩充知识，增长智慧，加强修养，完善人格，不降其志，不辱其身，做一个顶天立地、堂堂正正的伟大而高贵的人。中国古代肯定人的价值的思想，告诉人们要认识人的重要价值，既要尊重自己，又要尊重他人，既要独善其身，又要兼济天下，承担自己对社会的责任，从而实现人生目的。

人性论是伦理思想的基础。中国传统的人性论的主流是肯定人性之善。这与西方基督教的原罪说恰成一种对照。西方基督教宣传"原罪"，认为人生来既是有罪的，应该努力赎罪以求上帝的宽恕。基督教思想对于人性持有一种深刻的怀疑和否定的态度。而中国无论是儒家的"人皆可以为尧舜"，禅宗的"自心悟即是佛"，道教的"登真""飞升"，在肯定人性可以经由自身修养的提升而达到完善这一点上是共同的，即使是持性恶论的荀子也认为，经过一番"化性起伪"的工夫，人性可以臻至善境，就此而论，中国传统人性论对人性是持一种积极肯定的态度，告诉人们要去恶为善，以及如何做一个有道德、有操守、有善行的仁人。中国的性善论曾激励人们积极前进、努力向善。

道德规范是伦理原则的具体展开。围绕上述怎样做人的基本问题，中国思想家对人的道德规范或准则也展开了细致的论述。在很多地方，伦理思想与道德规范是紧密联系在一起的。

孔子总结前人的伦理思想并加以发展，提出以"仁"为最高规范的道德学说。墨子提出很多道德规范，最重要的是兼爱。老子也提出了自己的道德规范体系，他把"无为"作为人类活动的最高准则，崇尚自然、柔弱、知足，并把道、自然看作其道德规范体系的宗旨和核心。孟子进一步将道德规范系统化，提出道德规范的两个系列：一是仁义礼智，一是孝悌忠信。仁义礼智是最高规范，孝悌忠信是初步的基本道德。《中庸》提出知、仁、勇"三达德"之说。《管子》提出礼义廉耻是国之四维的说法，与儒家所说有不同，法家韩非尖锐抨击孔墨两家的道德学说，阐述了自私的利己主义道德，在韩非著作中，出现了臣事君、子事父、妻事夫的提法，这些提法后来成为"三纲"的雏形。

汉代董仲舒总结以往的伦理学说，提出"三纲五常"。三纲是君为臣纲、父为子纲、夫为妻纲，五常是仁义礼智信。以"三纲五常"为核心的儒家道德思想被奉为封建社会统治阶级的正宗思想，并进而被神学化、玄学化。宋代以后，仁义礼智被提升为最高道德原则，有人把孝悌忠信与礼义廉耻联合起来，称为八德。八德是宋元明清时代在社会上受到一般人民推崇的道德规范。明清时代的通俗小说提倡"忠孝节义"四德。此外，勤俭、刚直亦被称为美德。以上是中国自古以来传统规范的主要内容。

三纲的观念不见于先秦儒家的著作，事实上是儒法伦理思想的一种综合。三纲否定了臣对于君、子对于父、妻对于夫的独立人格，在历史上起到了加强君主专制的作用。"五四"新文化运动批判旧道德，矛头主要对准三纲，这是十分深刻和必要的，起到了解放思想的作用。汉儒把三纲五常联系在一起，很多论者亦以纲常相提并论，斥之为封建纲常，事实上五常具有复杂的内容，不可一笔抹杀。五常固然包含一定的阶级性，但也含有相对的普遍性，应加以具体的分析。

孔子的仁包括忠恕，包括孝悌、克己、自爱，还包括智、勇、恭、宽、信、敏、惠等道德及其规范。因此，仁，常常被儒家视为"全德"。孔子提出"仁者爱人"，最早以"爱人"解释仁，即是"己欲立而立人，己欲达而达人"。一方面肯定自己作为一个人有立达的要求，另一方面又肯定别人也有立达的要求，一个人既要努力上进、实现自己的立达，也要协助别人实现立达。这是一个人我并重、群己兼顾的道德原则。孟子继承发展了孔子的仁爱思想，他说："恻隐之心，仁之端也"，这也是政治成功的保障，他提出"亲亲而仁民，仁民而爱物"，可见，儒家的仁爱是由己推人，由内而外，由近及远，扩充其爱便是仁。墨家主张兼爱，兼爱的要求是"视人之国若视其国，视人之家若视其家，视人之身若视其身"（《墨子·兼爱中》）。兼爱就是要有力助人、有财分人、有道教人。汉代以后，儒家学者对仁爱思想有了进一步发展。韩愈在《原道》中提出"博爱之谓仁"，张载在《西铭》中提出"民吾同胞，物吾与也"。仁爱的观念可以称为古代的人道主义，承认人是人，与禽兽不同，应该把别人当作人看待。儒家讲仁，强调贵贱上下的等级区别，所谓仁具有一定的阶级性，但肯定贫贱的人也是人，反对虐政、残杀，有一定的积极意义。

在孔子的思想中，"义"是原则之意，未将义列为一项道德规范。孟子和《管子》则将义列为一项道德规范。不同时期，不同学派的思想家各有不同的说法，如墨家认为"义，利也"。义与天下、百姓的利是统一的。以义作为一项道德规范，未免过于抽象，不如视为一项原则，凡事要符合一定原则。

周代把礼从仪式中区别出来，发展成为奴隶主贵族等级制度和以奴隶主贵族的血缘关系为纽带的宗法制度，要诸侯等各守本分，维护贵族统治秩序。孔子推崇周礼，要以仁保证礼的实行。《中庸》云：

"仁者人也，亲亲为大；义者宜也，尊贤为大。亲亲之杀，尊贤之等，礼所生也。"这充分表现了仁、义、礼的阶级性，《中庸》又讲"礼仪三百，威仪三千"，提倡繁文缛节之礼。儒家的礼论，受到墨家和道家的批判，老子认为，"夫礼者，忠信之薄而乱之首也"（《老子·三十八章》）。汉儒对礼做了进一步的论述，并对君臣上下、父子兄弟、宦学事师、班朝治军、莅官行法、婚姻丧葬等，做了具体的规定。

智是如何辨别是非和选择行为的道德规范。孔子多次以仁智并举，兼重仁智，视智为实现仁的重要条件，孟子把智看成判别是非善恶的一种能力，提出"是非之心，智也"，并将智同仁、义、礼、信并称作为五常。汉以后的儒家，一般都肯定智的重要，并对智有所说明或发挥。董仲舒明确提倡"必仁且智"，他说："莫近于仁，莫急于智。……仁而不智，则爱而不别也；智而不仁，则知而不为也。故仁者所以爱人类也，智者所以除其害也。"（《春秋繁露》）爱人的品德与明睿的智慧都是必要的，缺一不可。仁而不智，只有爱人的情感而不明事理，可能害事；智而不仁，虽明辨利害却不肯帮助别人，也是无益的。这一思想是非常深刻的。宋代理学家都讲仁智的统一。

五常之中，"信"指诚实不欺，有信用，可以说是任何社会都必须遵守的基本规范。儒家视"信"为"进德企业之本""立人之道"和"立政之本"。孔子把"信"作为仁的重要表现，认为是贤者应有的品德，"上好信，则民莫敢不用情"（《论语·子路》）。统治者诚实不欺，人民则用其真情。孔子提出"人而无信，不知其可"，而且把信提到"民无信不立"的高度，以至去兵、去食、宁死必信。孟子将信与诚联系起来，阐发了诚信的内在联系和规范意义。到宋明时期，伦理学家们对诚信作进一步哲学思辨，一方面，对诚做了更全面的阐发；另一方面，又有近于玄学不实之弊，甚至有神秘化倾向。总的来看，历代思想家都强调，无论处世待人，还是治产经商、治理国家，诚信都是必守的道德原则。

《管子》所谓"四维",于礼义之外,强调了"廉耻"。廉,其基本精神就是循礼行法,见利思义,被视为"仕者之德",官吏不廉,危害极大,班固说"吏不廉平,则治道衰"。在中国历史上,廉洁之士,传之民间,被载入史书,尊为"清官"或"良民","廉洁奉公"自古至今受到人们的推崇、称赞,社会主义社会更应实行廉政。耻也就是"善恶之心"。人有耻则能有所不为,无耻则无恶不为,什么坏事都能干出来;人知耻方能改过。"行己有耻"是对任何人的基本要求。对国家民族来说,掌权的士大夫阶层知耻,国家的尊严才能得以维护。百姓知耻,社会风俗才能美善。

以上分析"三纲五常",其次分析孝悌忠节、刚直、勤俭等道德规范。

孝具有一定的时代性,对孝道应加以分析。儒家指能养亲、尊亲。孔子说:"今之孝者,是谓能养。至于犬马,皆能有养;不敬,何以别乎?"(《论语·为政》)在孔子的思想里,"孝"的内容主要是对老人的物质赡养、恭敬之心。孔子还把孝悌作为仁爱之树的根本来看待。道家老子认为"绝仁弃义,民复孝慈",只有抛弃虚假的仁义,才能恢复真正的孝慈。随着封建制的巩固和发展,孝成为大经大法的准则、一切道德的根本,"夫孝,三皇五帝之本而万事之纲纪也""夫孝,天之经也,地之义也,民之行也"(《孝经》)。汉以后的很多统治者都提倡"以孝治天下"。孝的道德规范,曾在古代中国社会起过极大的作用。"父为子纲"所讲的绝对服从的孝,当然应予以否定。"三年无改父之道"之类不符合时代的具体规定也要取消,但是,孝的道德加以适当的改造,仍应保持下来,赡养父母、敬重父母,发扬爱敬父母的意义。孝敬父母可以说是起码的道德,如果一个人不爱敬父母,也就丧失了做人最起码的条件。

与孝联系的是慈。儒家以孝慈并提而未多讲慈。慈是对父母而言的。父母之于子女的伦理义务,一是要保养,二是要教之以义,使之能成家立业，服务社会。这都是慈德的具体表现。《老子》反对仁义而高度赞扬慈，佛教特别宣扬慈悲，谓佛、菩萨对一切众生给予欢乐拔除苦难，慈悲是最深切的同情心，可以说是古代人道主义的一种形式，有一定积极意义。

"忠"的本义是对于别人要尽心负责，积极为人。古人也曾将忠于社稷（国家）与忠于君主个人区别开来，不能说古代所谓忠只是忠君之意。汉代以后，忠成为臣对君的道德。"君为臣纲"更宣扬臣对于君的绝对服从。后来的儒家学者提出"忠先于孝"的思想，把忠提到至高的地位。在中国历史上，专制制度阻碍了社会的进步，是近代中国落后的重要原因。辛亥革命推翻了专制君权，忠君之义便应废除了。但是忠于祖国、忠于民族、忠于人民，还是绝对必要的，这样的思想可用"公忠"表示。

明清时代的通俗小说中颂扬"忠孝节义"四德的道德规范，涉及如何对待权位爵禄，如何对待富贵贫穷，如何对待国家和民族利益等方面。其基本精神在于强调处世必以仁德，守身必以大义，为人重在大节，成仁取义。其中个人对于国家民族应守民族气节，尤其受到人们的重视，表现了中华民族英勇不屈的道德精神。

《中庸》以"智仁勇"为三达德，将勇提到与仁智同等的地位。勇是一种积极进取的精神，不同阶级所提倡的勇的目标内容不同，但勇是任何时代必须肯定的道德。

坚持独立意志称为刚直。刚直之德具有重要意义。刚是坚强不屈，坚持人格独立、发扬主动性，对于外在压力不屈不挠。直意谓正直、正派，指坚持原则，承认事实，而不随波逐流。儒家肯定直的重要，孔子称赞柳下惠不以"枉道事人"而以"直道事人"，宋代的朱熹解释并发挥"直道""善其善，恶其恶，而无所私曲"。但儒家有时对直又加以曲解。《论语》记载："叶公语孔子曰：吾党有直躬者，其父攘羊，而子证之。孔子曰：吾党之直者异于是，父为子隐，子为父隐。直在其中矣。"

孔子以为"父为子隐，子为父隐"是父子感情的自然流露，故称为直，这是认为家庭关系是最重要的。其实，"其父攘羊，而子证之"，应是直的真实表现。韩非释直为公正地执法："所谓直者，义必公正，心不偏党也。"（《韩非子·解老》）历代学者提倡"大义灭亲"，是刚直之德的真正实践。

勤俭是中国传统道德中的一个重要规范，也是劳动人民重视的道德，是普及最广、传播最久的美德之一，包括努力工作和节约用度两个方面。"民生在勤，勤则不匮"，勤劳要求人民热爱劳动，不怕劳累，用劳动创造和丰富生活。孔子自称"发愤忘食"，可以说是勤于精神劳动。老子以俭为"三宝"之一（我有三宝，一曰慈，二曰俭，三曰不为天下先）。节俭，是指人们对待个人生活欲望的态度，它要求人们节制自己的生活欲望，俭约生活，节约财用。"历览前贤国与家，成由勤俭败由奢"，强调了勤俭对个人和国家的重要性，是必须具备的品质和要求。

中国君主专制时代占统治地位的道德是地主阶级的道德，地主阶级的道德是维护等级差别的，有其明显的时代性和阶级性。近代资产阶级的道德否定了等级差别，但承认阶级剥削，是维护阶级剥削的道德，也有其明显的时代性和阶级性。社会主义新时代的道德既否定等级差别，也要求废除阶级剥削，乃是更高一级的最进步的道德。社会主义新时代的道德也应有一系列的道德规范。从其本质来说，社会主义新时代的道德规范与中国传统道德和资产阶级道德有根本的不同。但是，历史上流传下来的表示传统道德规范的一些名词概念仍然可供借鉴，可供选择。而且，民族语言有一定的连续性、继承性。如果重新另造一些生硬的名词，也未必能为一般人们所接受。而表示传统道德规范的一些名词概念，如果加以新的解释或加以适当的改造，仍是可用的。旧名如加以新的诠释、规定，也就是新名了。

新时代道德最重要的原则是为人民服务，团结互助，以助人为乐，以至忘己济人、舍己救人。这也是新时代最重要的道德。在传统德目中，与此项道德最接近的是仁，或曰仁爱、兼爱。儒家讲仁，又重视差等，有明显的局限性。墨家也以仁为最高道德，主张"爱无差等"，虽然在当时具有一定的空想性，但较儒家为高明。在今日的语言中，常称赞道德高尚的人为"志士仁人"，仁爱还是一项值得赞扬的道德，加以新的解释，可以作为新时代道德的名称。

新时代的道德中还有最重要的一条，是爱国主义。保卫民族独立，维护民族尊严的爱国主义的思想感情和行动是绝对必要的。中国自古以来就有爱国主义的传统，鸦片战争以后，更涌现了很多为争取民族独立保卫国家主权而英勇斗争的爱国志士。在当前国际矛盾斗争非常尖锐的条件下，更应发扬爱国主义的精神。古有"尽忠报国"之训，用"公忠"二字来表示爱国主义思想行动是比较合适的。忠于祖国、忠于民族、忠于人民，是社会主义时代最重要的道德。

信是任何时代、任何社会所必须遵守的道德。社会主义社会，人与人之间，更应守信，言行一致。用两字来表达，可称为诚信。

廉耻是人民群众所重视的道德，具有人民性，应肯定下来，人要能辨别是非，能辨别荣辱。

传统礼的观念必须加以改造，应取消等级制的繁文缛节，制定简要的礼节，要求人们在各种不同的人际交往中要有恭敬、谦让的精神和行为，以提高个人道德素质，保持人际关系的和谐顺畅。在一定意义上，礼还是必要的，在当代社会礼以谦让为要，可称为礼让。

孝的道德加以适当地改造，仍应保持下来，要取消绝对服从的意义，取消"父母在，不远游""三年无改父之道"之类不符合时代的具体规定，发扬爱敬父母的意义。孝敬父母可以说是起码的道德，如果一个人不爱敬父母，也就丧失了做人最起码的条件，他还能爱祖国爱人民吗？这是浅近朴实的道理、识人的标准。父为子纲是反动的，如果反过来要求父母服从子女，也是荒谬的。父母与子女应相互承认对方的独立人格，互以对方为重，从而负担彼此应尽的义务。父慈子孝，仍属必需。

勤俭是几千年来人民群众所恪守的道德，不因时代变化而改易。在社会主义创业阶段，更应大力弘扬，反对奢靡浪费、不劳而获。

勇为新时代所必需，可称为勇敢。

刚直之德即坚持原则而决不动摇，坚持主体的自觉性、而决不屈服外力的压迫。这种刚直的品德，是从传统社会走向法治社会所必须着力发扬的。

以上列举公忠、仁爱、诚信、廉耻、礼让、孝慈、勤俭、勇敢、刚直，这些规范是可以纳入社会主义思想道德体系的。经过认真地研究讨论和社会生活的检验，建立与传统美德相承接的社会主义思想道德体系的工作一定会取得积极的成果，中华传统美德也一定会在新时代发挥新的作用。

三

实现社会主义思想道德体系与中华传统美德相承接，首先要以历史唯物主义去分析批判传统道德。有批判、有选择、有目的地继承，弘扬精华，弃除糟粕。通过认真分析批判，否定传统道德中为剥削阶级、统治阶级利益服务的内容，继承科学性、民主性、进步性的精华，使其汇入社会主义思想道德体系。

我们要看到，经过一番分析批判工作，即使是被视为传统美德的规范或思想也还面临给以新的规定、面向时代不断丰富、发展其内涵的任务，而不是简单地从一个思想体系搬到另一个思想体系。

中国传统道德在中国社会发展中，曾发挥过进步的作用，但是，中国传统道德是植根于中国古代以农耕为"本务"、以家庭为"单位"的小农经济的特殊的自然经济土地壤之中，并在长期的奴隶阶级和封建阶级所统治的社会中孕育、形成和发展的。从其本质上看，主要是为巩固当时的统治阶级利益和稳定统治阶级的政治秩序服务的。因而，传统道德，便不同程度地打上统治阶级的意志和烙印，同时，它便具有一些不同于西方特别是资本主义伦理道德的特征或局限。

道德行为要求自觉和自愿，自觉即按理性认识来办事，自愿即出于意志自由的选择。中国传统伦理思想特别是儒家强调道德行为的自觉来源于理性认识，仁智统一，因而人可通过教育和修养而成为有道德的人。这是孔子、孟子、荀子到程朱、陆王和王夫之、戴震等都赞同的观点。从总体上说，儒家比较多地考察了道德行为的自觉原则。在自我修养上注重主观努力，认为要由意志力来支撑这种努力，而这种意志力是凭借从理性出发的持久修养来培养的。儒家注重道德行为的自觉原则，对于培养中华民族的美德起到了一定的作用。但是儒家对道德的自愿原则不够重视，正统派儒家在人性论上讲"复性"说，认为人生来具有的善性是区别于动物的标志，人的道德修养是恢复其本性，这种人性论强调人的共性而基本上不研究个性。在封建制度下，讲纲常名教，在上者可以主观武断，在下者只能唯命是从。

进入近代，资产阶级思想家严复、章太炎都肯定每个人有独立人格、自由意志是行为可以区分善恶、功过的前提，这种对道德行为的自愿原则（出于自由意志）的强调，具有反封建的意义，也是后来新文化运动中许多人的共同观点。不过若强调过分，忽视了自觉原则，便可能引导到独断论的唯意志论和相对主义的非决定论上去。中国的马克思主义者一般强调道德行为作为当然之则，是出自对必然的理性认识，是以理性认识为指导的自觉行为，但是也带上了传统哲学忽视自愿原则的缺陷，也就不可能深入说明个性的自由发展与历史必然趋势的一致性。社会主义思想道德应注意启发人们的人格自觉，认识并追求新社会的"人之所以为人者"，同时要注意克服传统道德的弊端，将自觉与自愿统一起来。这是社会主义道德思想建设中一个有待进一步努力的方向。

中国传统美德不是静止的。它规范、引导着人们的行为和精神追求，同时又在新时代人们的实践中不断丰富和发展，我们要继承和弘扬中华民族传统美德，就必须使之随着时代的发展而发展。例如，孝的道德规范，曾在古代中国社会起过极大的作用，今天，对孝要根据新社会新形势，给予新评价，应从中吸取有益的合理成分，同时还要剔除其封建性和不利于发展人性自由、平等的糟粕，还要面对社会现实，在孝道的具体规定、实现的形式上有所调整或新创造。比如，在物质匮乏的时代，物质赡养是孝道的一项重要内容，随着社会的发展、物质财富的丰裕，城里的老人已多有退休金，经济上可能已不是大的问题，但可以充实其他方面的内容，或面对新问题而有新的创造。由于实行计划生育，一对夫妇可能同时要照顾四位老人，再加上工作的流动性，过去的一些尽孝规定，事实上难以实行，子女尽孝与养老的社会化这样的新课题，已提到日程；传统社会知识更新比较缓慢，老年人相对于年轻人，具有经验、知识的优势，而进入当代，社会变迁日新月异，新事物层出不穷，电脑、互联网、基因、克隆……对这些，老年人是陌生的，年轻人在自己努力跟随时代前进的同时，也有责任帮助老年人了解这些新事物，与时代一同前进，这该也是孝道的具体内容……再如，"信"作为传统美德，在古代的朋友之间，更多的是一诺千金，进入当代社会，朋友间除了内在诚信外，共同做事，特别是从事经济活动，也不排斥契约等。

传统道德是个庞杂的库藏，精华与糟粕难分难解。我们要清醒地认识到，在一百多年的现代化过程中，我们既有对文化传统和民族特点认识不深不透的一面，因而对优良文化传统发扬不够、文化的民族特色保持不足，同时也要看到我们也有反封建传统严重不足的一面，邓小平同志在总结中国革命和建设的历程时，深刻地指出："我们进行了二十八年的新民主主义革命，推翻封建主义的反动统治和封建土地所有制，是成功的，彻底的。但是，肃清思想政治方面的封建主义残余影响这个任务,因为我们对它的重要性估计不足,以后很快转入社会主义革命,所以没有能够完成。现在应该明确提出继续肃清思想政治方面的封建主义残余影响的任务,并在制度上做一系列切实的改革,否则国家和人民还要遭受损失。"❶

当这两方面交织在一起时,极容易造成人们思想的混乱、片面性,一个方面掩盖另一个方面,乃至从一个极端到另一个极端。在建立社会主义思想道德体系理论和实践中,一方面要努力继承和弘扬传统美德,同时,也要看到糟粕并不自行消亡,腐朽的东西还要挣扎、反抗、伪装骗人、散播毒素,直至最后被消灭。这里正体现了新陈代谢的必然规律。回顾20世纪中国历史,传统的忠君思想,在资产阶级思想家那里就受到批判,但是,在后来的革命中,革命者没有注意认真批判清除专制主义文化的影响,以至忠君思想与个人崇拜结合在一起,全民族只有一个头脑思考。其中,有值得认真总结的深刻教训。继承和弘扬传统美德与清除传统文化腐朽成分,不是简单的对立关系。我们相信,经过认真细致的研究,经过百家争鸣,在继承弘扬什么、批判清除什么等大的问题上一定会得出渐趋一致的认识。

梁启超在《新民说》一书中曾指出:中国要想建设一个新国家,必须先要有新民。新民是不同于旧时的中国人,必须要具备几个条件,最必须的条件就是公德。中国人过去太重私德,但如何为公共服务,就不讲求。当代中国社会与传统社会相比,已发生了翻天覆地的变化。在新的经济、政治、文化变革推动下,社会主义道德结构发生了重大变化,出现了一些新趋势。在当代中国加强社会主义道德建设,既要大力继承和弘扬中华民族道德文化的优秀传统,也要学习和借鉴世界各国道德建设的优秀成果。还要激发人们与时俱进、开拓创新的精神,创造出适应社会主义市场经济发展要求的新道德、新观念。例如,在现代社会,环境污染、环境破坏、生态失衡,已经成为很多国家经济

---

❶ 《邓小平文选》(第二卷),人民出版社1983年版,第295页。

发展中的难点问题。重视保护生态环境，倡导珍惜环境、保护环境、美化环境的意识和观念，已经成为世界各国人民的共同呼声和心愿。中国经过多年的发展，生态破坏、环境污染、资源过度开采等问题也凸显出来，有些地区已达到非常严重的地步，对此，人们已不缺乏具体的感受，比如笼罩在大城市上空的雾霾、已干枯或严重污染的大小河流湖泊……而中国古代有"天人合一"的思想智慧，如何进一步具体化，建立有中国特色的生态伦理学或生态规范乃是一项紧迫的工作。

今天我们正处于一个东西文化互相影响、趋于合流的时代，建立社会主义思想道德体系就要求我们在马克思主义指导下，全面而系统地研究中国和西方的伦理道德思想，深入进行比较，找到恰当的结合点，汇通中西。结合工作做得好，便有生命力、影响力，而且可以为其他国家特别是发展中国家提供启示，在世界范围内产生影响。

在中国这样一个有几千年历史的大国，在占世界人口近四分之一的土地上，建设有中国特色的社会主义现代化，实现社会主义和人道主义统一的理想，无疑是一件宏伟的、具有世界意义的大事，当代价值观必将为推进这一理想的实现发挥重要的作用。

主要参考文献

一、原著资料

[1]《新青年》(第一~九卷),上海书店1988年影印版。

[2]《新潮》(第一~三卷,12期),上海书店1988年影印版。

[3]《陈独秀著作选》(三卷本),上海人民出版社1993年版。

[4]《陈独秀文章选编》(上、中、下),生活·读书·新知三联书店1984年版。

[5] 唐宝林、林茂生:《陈独秀年谱》,上海人民出版社1988年版。

[6] 梁漱溟:《东西文化及其哲学》,商务印书馆1987年影印版。

[7]《梁漱溟全集》(第一~五卷),山东人民出版社1989年版。

[8] 李渊庭、阎秉华编著:《梁漱溟先生年谱》,广西师范大学出版社2003年版。

[9]《李大钊文集》(上、下),人民出版社1984年版。

[10]《瞿秋白选集》,人民出版社1985年版。

[11]《瞿秋白文集》(第一、二卷),人民文学出版社1953年版。

[12]《胡适文存》(第一~四集),亚东图书馆,第一集1921年版,第二集1924年版,第三集1930年版。第四集1935年版,此集即《胡适论学近著》第一集。

[13]《胡适论学近著》,商务印书馆1935年版。

[14]《胡适留学日记》,商务印书馆1947年版。

[15]《胡适来往书信选》(上、中、下),中华书局1979年版。

[16]《胡适口述自传》,华东师范大学出版社1993年版。

[17] 葛懋春、李兴芝编辑:《胡适哲学思想资料选》(上、下),华东师范大学出版社1981年版。

[18] 胡适:《丁文江传》,海南出版社1993年版。

[19] 陈序经:《中国文化的出路》,商务印书馆1934年版。

[20] 杨深编:《走出东方——陈序经文化论著辑要》,中国广播电视出版社1995年版。

[21] 胡颂平主编:《胡适之先生年谱长编初稿》(1~12),联经出版事业公司1984年版。

[22]《谭嗣同全集》,中华书局1981年版。

[23]《严复集》(第一~五册),中华书局1986年版。

[24] 葛懋春、蒋俊编选:《梁启超哲学思想论文选》,北京大学出版社1984年版。

[25] 梁启超:《饮冰室合集》,中华书局1989年版。

[26]《孙中山全集》,中华书局1985年版。

[27]《孙中山选集》,人民出版社1981年第2版。

[28]《鲁迅全集》(1~16),人民文学出版社1981年版。

[29] 周作人:《苦茶——周作人回想录》,敦煌文艺出版社1995年版。

[30] 蒋梦麟:《西潮》,辽宁教育出版社1997年版。

[31]《毛泽东文集》(第三卷),人民出版社1996年版。

[32]《邓小平文选》(第二、三卷),人民出版社1983年版。

[33] 冯友兰:《三松堂全集》(第一~四卷),河南人民出版社1986年版。

[34]《科学与人生观》(上、下),上海亚东图书馆1926年版。

[35] 罗素:《中国问题》,学林出版社 1996 年版。

[36] 陈崧编:《五四前后东西文化问题论战文选》,中国社会科学出版社 1985 年版。

[37] 罗荣渠主编:《从"西化"到现代化》,北京大学出版社 1990 年版。

[38] 蔡尚思主编:《中国现代思想史资料简编》(第一、二卷),浙江人民出版社 1982 年版。

[39]《五四运动回忆录》,中国社会科学出版社 1979 年版。

[40]《五四时期期刊介绍》,生活·读书·新知三联书店 1980 年版。

[41]《五四时期的社团》(1~3),生活·读书·新知三联书店 1979 年版。

二、研究论著

[1] 贺麟:《文化与人生》,商务印书馆 1988 年版。

[2] 贺麟:《五十年来的中国哲学》,辽宁教育出版社 1989 年版。

[3] 郭湛波:《近五十年中国思想史》,山东人民出版社 1997 年版。

[4] 谢幼伟:《现代哲学名著述评》,山东人民出版社 1997 年版。

[5] 周策纵:《五四运动:现代中国的思想革命》,江苏人民出版社 1996 年版。

[6] 彭明:《五四运动史》(修订本),人民出版社 1998 年第 2 版。

[7] 冯友兰:《中国现代哲学史》,广东人民出版社 1999 年版。

[8]《胡绳全书》(第一~五卷),人民出版社 1998 年版。

[9]"从五四运动到人民共和国成立"课题组著:《胡绳论"从五四运动到人民共和国成立"》,社会科学文献出版社 2001 年版。

[10] 石峻:《石峻文存》,华夏出版社 2006 年版。

[11] 冯契:《中国近代哲学的革命进程》,上海人民出版社 1989 年版。

[12] 《冯契文集》(第八卷),华东师范大学出版社 2016 年版。

[13] 殷海光:《中国文化的展望》,中国和平出版社 1988 年版。

[14] 《何干之文集》(第二卷),北京出版社 1993 年版。

[15] 余英时:《中国思想传统的现代诠释》,江苏人民出版社 1989 年版。

[16] 余英时:《钱穆与中国文化》,上海远东出版社 1994 年版。

[17] 余英时:《现代儒学论》,上海人民出版社 1998 年版。

[18] 余英时:《现代危机与思想人物》,生活·读书·新知三联书店,2005 年 1 月版。

[19] 王元化:《九十年代反思录》,上海古籍出版社 2000 年版。

[20] 李泽厚:《中国近代思想史论》,人民出版社 1979 年版

[21] 李泽厚:《中国现代思想史论》,东方出版社 1987 年版。

[22] 韦政通:《儒家与现代中国》,上海人民出版社 1990 年版。

[23] 丁伟志、陈崧:《中西体用之间》,中国社会科学出版社 1995 年版。

[24] 庞朴:《文化的民族性与时代性》,中国和平出版社 1988 年版。

[25] 《自由之路——梁志学文选》,商务印书馆 2013 年版。

[26] 叶秀山:《中西智慧的贯通》,江苏人民出版社 2002 年版。

[27] 王尔敏:《中国近代思想史论》,社会科学文献出版社 2003 年版。

[28] 王尔敏:《中国近代思想史论续集》,社会科学文献出版社 2005 年版。

[29] 方克立:《现代新儒学与中国现代化》,天津人民出版社

1997年版。

［30］方克立：《中国文化的综合创新之路》，中国社会科学出版社2012年版。

［31］朱维铮：《走出中世纪》（增定本），复旦大学出版社2007年版。

［32］姜义华：《理性缺位的启蒙》，上海三联书店2000年版。

［33］钟叔河：《走向世界——近代知识分子考察西方的历史》，中华书局1985年版。

［34］熊月之：《中国近代民主思想史》，上海人民出版社1986年版。

［35］鲍晶编：《鲁迅"国民性"思想讨论集》，天津人民出版社1982年版。

［36］《五四运动与中国文化建设》（上、下），社会科学文献出版社1989年版。

［37］罗荣渠等编：《中国现代化历程的探索》，北京大学出版社1992年版。

［38］罗荣渠：《现代化新论——世界与中国的现代化进程》，商务印书馆2004年版。

［39］冯天瑜《明清文化史札记》，上海人民出版社2006年版。

［40］陈来：《中国现代哲学的追寻》，人民出版社2001年版。

［41］郭齐勇：《中国哲学智慧的探索》，中华书局2008年版。

［42］宋志明：《现代新儒学研究》，中国人民大学出版社1991年版。

［43］胡伟希：《转识成智——清华学派与20世纪中国哲学》，华东师范大学出版社2005年版。

［44］曹跃明：《梁漱溟思想研究》，天津人民出版社1995年版。

［45］封祖盛编：《当代新儒家》，生活·读书·新知三联书店

1989年版。

［46］高瑞泉：《天命的没落——中国近代唯意志论思潮研究》（修订本），上海人民出版社2007年版。

［47］高瑞泉主编：《中国近代社会思潮》，上海人民出版社2007年版。

［48］许纪霖、田建业编：《一溪集——杜亚泉的生平与思想》，生活·读书·新知三联书店1999年版。

［49］许纪霖：《智者的尊严》，学林出版社1991年版。

［50］许纪霖：《大时代中的知识人》，中华书局2012年版。

［51］萧延中等编：《启蒙的价值与局限——台港学者论五四》，山西人民出版社1989年版。

［52］庄锡昌等编：《多维视野中的文化理论》，浙江人民出版社1987年版。

［53］王跃等编：《五四：文化的阐释与评价——西方学者论五四》，山西人民出版社1989年版。

［54］陈万雄：《五四新文化运动的源流》，生活·读书·新知三联书店1997年版。

［55］杨奎松、董士伟：《海市蜃楼与大漠绿洲》，上海人民出版社1991年版。

［56］王中江：《严复与福泽谕吉》，河南大学出版社1991年版。

［57］刘再复、林岗：《传统与中国人》，生活·读书·新知三联书店1988年版。

［58］周昌龙：《新思潮与传统》，百花洲文艺出版社2004年版。

［59］黄克武：《近代中国的思潮与人物》，九州出版社2013年版。

［60］林茂生、杨树娟：《陈独秀评论选》（上、下），河南人民出版社1982年版。

［61］唐宝林：《陈独秀全传》，社会科学文献出版社2013年版。

[62] 颜振吾编:《胡适研究丛录》,生活·读书·新知三联书店 1989 年版。

[63] 季维龙编:《胡适著译系年目录》,安徽教育出版社 1995 年版。

[64] 白吉庵:《胡适传》,人民出版社 1993 年版。

[65] 耿云志:《胡适新论》,湖南出版社 1996 年版。

[66] 欧阳哲生:《自由主义之累——胡适思想的现代阐释》,上海人民出版社 1993 年版。

[67] 周质平:《胡适与中国现代思潮》,南京大学出版社 2002 年版。

[68] 钱国红:《走近"西洋"和"东洋"——中日世界意识形成的比较研究》,商务印书馆 2009 年版。

[69] 黎永泰:《中西文化与毛泽东早期思想》,四川大学出版社 1989 年版。

[70] 左玉河:《张东荪传》,山东人民出版社 1998 年版。

[71] [德] 康德:《历史理性批判文集》,商务印书馆 1991 年版。

[72] [瑞士] 雅各布·布克哈特:《意大利文艺复兴时期的文化》,商务印书馆 1986 年版。

[73] [德] 马克斯·韦伯:《儒教与道教》,江苏人民出版社 1993 年版。

[74] [日] 福泽谕吉:《文明论概略》,商务印书馆 1982 年版。

[75] [日] 丸山真男:《福泽谕吉与日本近代化》,学林出版社 1992 年版。

[76] [美] 霍伊:《自由主义政治哲学》,生活·读书·新知三联书店 1992 年版。

[77] [美] 亨廷顿:《变化社会中的政治秩序》,生活·读书·新知三联书店 1989 年版。

[78] [美] 露丝·本尼迪克特：《文化模式》，生活·读书·新知三联书店1988年版。

[79] [法] E. 卡西勒：《启蒙哲学》，山东人民出版社1988年版。

[80] [美] 费正清：《中国：传统与变革》，江苏人民出版社1992年版。

[81] [英] 卡尔·波普尔：《历史决定论的贫困》，华夏出版社1987年版。

[82] [美] 本杰明·史华兹：《寻求富强：严复与西方》，江苏人民出版1989年版。

[83] [美] 艾恺：《最后的儒家——梁漱溟与中国现代化的两难》，江苏人民出版1995年版。

[84] [美] 艾恺：《世界范围内的反现代化思潮——论文化守成主义》，贵州人民出版社1991年版。

[85] [美] 艾恺：《这个世界会好吗？——梁漱溟晚年口述》，东方出版中心2006年版。

[86] [美] 张灏：《梁启超与中国思想的过渡》，江苏人民出版1993年版。

[87] [美] 张灏：《幽暗意识与民主传统》，新星出版社2006年版。

[88] [美] 林毓生：《中国意识的危机——"五四"时期激烈的反传统主义》，贵州人民出版社1986年版。

[89] [美] 林毓生：《中国传统的创造性转化》，生活·读书·新知三联书店1988年版。

[90] [美] 唐德刚：《胡适杂忆》，吉林文史出版社1994年版。

[91] [美] 格里德：《胡适与中国的文艺复兴》，江苏人民出版社1989年版。

[92] [美] 郭颖颐：《中国现代思想中的唯科学主义》，江苏人民

出版社 1989 年版。

［93］［美］微拉·施瓦支：《中国的启蒙运动》，山西人民出版社 1989 年版。

［94］［英］汤因比、［日］池田大作：《展望二十一世纪——汤因比与池田大作对话录》，国际文化出版公司 1985 年版。

［95］［美］杜维明：《儒家思想新论——创造性转换的自我》，江苏人民出版社 1991 年版。